ふろく　とりはずしておつかいください。

かん字せんもんドリル

1年生で　ならう　かん字

テストに　よく　出る　もんだいに　ちょうせんしよう！

もくじ

1年　　くみ

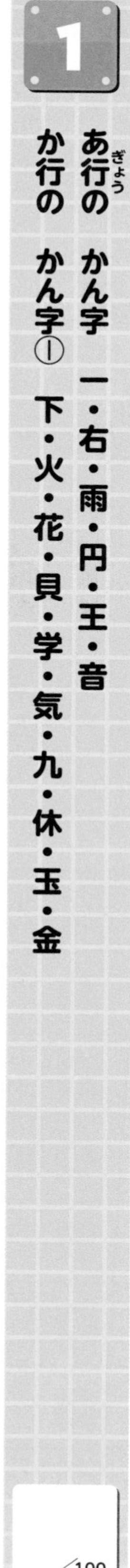

1 あ行の かん字 一・右・雨・円・王・音
か行の かん字① 下・火・花・貝・学・気・九・休・玉・金

／100

1 ――せんの かん字の よみがなを かこう。 一つ4てん(32てん)

① いろいろな 音。（　　）

② 下から 見る。（　　）

③ 火ようびに なる。（　　）

④ 花を かざる。（　　）

⑤ 玉入れを する。（　　）

⑥ 一息(いき)で かく。（　　）

⑦ 円を えがく。（　　）

⑧ 空(くう)気が ある。（　　）

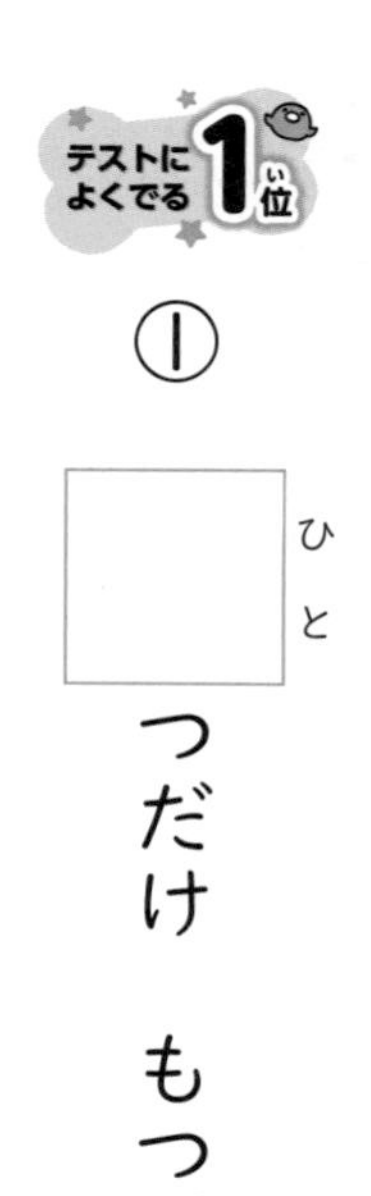

2 □に あう かん字を かこう。 一つ2てん(28てん)

① □(ひと)つだけ もつ。

② □(おう)さまに なる。

3 つぎの――せんを、かん字と ひらがなで かこう。 一つ5てん(40てん)

① ひとつの ボール。

② ひとつ ふやす。

③ やすんで ください。

④ あしたは やすみだ。

③ □（あめ）が ふる。

④ お□（かね）を ためる。

⑤ きれいな □（はな）。

⑥ □（きゅう）さいに なる。

⑦ □（がっ）校に いく。

⑧ □□□（いちえんだま）

⑨ □（きん）いろの コイン。

⑩ □（した）を むく。

⑪ □（みぎ）を むく。

⑫ □（ひ）を つける。

⑬ □（き）もちが わかる。

⑭ □（かい）がらを ひろう。

⑤ ここのつ かぞえる。 〔　　〕

⑥ ここのつめの たね。 〔　　〕

⑦ からだを やすめる。 〔　　〕

⑧ ひとつだけ とる。 〔　　〕

2 か行の かん字② さ行の かん字① 空・月・犬・見・五・口・校 左・三・山・子・四・糸・字・耳・七

1 ——せんの かん字の よみがなを かこう。 一つ4てん(32てん)

① 学校に かよう。

② 犬を かう。

③ 空に うかぶ。

④ 山に のぼる。

⑤ まん月が きれいだ。

⑥ 小さな 子ども。

⑦ 左を 見る。

⑧ 耳を うたがう。

2 □に あう かん字を かこう。 一つ2てん(28てん)

① □(そら)を とびたい。

② □(いと)と はり。

3 つぎの——せんを、かん字と ひらがなで かこう。 一つ5てん(40てん)

① いつつの かぎ。

② じっと みる。

③ げんきに みえる。

④ すがたを みせる。

／100

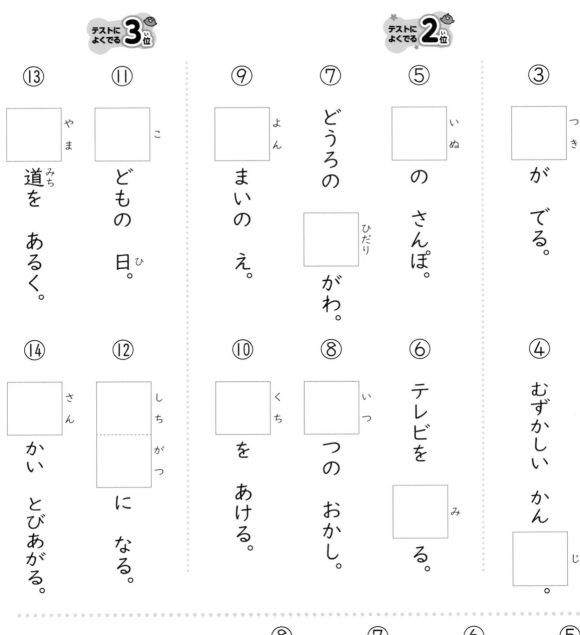

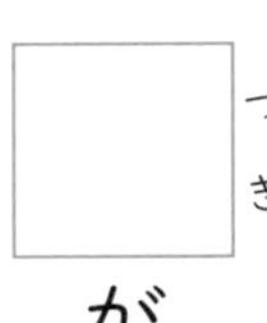

③ □（つき）が でる。

④ むずかしい かん□（じ）。

⑤ □（いぬ）の さんぽ。

⑥ テレビを □（み）る。

⑦ どうろの □（ひだり）がわ。

⑧ □（いつ）つの おかし。

⑨ □（よん）まいの え。

⑩ □（くち）を あける。

⑪ □（こ）どもの 日（ひ）。

⑫ □□（しちがつ）に なる。

⑬ □（やま）道（みち）を あるく。

⑭ □（さん）かい とびあがる。

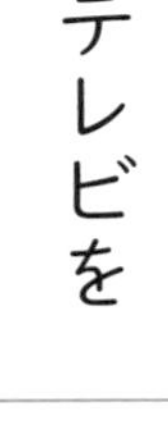

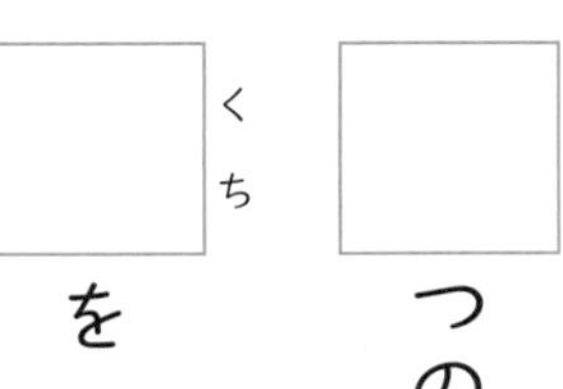

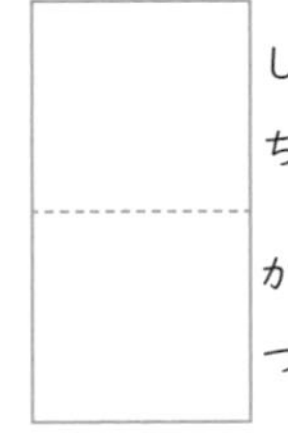

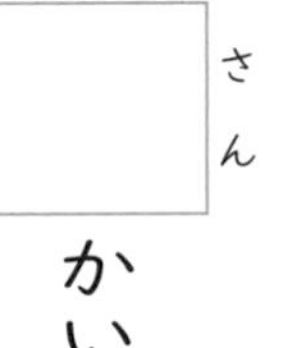

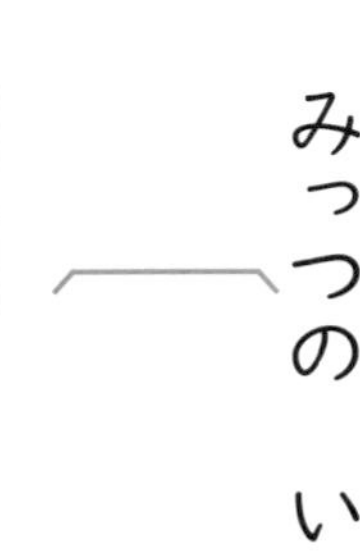

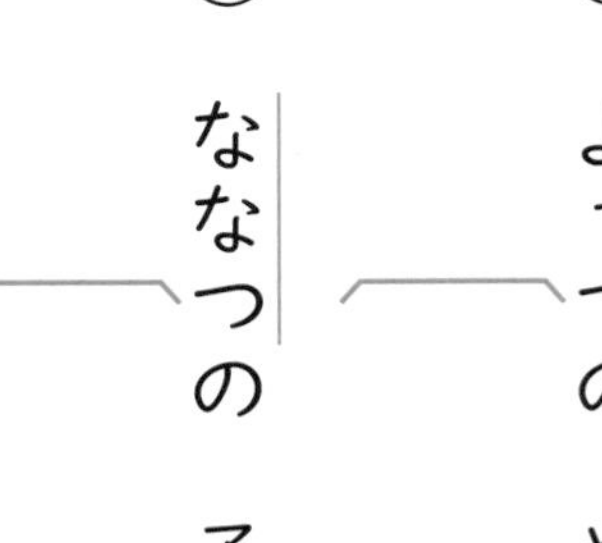

⑤ みっつ かぞえる。〔　　〕

⑥ みっつの いし。〔　　〕

⑦ よっつの やくそく。〔　　〕

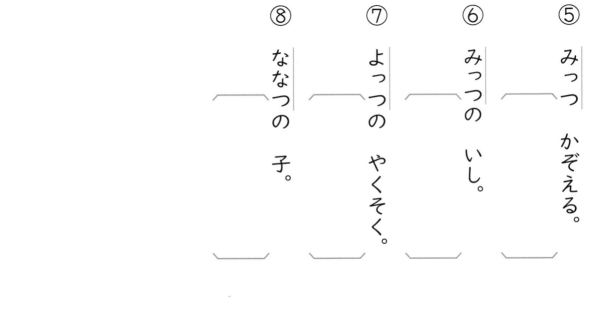

⑧ ななつの 子。〔　　〕

テストによくでる1位

3 さ行の かん字②

車・手・十・出・女・小・上・森・人・水・正・生・青・夕・石・赤

／100

1 ——せんの かん字の よみがなを かこう。 一つ4てん（32てん）

① おとなの 手。（　）

② 水ようび（　）

③ 上を 見る。（　）

④ じてん車に のる。（　）

⑤ 小さい 川。（　）

⑥ 人の こえ。（　）

⑦ 赤とんぼ（　）

⑧ 森を まもる。（　）

2 □に あう かん字を かこう。 一つ2てん（28てん）

① □（じゅう）にん あつまる。

② □（ひと）びとの くらし。

3 つぎの——せんを、かん字と ひらがなで かこう。 一つ5てん（40てん）

① へやから でる。

② はこから だす。

③ ちいさい こえ。

④ 手を あげる。

③ つくえの □（うえ）。

④ すんだ □（あお） ぞら。

⑤ □（て）を あわせる。

⑥ □（じっ）かい よむ。

⑦ □（くるま）を うんてんする。

⑧ □（おんな）の子が わらう。

⑨ 一くみの □（せい）と。

⑩ 大きな □（もり）。

⑪ □（いし）を ひろう。

⑫ □（みず）が つめたい。

⑬ □（ゆう）やけが きれいだ。

⑭ □（すい）えいを おこなう。

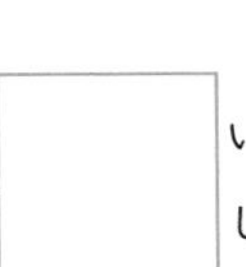

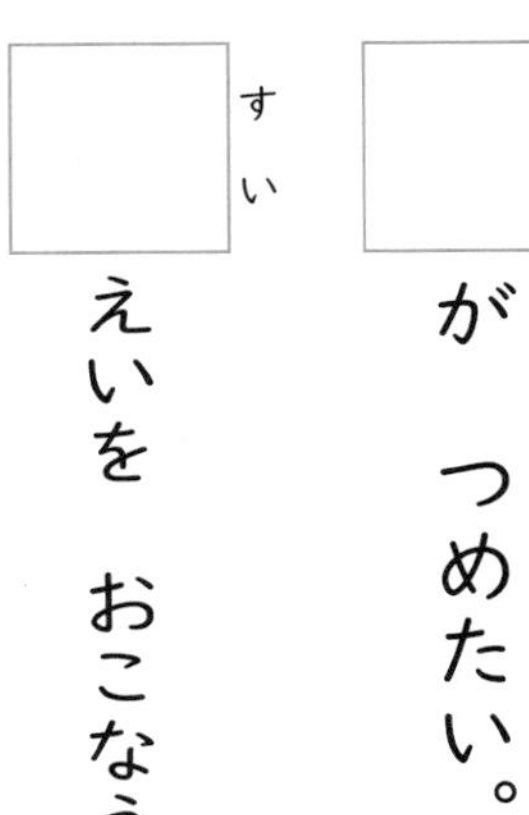

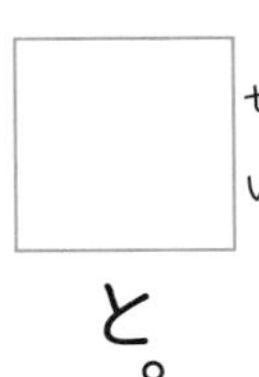

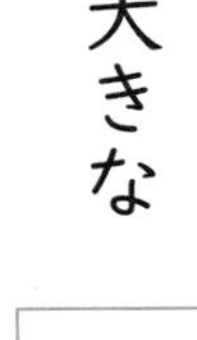
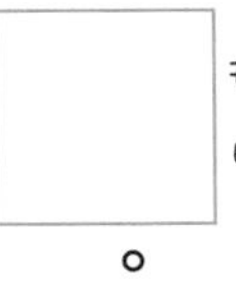

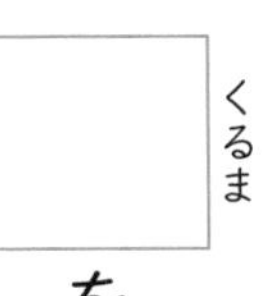
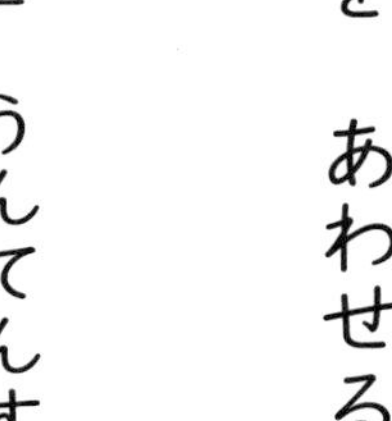

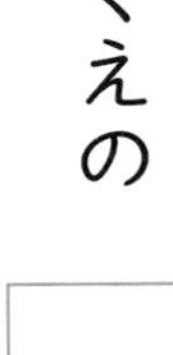
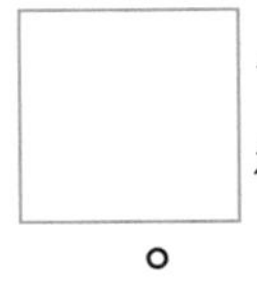

---

⑤ ただしい しせい。〔　　　〕

⑥ 子どもが うまれる。〔　　　〕〔　　　〕

⑦ あおい 目の 女の子。〔　　　〕〔　　　〕

⑧ あかい ぼうし。〔　　　〕〔　　　〕

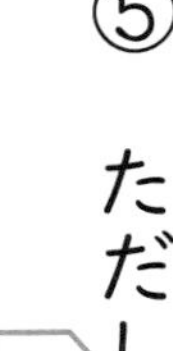
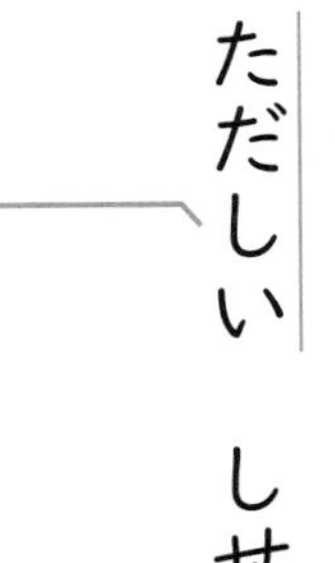
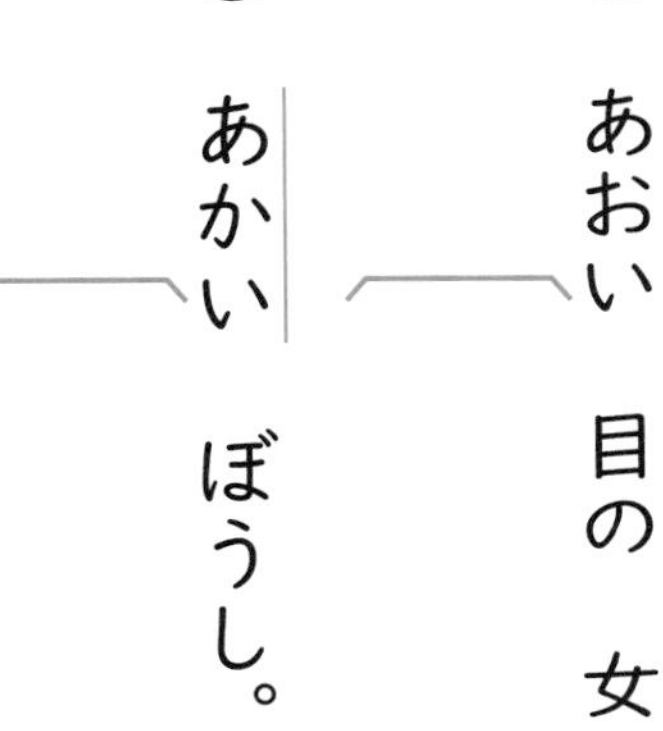
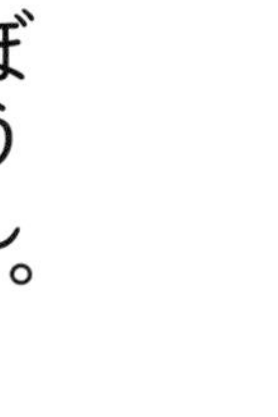

テストによくでる1位

4 さ行の かん字③ 千・川・先・早・草・足・村
た行の かん字 大・男・竹・中・虫・町・天・田・土

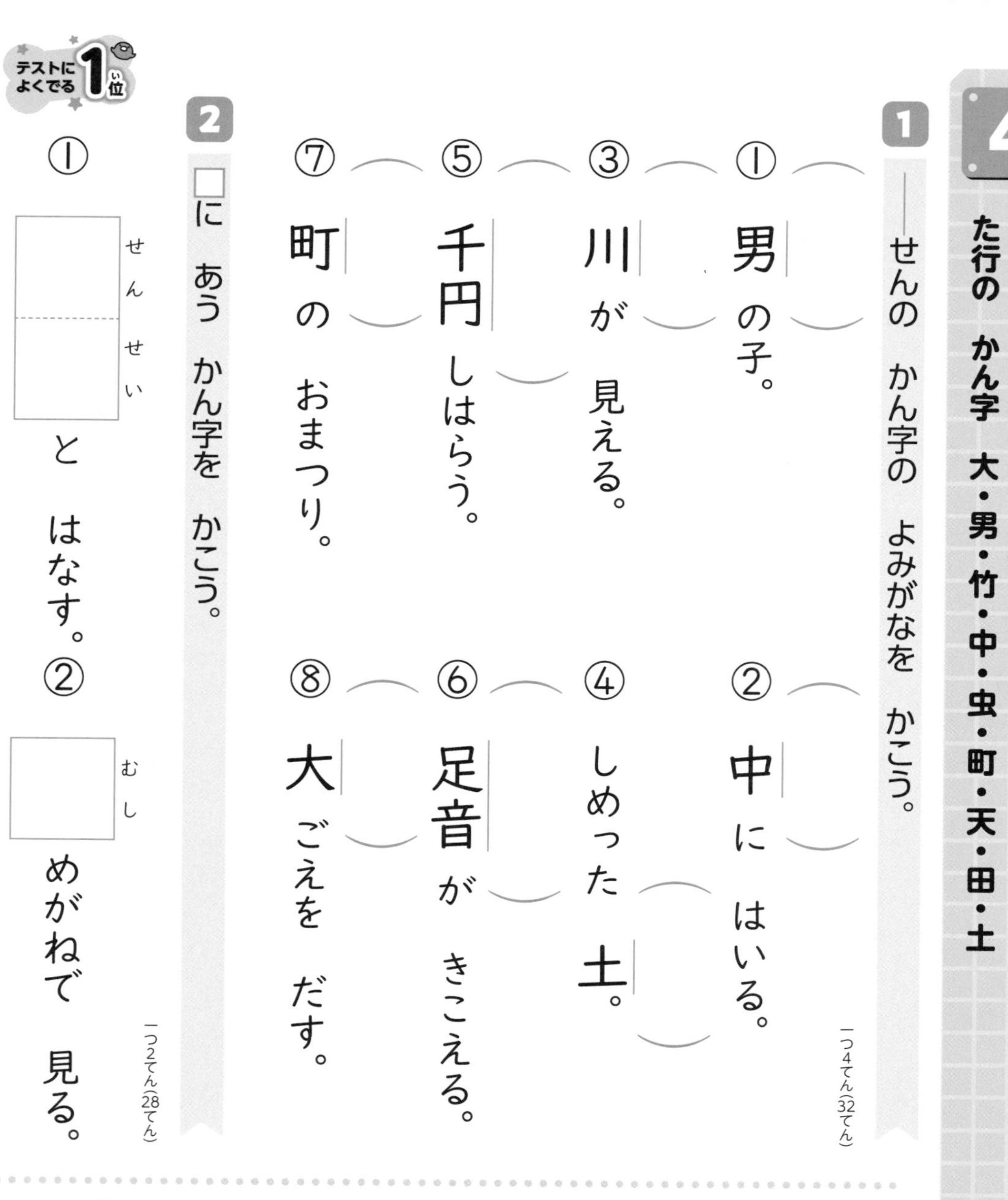

1 ――せんの かん字の よみがなを かこう。 一つ4てん(32てん)

① 男の子。
② 中に はいる。
③ 川が 見える。
④ しめった 土。
⑤ 千円 しはらう。
⑥ 足音が きこえる。
⑦ 町の おまつり。
⑧ 大ごえを だす。

2 □に あう かん字を かこう。 一つ2てん(28てん)

① □□(せんせい) と はなす。
② □(むし) めがねで 見る。

3 つぎの――せんを、かん字と ひらがなで かこう。 一つ5てん(40てん)

① おおきい 手。
② はやめに かえる。
③ まだ はやい じかんだ。
④ おおいに よろこぶ。

/100

③ □（まち）たんけんを　する。

④ □（あし）が　つかれる。

テストに よくでる 2位

⑤ □（くさ）むしりを　する。

⑥ □（むら）の　いいつたえ。

⑦ □（なか）を　のぞきこむ。

⑧ □（おとこ）の　人。

⑨ □（かわ）ぞこの　石。

⑩ □（たけ）とんぼで　あそぶ。

テストに よくでる 3位

⑪ □（せん）ねんも　むかし。

⑫ □□（てんき）が　いい。

⑬ □（た）んぼの　かかし。

⑭ □（ど）よう日に　なる。

⑤ おおきな　きりかぶ。〔　　〕

⑥ よていが　はやまる。〔　　〕

⑦ 足を　はやめる。〔　　〕

⑧ おおきさを　はかる。〔　　〕

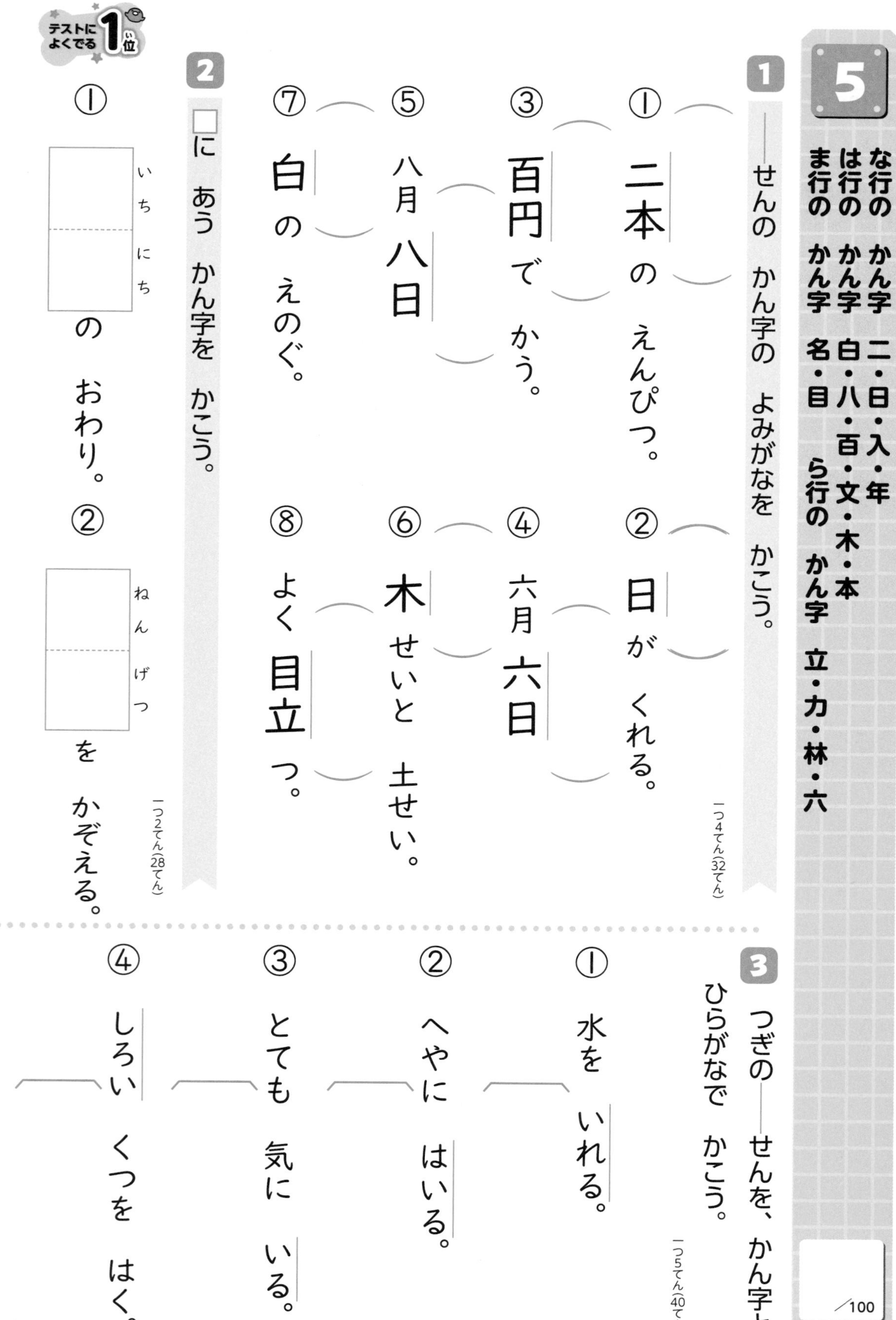

5 な行の かん字 二・日・入・年
は行の かん字 白・八・百・文・木・本
ま行の かん字 名・目　ら行の かん字 立・力・林・六

／100

1 ――せんの かん字の よみがなを かこう。 一つ4てん（32てん）

① 二本の えんぴつ。（　）
② 日が くれる。（　）
③ 百円で かう。（　）
④ 六月六日（　）
⑤ 八月八日（　）
⑥ 木せいと 土せい。（　）
⑦ 白の えのぐ。（　）
⑧ よく 目立つ。（　）

2 □に あう かん字を かこう。 一つ2てん（28てん）

① □（いちにち）の おわり。
② □（ねんげつ）を かぞえる。

テストに よくでる 1位

3 つぎの――せんを、かん字と ひらがなで かこう。 一つ5てん（40てん）

① 水を いれる。（　）
② へやに はいる。（　）
③ とても 気に いる。（　）
④ しろい くつを はく。（　）

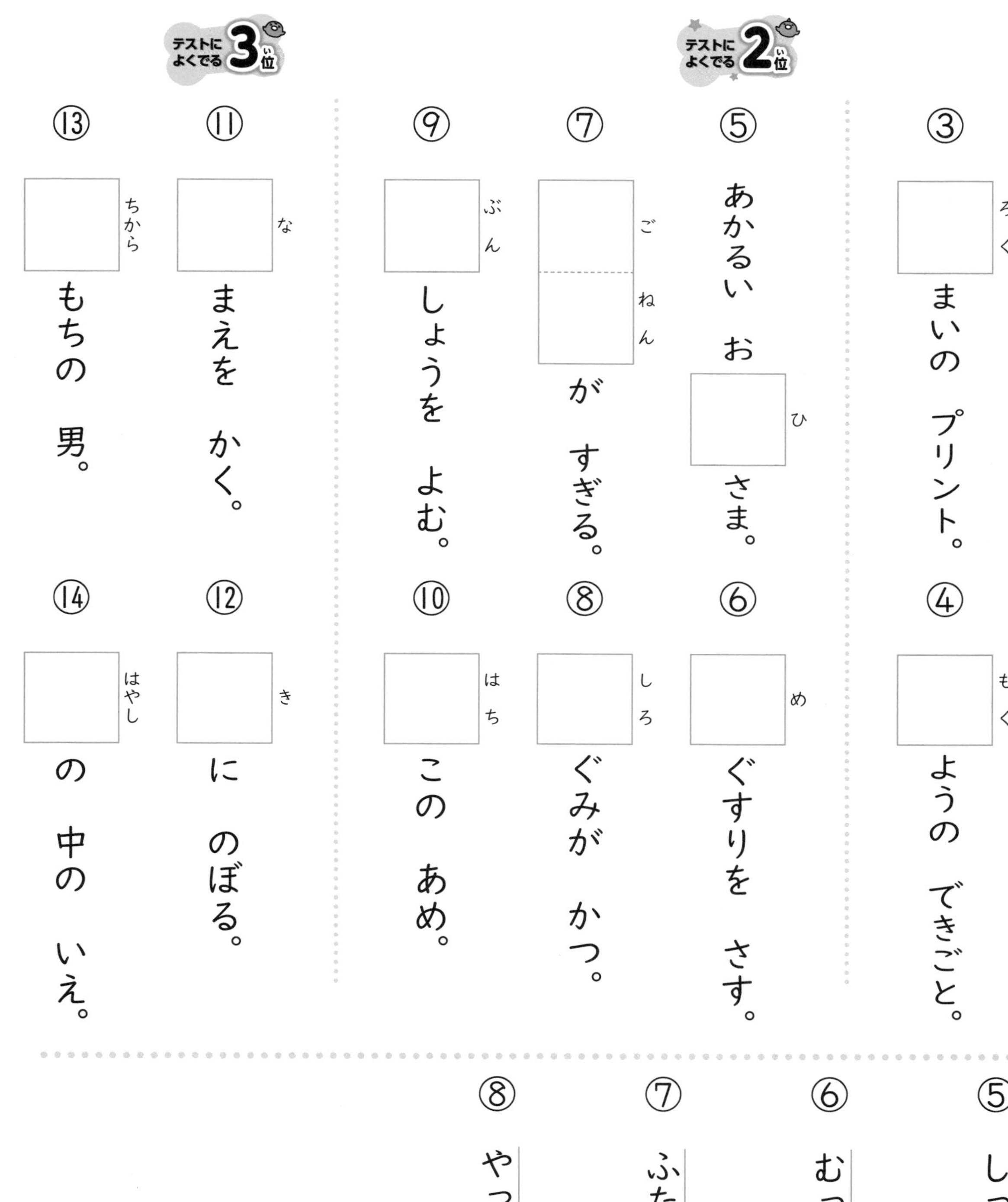

テストに よくでる 2位

③ □(ろく)まいの プリント。

④ □(もく)ようの できごと。

⑤ あかるい お□(ひ)さま。

⑥ □(め)ぐすりを さす。

⑦ □□(ごねん)が すぎる。

⑧ □(しろ)ぐみが かつ。

⑨ □(ぶん)しょうを よむ。

⑩ □(はち)この あめ。

テストに よくでる 3位

⑪ □(な)まえを かく。

⑫ □(き)に のぼる。

⑬ □(ちから)もちの 男。

⑭ □(はやし)の 中の いえ。

⑤ しっかり たつ。

⑥ むっつ かぞえる。

⑦ ふたつの もくひょう。

⑧ やっつ もって いる。

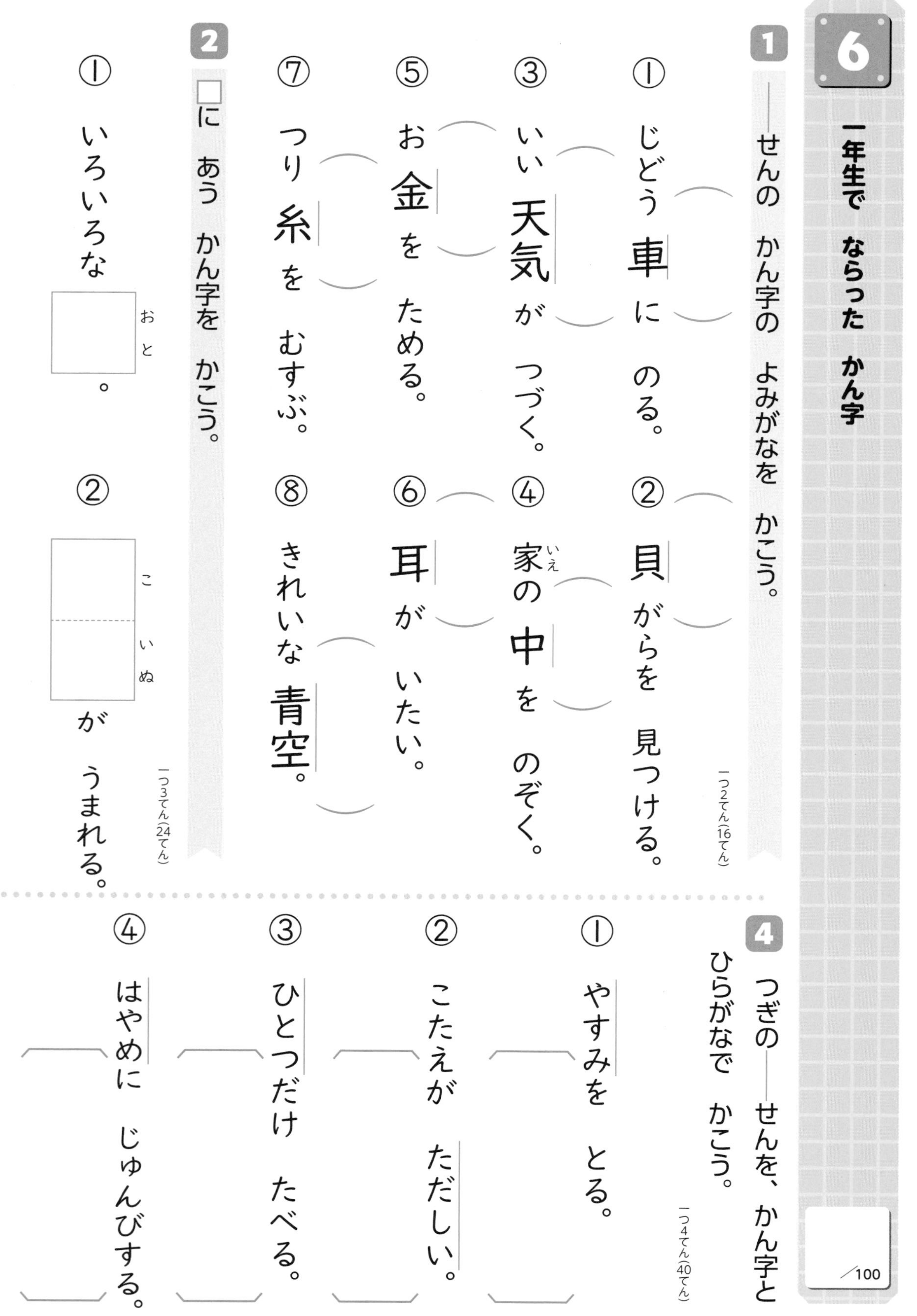

6 一年生で　ならった　かん字

/100

1 ——せんの　かん字の　よみがなを　かこう。

一つ2てん（16てん）

① じどう車に　のる。

② 貝がらを　見つける。

③ いい天気が　つづく。

④ 家（いえ）の中を　のぞく。

⑤ お金を　ためる。

⑥ 耳が　いたい。

⑦ つり糸を　むすぶ。

⑧ きれいな　青空。

2 □に　あう　かん字を　かこう。

一つ3てん（24てん）

① いろいろな □（おと）。

② □□（こいぬ）が　うまれる。

4 つぎの——せんを、かん字と　ひらがなで　かこう。

一つ4てん（40てん）

① やすみを　とる。

② こたえが　ただしい。

③ ひとつだけ　たべる。

④ はやめに　じゅんびする。

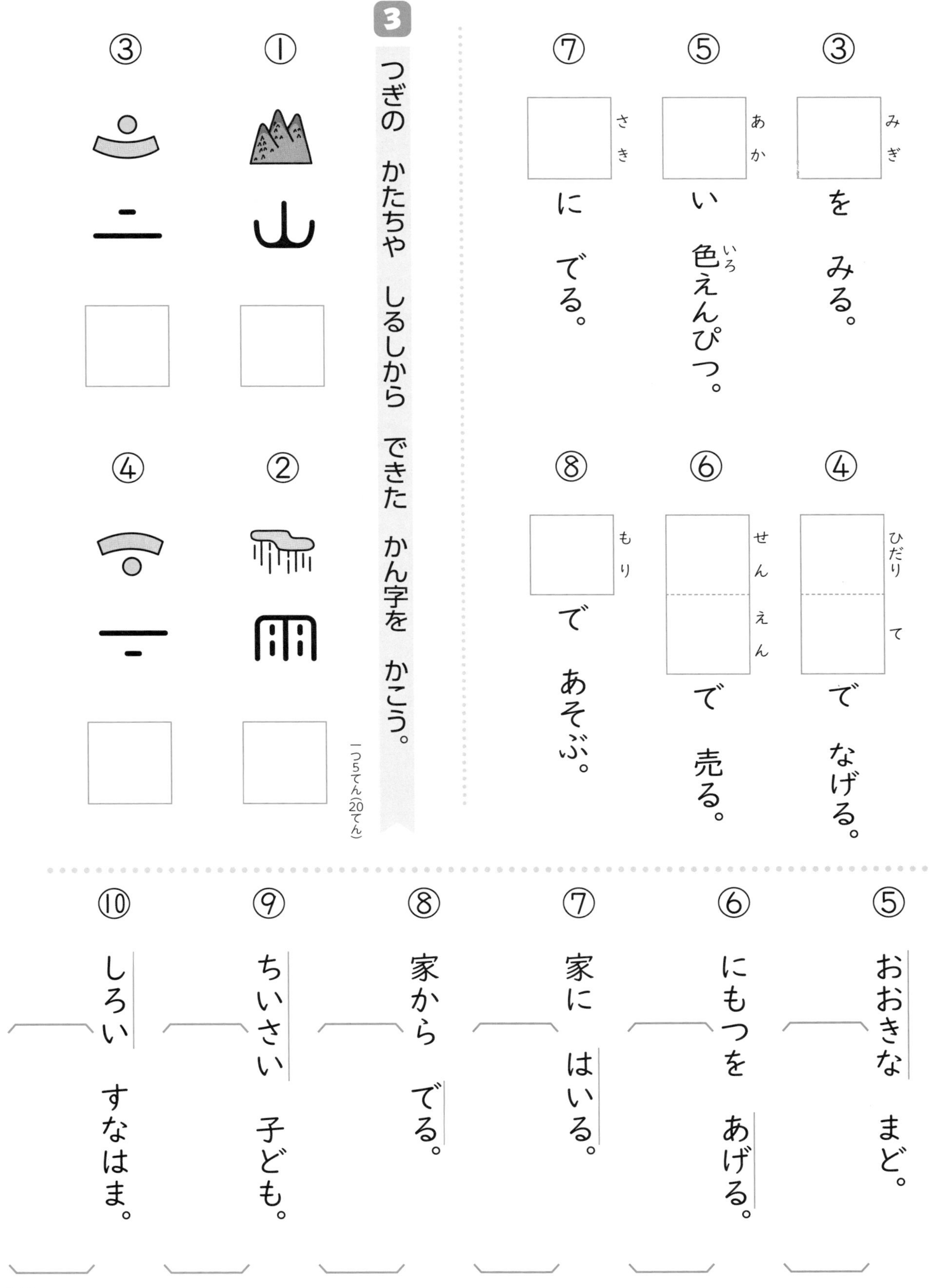

③ □（みぎ）を　みる。

④ □□（ひだり　て）で　なげる。

⑤ □（あか）い　色（いろ）えんぴつ。

⑥ □□（せん　えん）で　売る。

⑦ □（さき）に　でる。

⑧ □（もり）で　あそぶ。

3 つぎの　かたちや　しるしから　できた　かん字を　かこう。

一つ5てん（20てん）

① □

② □

③ □

④ □

⑤ おおきな　まど。

⑥ にもつを　あげる。

⑦ 家に　はいる。

⑧ 家から　でる。

⑨ ちいさい　子ども。

⑩ しろい　すなはま。

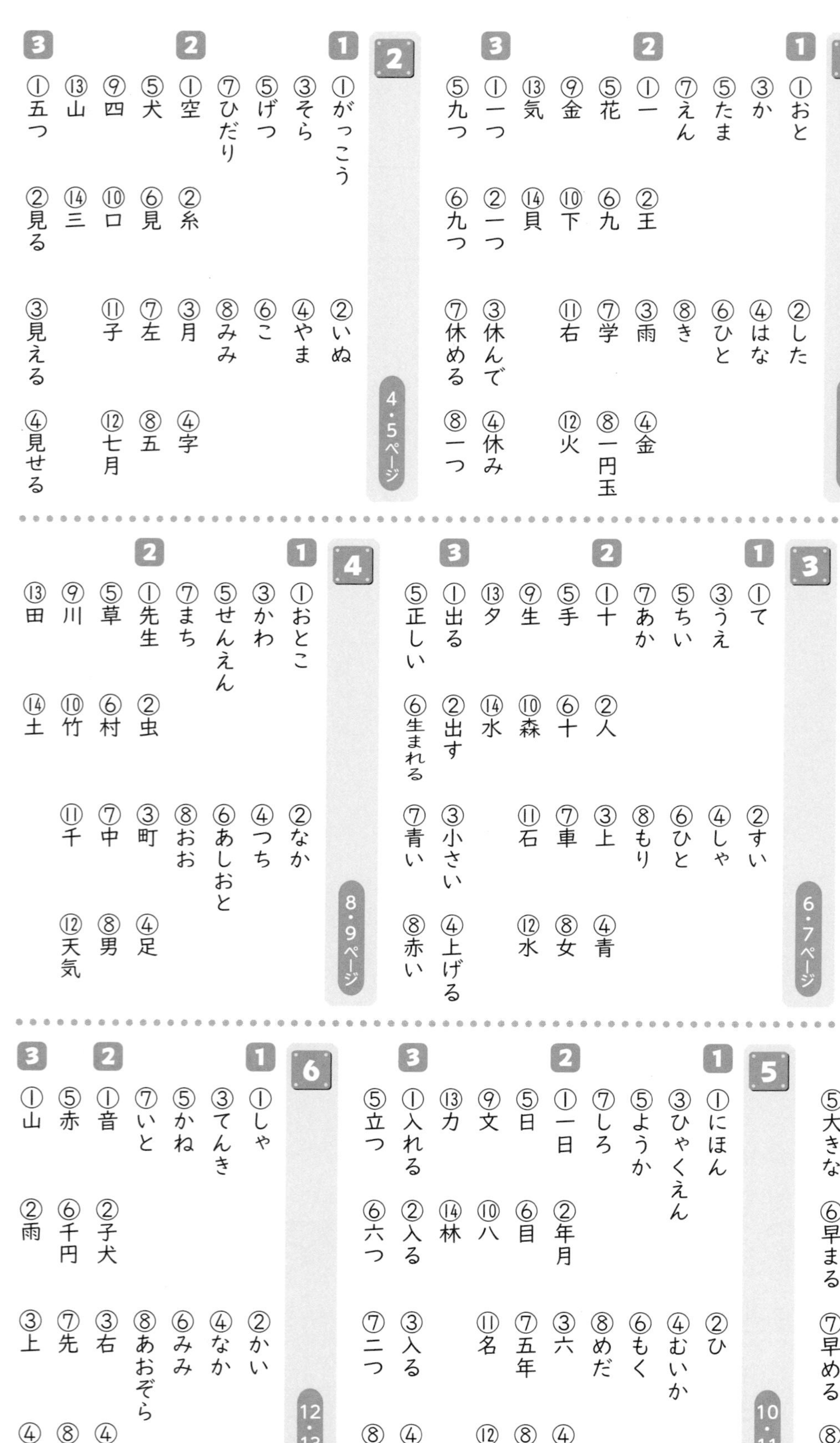

こたえ

1 （2・3ページ）

1
①おと　②した　③か　④はな　⑤たま　⑥ひと　⑦えん　⑧き

2
①一　②王　③雨　④金　⑤花　⑥九　⑦学　⑧一円玉　⑨金　⑩下　⑪右　⑫火　⑬気　⑭貝

3
①一つ　②一つ　③休んで　④休み　⑤九つ　⑥九つ　⑦休める　⑧一つ

2 （4・5ページ）

1
①がっこう　②いぬ　③そら　④やま　⑤げつ　⑥こ　⑦ひだり　⑧みみ

2
①空　②糸　③月　④字　⑤犬　⑥見　⑦左　⑧五　⑨四　⑩口　⑪子　⑫七月　⑬山　⑭三

3
①五つ　②見る　③見える　④見せる　⑤三つ　⑥三つ　⑦四つ　⑧七つ

3 （6・7ページ）

1
①て　②すい　③うえ　④しゃ　⑤ちい　⑥ひと　⑦あか　⑧もり

2
①十　②人　③上　④青　⑤手　⑥十　⑦車　⑧女　⑨生　⑩森　⑪石　⑫水　⑬夕　⑭水

3
①出る　②出す　③小さい　④上げる　⑤正しい　⑥生まれる　⑦青い　⑧赤い

4 （8・9ページ）

1
①おとこ　②なか　③かわ　④つち　⑤せんえん　⑥あしおと　⑦まち　⑧おお

2
①先生　②虫　③町　④足　⑤草　⑥村　⑦中　⑧男　⑨川　⑩竹　⑪千　⑫天気　⑬田　⑭土

3
①大きい　②早め　③早い　④大いに　⑤大きな　⑥早まる　⑦早める　⑧大きさ

5 （10・11ページ）

1
①にほん　②ひ　③ひゃくえん　④むいか　⑤ようか　⑥もく　⑦しろ　⑧めだ

2
①一日　②年月　③六　④木　⑤日　⑥目　⑦五年　⑧白　⑨文　⑩八　⑪名　⑫木　⑬力　⑭林

3
①入れる　②入る　③入る　④白い　⑤立つ　⑥六つ　⑦二つ　⑧八つ

6 （12・13ページ）

1
①しゃ　②かい　③てんき　④なか　⑤かね　⑥みみ　⑦いと　⑧あおぞら

2
①音　②子犬　③右　④左手　⑤赤　⑥千円　⑦先　⑧森

3
①山　②雨　③上　④下

4

①休み　②正しい　③一つ　④早め
⑤大きな　⑥上げる　⑦入る　⑧出る
⑨小さい　⑩白い

教科書ぴったりトレーニング

はなまるシール

★ ふろくの「がんばり表」につかおう！
★ はじめに、キミのおとも犬をえらんで、がんばり表にはろう！
★ がくしゅうがおわったら、がんばり表に「はなまるシール」をはろう！
★ あまったシールはじゆうにつかってね。

キミのおとも犬

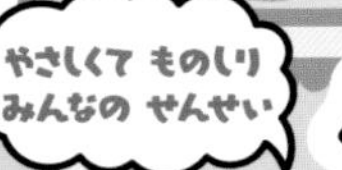

はなまるシール

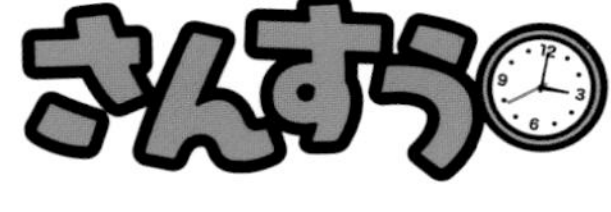

ごほうびシール

教科書ぴったりトレーニング

こくご1年 がんばり表

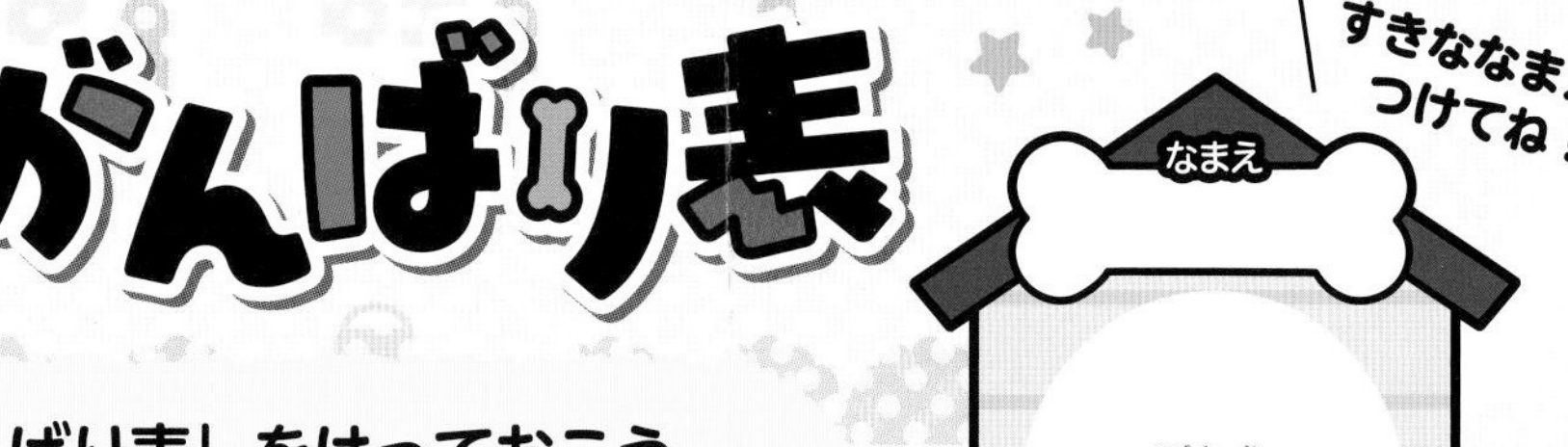

いつも見えるところに、この「がんばり表」をはっておこう。
この「ぴたトレ」をがくしゅうしたら、シールをはろう！
どこまでがんばったかわかるよ。

すきななまえをつけてね！

なまえ

ぴた犬（おとも犬）シールをはろう

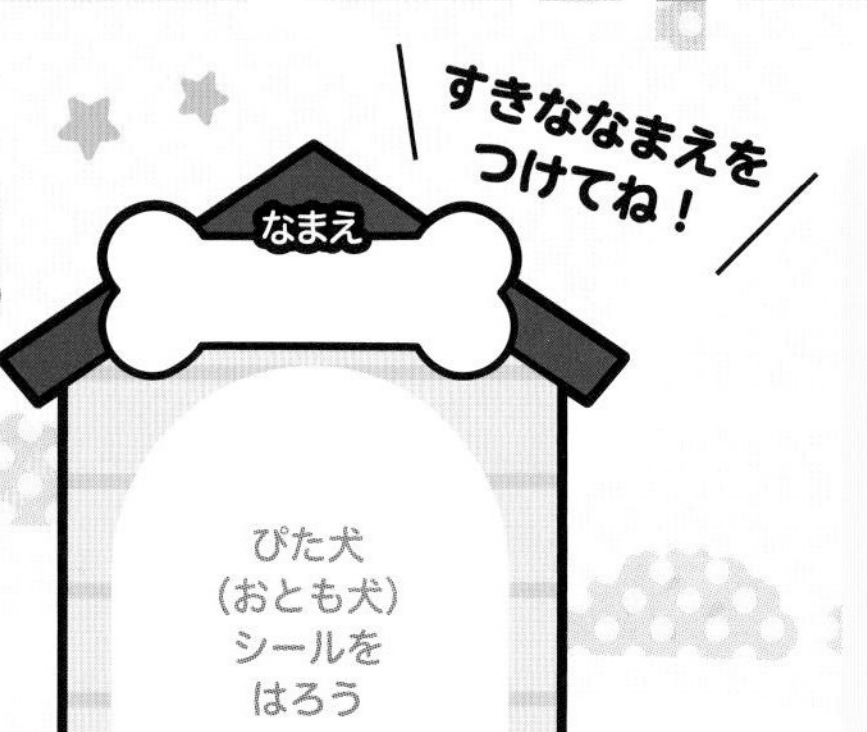

シールの中からすきなぴた犬をえらぼう。

おうちのかたへ

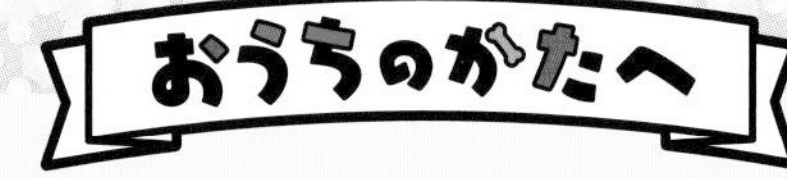

がんばり表のデジタル版「デジタルがんばり表」では、デジタル端末でも学習の進捗記録をつけることができます。1冊やり終えると、抽選でプレゼントが当たります。「ぴたサポシステム」にご登録いただき、「デジタルがんばり表」をお使いください。LINE または PC・ブラウザを利用する方法があります。

LINE用　PC・ブラウザ用

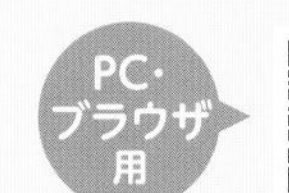

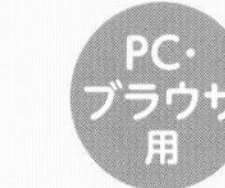

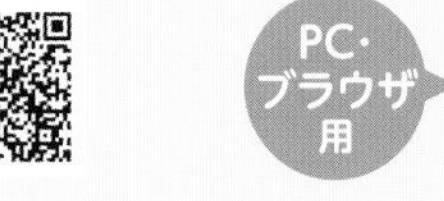

ぴたサポシステムご利用ガイドはこちら
https://www.shinko-keirin.co.jp/shinko/news/pittari-support-system

スタート

せんを　じょうずに　かこう～あいうえおの　ことばを　あつめよう

- 2～3ページ　はじめのべんきょう　できたらシールをはろう
- 4～5ページ　はじめのべんきょう　できたらシールをはろう
- 6～7ページ　ぴったり1　できたらシールをはろう
- 8～9ページ　ぴったり1　できたらシールをはろう
- 10～11ページ　ぴったり1　できたらシールをはろう

ほんが　たくさん～とん　とこ　とん

- 12～13ページ　ぴったり1　できたらシールをはろう
- 14～15ページ　ぴったり1　できたらシールをはろう
- 16～17ページ　ぴったり1　できたらシールをはろう

はを　つかおう～ことばあそび

- 18～19ページ　ぴったり1　できたらシールをはろう
- 20～21ページ　ぴったり2　できたらシールをはろう
- 22～23ページ　ぴったり1　できたらシールをはろう

あひるの　あくび～こんな　ことしたよ

- 24～25ページ　ぴったり1　できたらシールをはろう
- 26～27ページ　ぴったり1　できたらシールをはろう
- 28～29ページ　ぴったり3　できたらシールをはろう

おおきな　かぶ～えにっきを　かこう

- 30～31ページ　ぴったり1　できたらシールをはろう
- 32～33ページ　ぴったり2　できたらシールをはろう
- 34～35ページ　ぴったり1　できたらシールをはろう
- 36～37ページ　ぴったり1　できたらシールをはろう
- 38～39ページ　ぴったり3　できたらシールをはろう

あるけ　あるけ～かんじの　はなし

- 40～41ページ　ぴったり1　できたらシールをはろう
- 42～43ページ　ぴったり1　できたらシールをはろう
- 44～45ページ　ぴったり1　できたらシールをはろう
- 46～47ページ　ぴったり3　できたらシールをはろう
- 48～49ページ　ぴったり3　できたらシールをはろう

サラダで　げんき～はっけんしたよ

- 50～51ページ　ぴったり1　できたらシールをはろう
- 52～53ページ　ぴったり2　できたらシールをはろう
- 54～55ページ　ぴったり1　できたらシールをはろう
- 56～57ページ　ぴったり1　できたらシールをはろう
- 58～59ページ　ぴったり3　できたらシールをはろう
- 60～61ページ　ぴったり3　できたらシールをはろう

いろいろな　ふね～おもい出して　かこう

- 62～63ページ　ぴったり1　できたらシールをはろう
- 64～65ページ　ぴったり2　できたらシールをはろう
- 66～67ページ　ぴったり1　できたらシールをはろう
- 68～69ページ　ぴったり1　できたらシールをはろう
- 70～71ページ　ぴったり3　できたらシールをはろう
- 72～73ページ　ぴったり3　できたらシールをはろう

おとうとねずみ　チロ～すきな　おはなしは　なにかな

- 74～75ページ　ぴったり1　できたらシールをはろう
- 76～77ページ　ぴったり2　できたらシールをはろう
- 78～79ページ　ぴったり3　できたらシールをはろう
- 80～81ページ　ぴったり3　できたらシールをはろう

みみずの　たいそう～かたかなの　かたち

- 82～83ページ　ぴったり1　できたらシールをはろう
- 84～85ページ　ぴったり1　できたらシールをはろう
- 86～87ページ　ぴったり3　できたらシールをはろう

子どもを　まもる　どうぶつたち～小学校の　ことを　しょうかいしよう

- 88～89ページ　ぴったり1　できたらシールをはろう
- 90～91ページ　ぴったり2　できたらシールをはろう
- 92～93ページ　ぴったり1　できたらシールをはろう
- 94～95ページ　ぴったり3　できたらシールをはろう

スイミー～一年かんの　おもいでブック

- 96～97ページ　ぴったり1　できたらシールをはろう
- 98～99ページ　ぴったり2　できたらシールをはろう
- 100～101ページ　ぴったり1　できたらシールをはろう
- 102～103ページ　ぴったり3　できたらシールをはろう
- 104ページ　ぴったり3　できたらシールをはろう

ゴール

さいごまでがんばったキミは「ごほうびシール」をはろう！

ごほうびシールをはろう

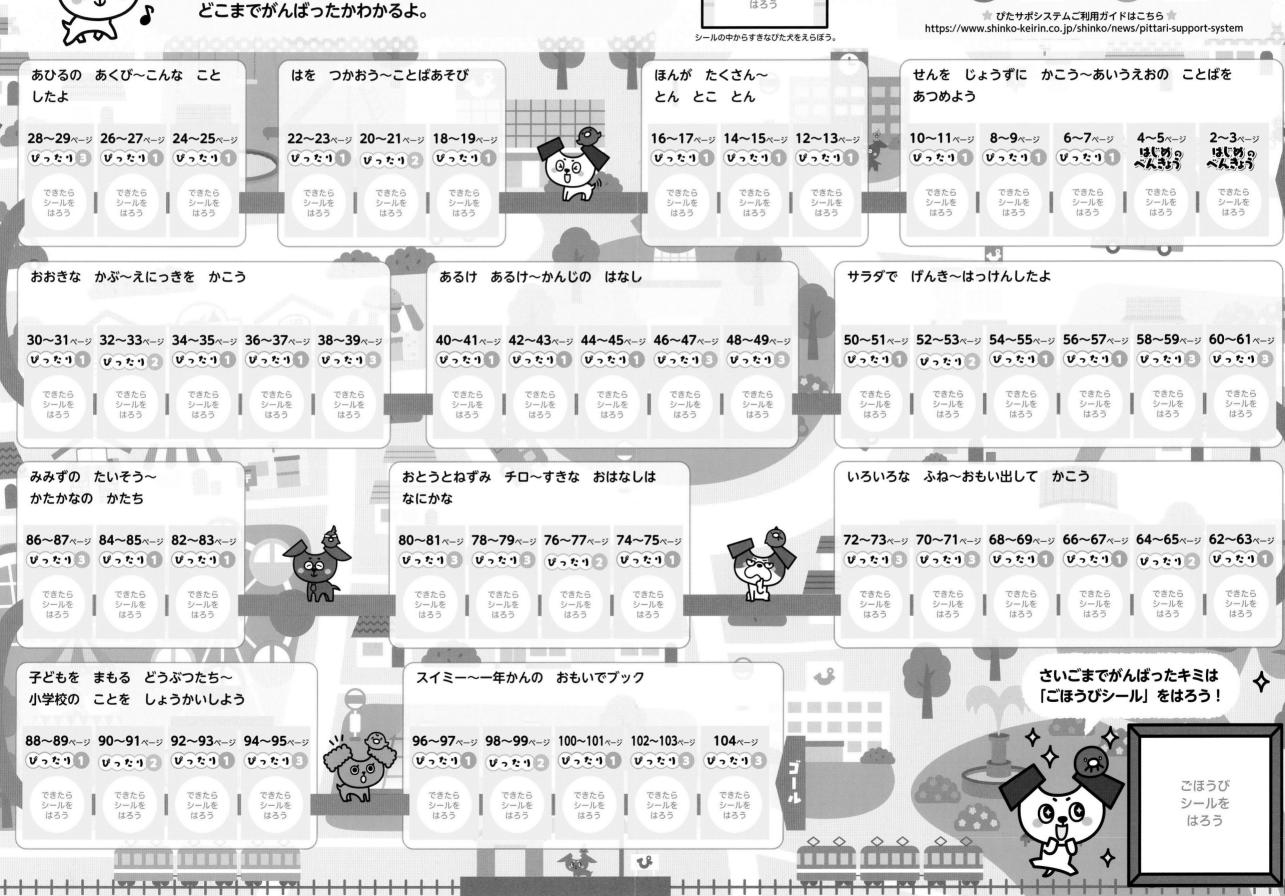

教科書ぴったりトレーニングの使い方

『ぴたトレ』は教科書にぴったり合わせて使うことができるよ。教科書も見ながら、勉強していこうね。ぴた犬たちが勉強をサポートするよ。

ふだんの学習

ぴったり1 じゅんび

めあて を たしかめて、もんだいに とりくもう。はじめに あたらしい かん字や ことばの いみを おさえるよ。ものがたりや せつめい文は 3分でワンポイント で ポイントを つかもう。 QRコードから「3分でまとめ動画」が視聴できます。

※QRコードは株式会社デンソーウェーブの登録商標です。

ぴったり2 れんしゅう

ものがたりや せつめい文の もんだいを れんしゅうするよ。
ヒント を 見ながら といて みよう。

ぴったり3 たしかめのテスト

「ぴったり1・2」が おわったら、とりくんで みよう。かんがえを 書く もんだいにも チャレンジしよう。ふりかえり を 見て 前に もどって かくにんしよう。

実力チェック

- なつのチャレンジテスト
- ふゆのチャレンジテスト
- はるのチャレンジテスト
- 1年 こくごのまとめ 学力しんだんテスト

夏休み、冬休み、春休み前に とりくんで みよう。学期や 学年の おわりの テストの 前に やっても いいね。

ふだんの 学習が おわったら、「がんばり表」に シールを はろう。

別冊

まるつけラクラクかいとう

赤字の 「答え」を 見て、答え合わせを しよう。まちがえたり、わからなかったりした もんだいは、おうちの 人と いっしょに 「てびき」を 読んで 見直そう。

おうちのかたへ

本書『教科書ぴったりトレーニング』は、教科書の要点や重要事項をつかむ「ぴったり1 じゅんび」、問題に慣れる「ぴったり2 れんしゅう」、テスト形式で学習事項が定着したか確認する「ぴったり3 たしかめのテスト」の3段階構成になっています。教科書の学習順序やねらいに完全対応していますので、日々の学習（トレーニング）にぴったりです。

「観点別学習状況の評価」について

学校の通知表は、「知識・技能」「思考・判断・表現」「主体的に学習に取り組む態度」の3つの観点による評価がもとになっています。

問題集やドリルでは、一般に知識を問う問題が中心になりますが、本書『教科書ぴったりトレーニング』では、次のように、観点別学習状況の評価に基づく問題を取り入れて、成績アップに結びつくことをねらいました。

ぴったり3 たしかめのテスト

●「思考・判断・表現」のうち、特に思考や表現（予想したり文章で説明したりすることなど）を取り上げた問題には「思考・判断・表現」と表示しています。

チャレンジテスト

●主に「思考・判断・表現」を問う問題かどうかで、分類して出題しています。

別冊『まるつけラクラクかいとう』について

おうちのかたへ では、次のようなものを示しています。

- 学習のねらいやポイント
- 他の学年や他の単元の学習内容とのつながり
- まちがいやすいことやつまずきやすいところ

お子様への説明や、学習内容の把握などにご活用ください。

内容の例

おうちのかたへ
物語を読むときには、登場人物の会話や行動に注目しましょう。「うまくできるかな（→不安）」「力いっぱい拍手をした（感動）」など、直接文章に書かれていない心情が会話や行動から読み取れることがあるからです。

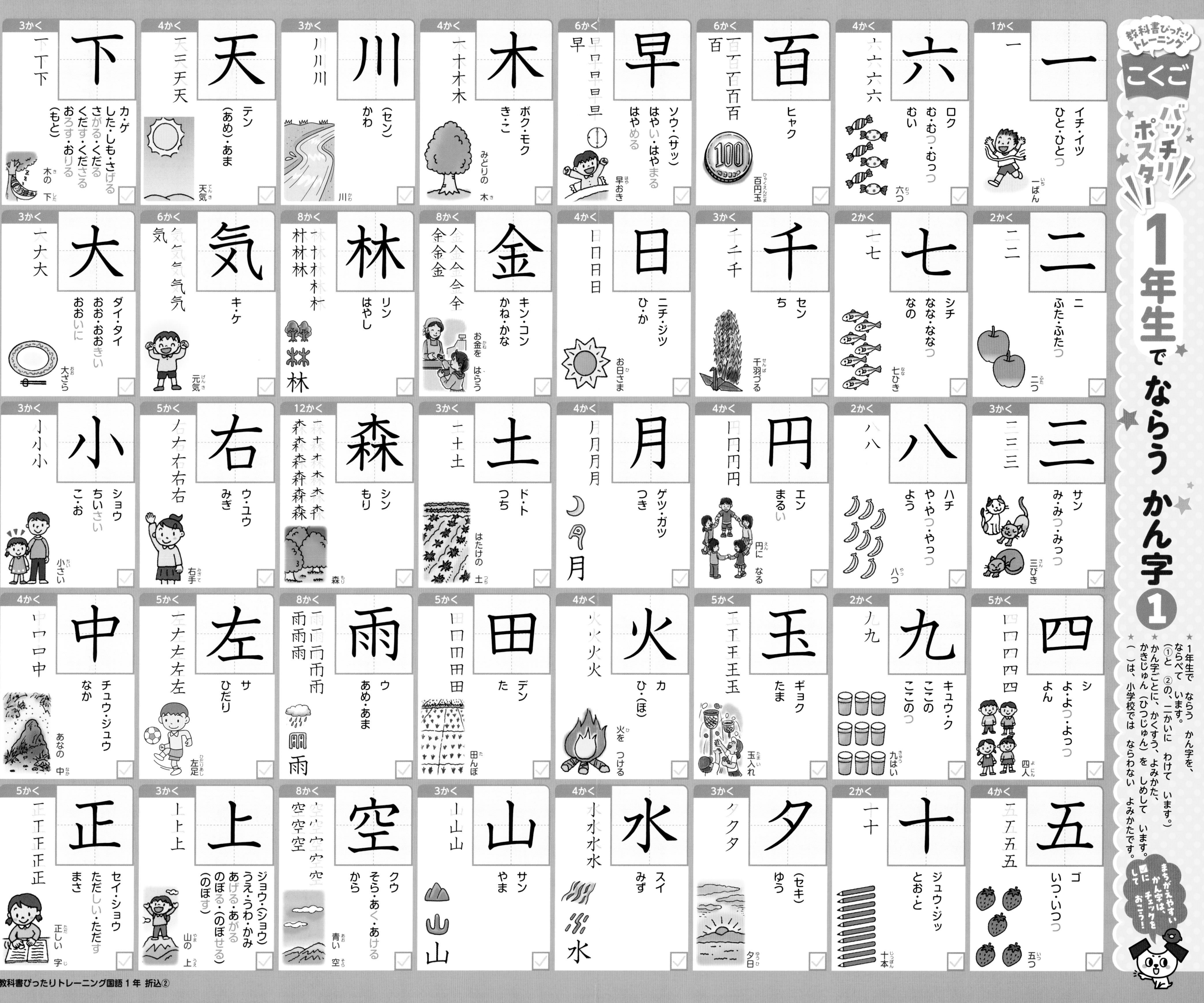

教科書ぴったりトレーニング
こくご
パッチリ ポスター
1年生で ならう かん字①
★1年生で ならう かん字を、ならべて います。（①と ②の、二かいに わけて います。）
★かん字ごとに、かくすう、よみかた、かきじゅん（ひつじゅん）を しめして います。
★（　）は、小学校では ならわない よみかたです。
まちがえやすい かん字は、☑に チェックを して おこう！
一　イチ・イツ　ひと・ひとつ　一ばん　1かく
二　ニ　ふた・ふたつ　二つ　2かく
三　サン　み・みつ・みっつ　三びき　3かく
四　シ　よ・よつ・よっつ　よん　四人　5かく
五　ゴ　いつ・いつつ　五つ　4かく
六　ロク　む・むつ・むっつ　むい　六つ　4かく
七　シチ　なな・ななつ　なの　七ひき　2かく
八　ハチ　や・やつ・やっつ　よう　八つ　2かく
九　キュウ・ク　ここの　ここのつ　九はい　2かく
十　ジュウ・ジッ　とお・と　十本　2かく
百　ヒャク　百円玉　6かく
千　セン　ち　千羽づる　3かく
円　エン　まるい　円に なる　4かく
玉　ギョク　たま　玉入れ　5かく
夕　（セキ）　ゆう　夕日　3かく
早　ソウ・（サッ）　はやい・はやまる　はやめる　早おき　6かく
日　ニチ・ジツ　ひ・か　お日さま　4かく
月　ゲツ・ガツ　つき　4かく
火　カ　ひ・（ほ）　火を つける　4かく
水　スイ　みず　4かく
木　ボク・モク　き・こ　みどりの 木　4かく
金　キン・コン　かね・かな　お金を はらう　8かく
土　ド・ト　つち　はたけの 土　3かく
田　デン　た　田んぼ　5かく
山　サン　やま　3かく
川　（セン）　かわ　川　3かく
林　リン　はやし　8かく
森　シン　もり　森　12かく
雨　ウ　あめ・あま　8かく
空　クウ　そら・あく・あける　から　青い 空　8かく
天　テン　（あめ）・あま　天気　4かく
気　キ・ケ　元気　6かく
右　ウ・ユウ　みぎ　右手　5かく
左　サ　ひだり　左足　5かく
上　ジョウ・（ショウ）　うえ・うわ・かみ　あげる・あがる　のぼる・（のぼせる）　（のぼす）　山の 上　3かく
下　カ・ゲ　した・しも・さげる　さがる・くだる　くだす・くださる　おろす・おりる　（もと）　木の 下　3かく
大　ダイ・タイ　おお・おおきい　おおいに　大ざら　3かく
小　ショウ　ちいさい　こ・お　小さい　3かく
中　チュウ・ジュウ　なか　あなの 中　4かく
正　セイ・ショウ　ただしい・ただす　まさ　正しい 字　5かく

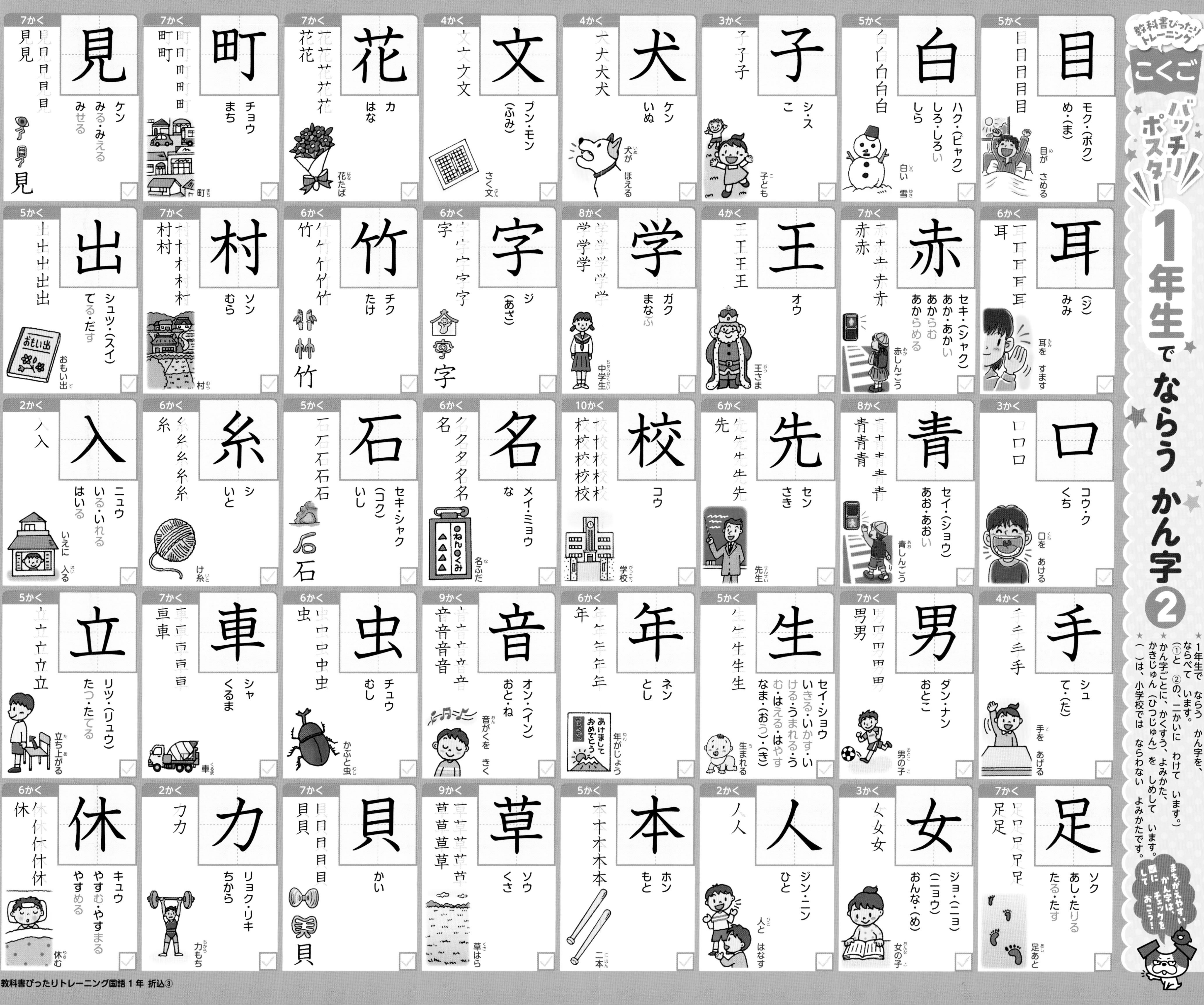
教科書ぴったりトレーニング
こくご
バッチリポスター
1年生で ならう かん字②
★1年生で ならう かん字を、ならべて います。
①と ②の、二かいに わけて います。
かん字ごとに、かくすう、よみかた、かきじゅん（ひつじゅん）を しめして います。
（ ）は、小学校では ならわない よみかたです。
まちがえやすい かん字は、□に チェックを して おこう！
目 5かく モク・(ボク) め・(ま) 目が さめる
耳 6かく (ジ) みみ 耳を すます
口 3かく コウ・ク くち 口を あける
手 4かく シュ て・(た) 手を あげる
足 7かく ソク あし・たりる たる・たす 足あと
白 5かく ハク・(ビャク) しろ・しろい しら 白い 雪
赤 7かく セキ・(シャク) あか・あかい あからむ あからめる 赤しんごう
青 8かく セイ・(ショウ) あお・あおい 青しんごう
男 7かく ダン・ナン おとこ 男の子
女 3かく ジョ・(ニョ) (ニョウ) おんな・(め) 女の子
子 3かく シ・ス こ 子ども
王 4かく オウ 王さま
先 6かく セン さき 先生
生 5かく セイ・ショウ いきる・いかす・いける・うまれる・うむ・はえる・はやす なま・(おう)・(き) 生まれる
人 2かく ジン・ニン ひと 人と はなす
犬 4かく ケン いぬ 犬が ほえる
学 8かく ガク まなぶ 中学生
校 10かく コウ 学校
年 6かく ネン とし 年がじょう
あけまして おめでとう
本 5かく ホン もと 二本
文 4かく ブン・モン (ふみ) さく文
字 6かく ジ (あざ) 字
名 6かく メイ・ミョウ な 名ふだ
ねん くみ
音 9かく オン・(イン) おと・ね 音がくを きく
草 9かく ソウ くさ 草はら
花 7かく カ はな 花たば
竹 6かく チク たけ 竹
石 5かく セキ・シャク (コク) いし 石
虫 6かく チュウ むし かぶと虫
貝 7かく かい 貝
町 7かく チョウ まち 町
村 7かく ソン むら 村
糸 6かく シ いと け糸
車 7かく シャ くるま 車
力 2かく リョク・リキ ちから 力もち
見 7かく ケン みる・みえる みせる 見
出 5かく シュツ・(スイ) でる・だす おもい出
おもい出
入 2かく ニュウ いる・いれる はいる いえに 入る
立 5かく リツ・(リュウ) たつ・たてる 立ち上がる
休 6かく キュウ やすむ・やすまる やすめる 休む

もくじ

東京書籍版
新編 あたらしい 国語

教科書ぴったりトレーニング

▶ 3分でまとめ動画

せんを じょうずに かこう①

せん を えんぴつで なぞりましょう。

はじめの べんきょう

せんを じょうずに かこう②

（せん）を えんぴつで なぞりましょう。

すたあと
ごうるを
めざそう!
ごうる

ぴったり1
じゅんび

きこえるよ　よろしくね　たのしく　かこう　なんて　いうのかな

めあて
★こえに　だして　よもう。
★なまえを　つたえあおう。
★えんぴつの　もちかたや　しせいに　きを　つけよう。
★あいさつの　ことばを　つかって　みよう。

がくしゅうび
月　日
きょうかしょ
上1〜13ページ
こたえ
2ページ

よろしくね

1　じぶんの　なまえを　こえに　だして　いいましょう。

わたしは（　　　）です。

ぼくは（　　　）です。

たのしく　かこう

2　じを　かく　ときの　ただしい　しせいを　えらび、□に　○を　かきましょう。

①　□

②　□

ただしい　しせいで
かくと、きれいに
かけますよ。

3 えんぴつの　ただしい　もちかたを　えらび、□に○を　かきましょう。

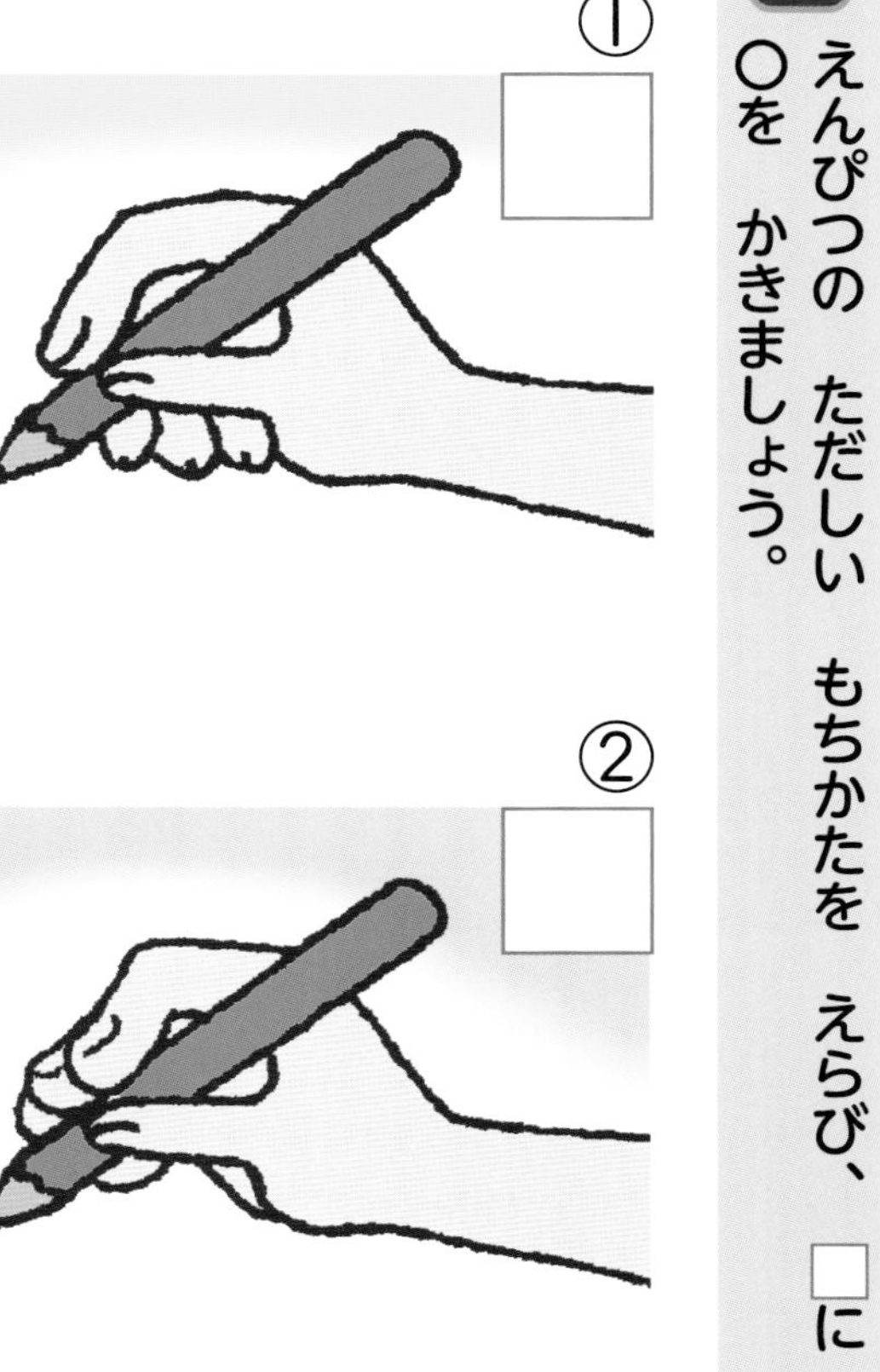

4 1～7の　じゅんばんに、せんで　つなぎましょう。

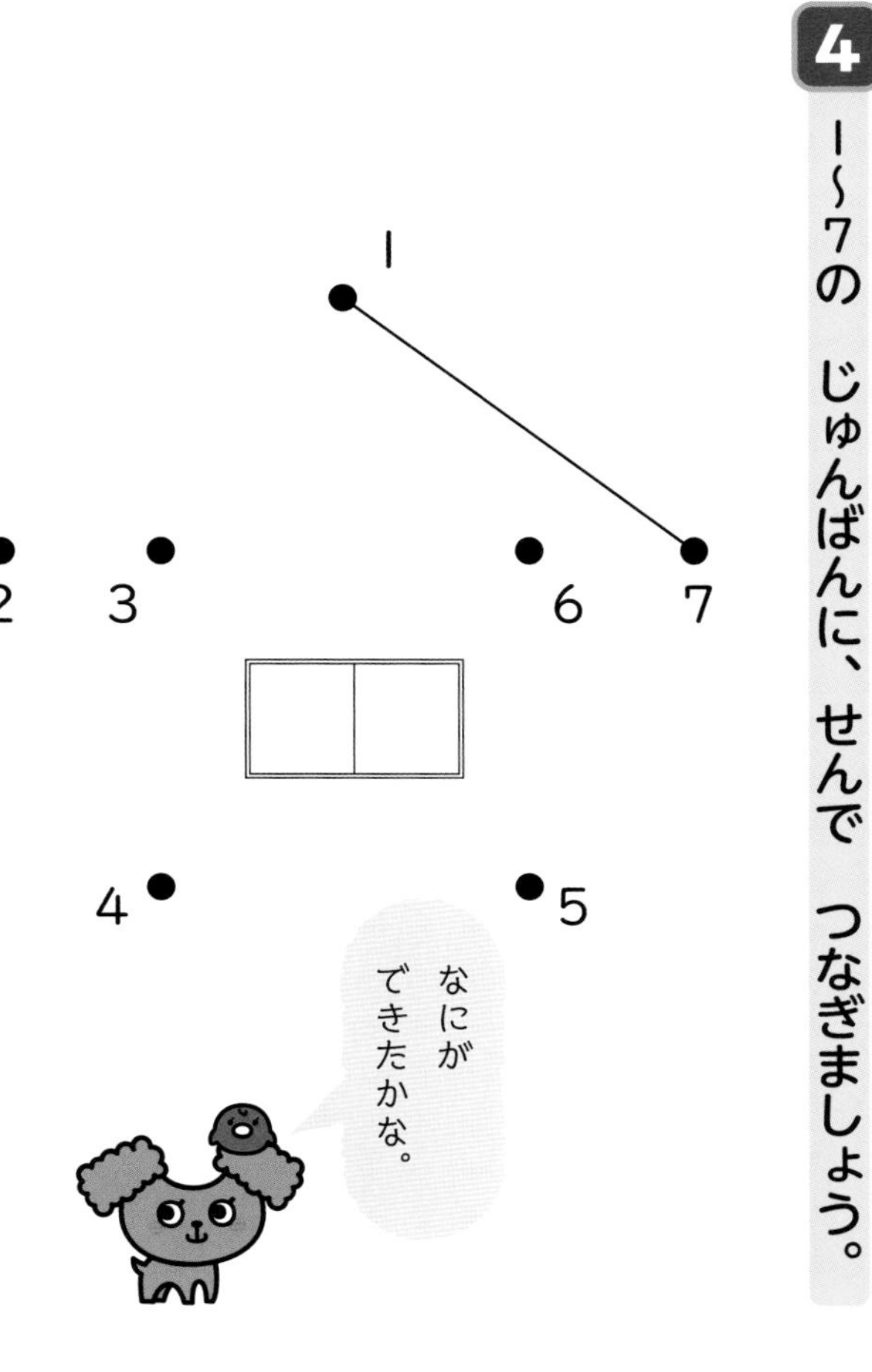

なんて　いうのかな

5 どんな　あいさつを　しますか。こえに　だして　いいましょう。

げんきよく
あいさつを　しよう。

こえを　とどけよう　もじを　かこう

3分でまとめ

めあて
★こえの　おおきさに　きを　つけて　よもう。
★ひらがなを　かいて　みよう。

がくしゅうび
月　日
きょうかしょ
上14～17ページ
こたえ
2ページ

こえを　とどけよう

1 つぎの　うち、いちばん　おおきな　こえで　はなすと　よい　ものに、○を　つけましょう。

あ（　）となりの　せきの　ともだちと　はなす　とき。

い（　）おなじ　はんの　みんなに　はなす　とき。

う（　）こうていで　ともだちを　よぶ　とき。

もじを　かこう

2 もじを　ゆびで　なぞりましょう。

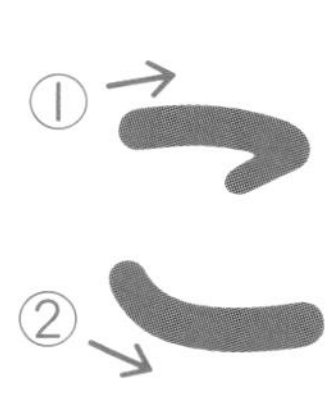

つ　く　し

こ　い

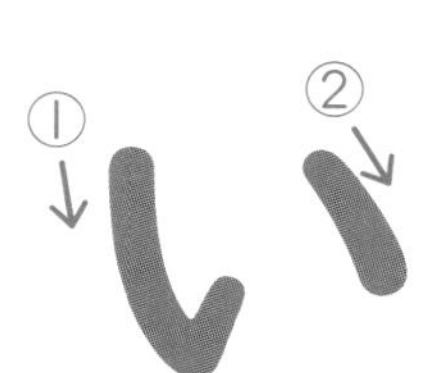

かきはじめと　かきおわりに　きを　つけよう。

3 こえの　おおきさに　きを　つけて　よみましょう。

だれを
よびますか。

わたしは
なおきくんを
よびます。

となりに　いる　ひとに　きこえる
くらいの　こえで　はなしましょう。

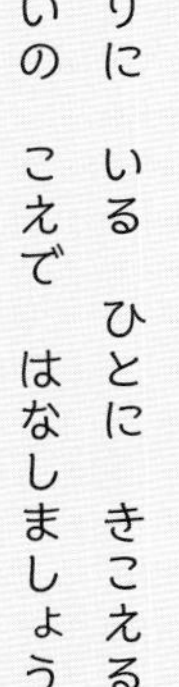

なおきくん。

はい。

きょうしつの　みんなに　きこえる
くらいの　こえで　はなそう。

4 えに　あう　ひらがなを　なぞり、こえに　だして　よみましょう。

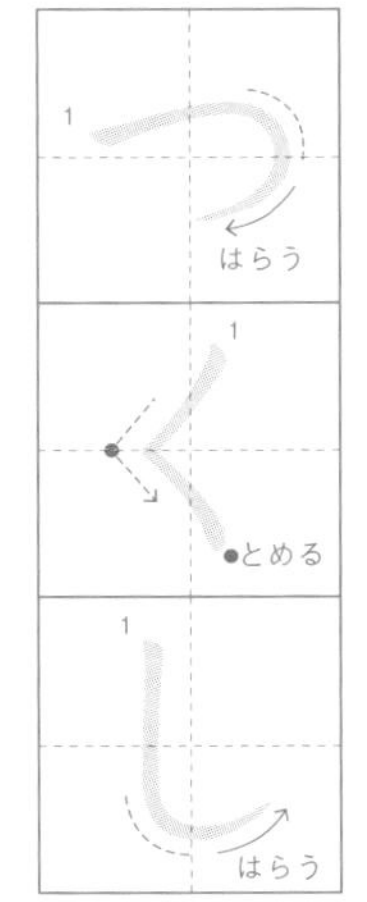

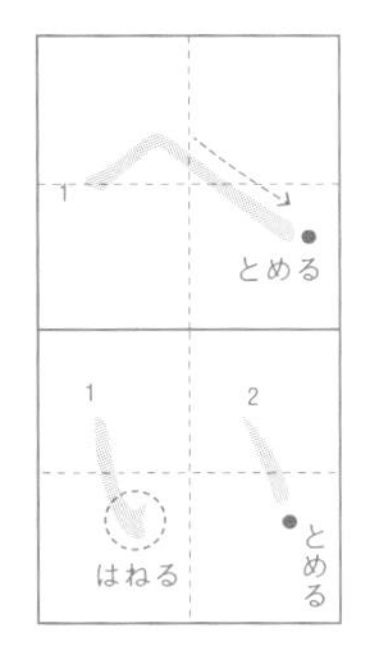

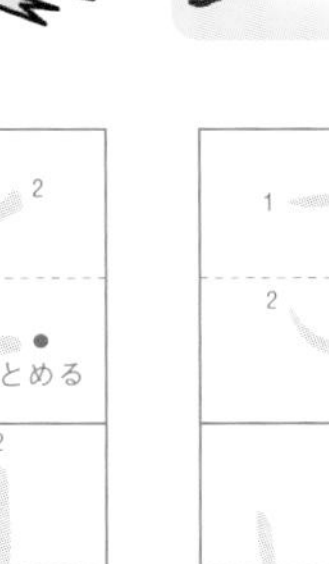

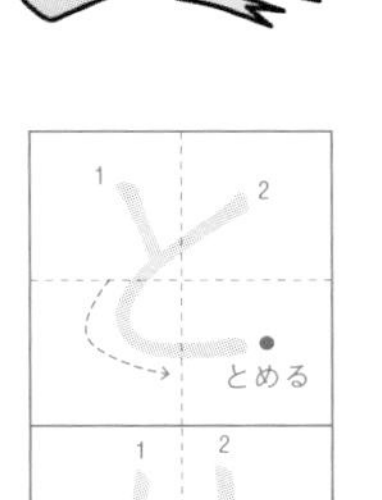

かきじゅんや　かく
ときの　ちゅういを
みながら、ていねいに
なぞって　おぼえてね。

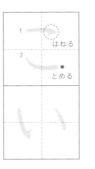

ぴったり1 じゅんび

3分でまとめ

あいうえおの うた
あいうえおの ことばを あつめよう

◎めあて
★くちの かたちに きを つけて よもう。
★みの まわりで あいうえおの つく ことばを みつけよう。

がくしゅうび
月　日
きょうかしょ
上18〜21ページ
こたえ
3ページ

あいうえおの うた

1 あいうえおを しっかり よみましょう。よむ ときは したの えの くちの かたちに きを つけましょう。

あいうえおの　うた

ありのこ　あちこち
あいうえお
いしころ　いろいろ
あいうえお
うしさん　うとうと
あいうえお
えんそく　えいえい
あいうえお
おひさま　おてんき
あいうえお

あ　い　う　え　お

あいうえおの ことばを あつめよう

2 えに あう ひらがなを かき、こえに だして よみましょう。

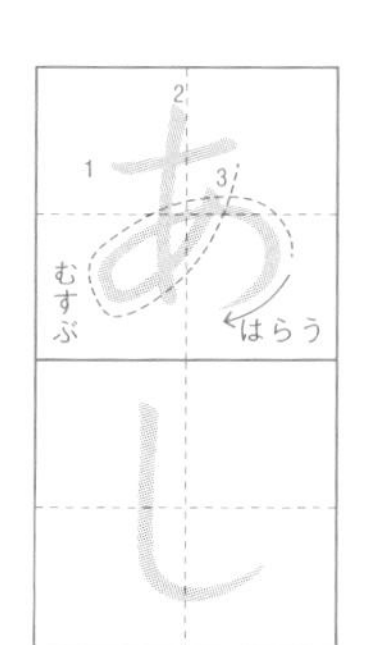

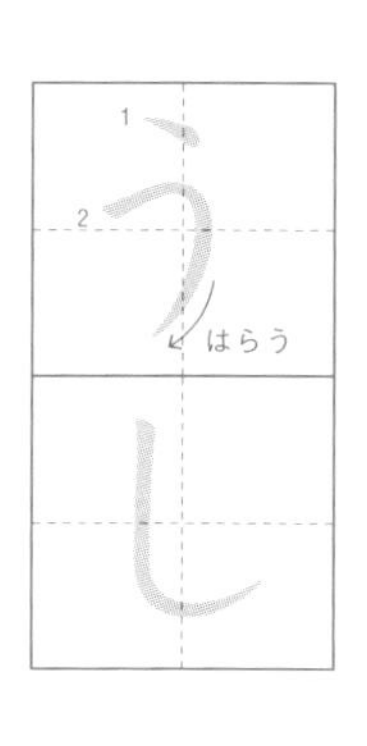

え
とめる

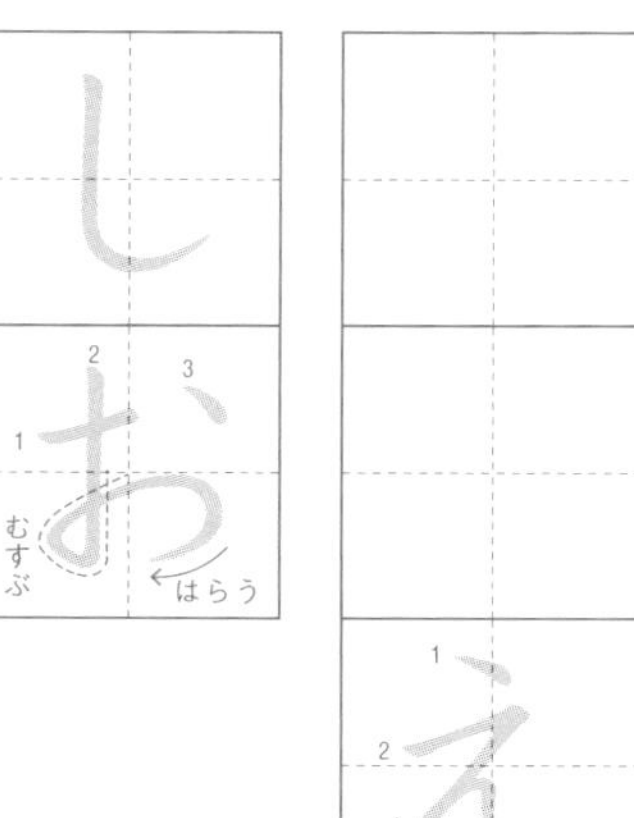

なんども かいて おぼえよう。

まるめる かたちに ちゅういしよう。

3 つぎの　えの　ことばを、おとに　あわせて　てを　たたきながら　いいましょう。

4 しりとりを　して　ことばを　かいて　すたあとから　ごうるを　めざしましょう。

ぴったり1 じゅんび

ほんが たくさん あめですよ

めあて
★ほんを よんで もらったり、よみたい ほんを さがしたり して みよう。
★ことばの ひびきに きを つけて よんで みよう。

がくしゅうび
月　日
きょうかしょ
上22～29ページ
こたえ
3ページ

ほんが たくさん

1 いままでに よんで もらった おはなしの なかで、いちばん すきな おはなしの だいめいを いいましょう。

せんせいや おうちの ひとに よんで もらった おはなしを おもいだそう。

2 これから よんで みたい ほんを つぎから えらび、（　）に ○を かきましょう。（いくつ えらんでも よいです。）

（　）わくわくする ぼうけんの ほん。
（　）しぜんの ことが わかる ほん。
（　）こころが じいんと する ほん。
（　）むかしから つたわる おはなしの ほん。
（　）がいこくの ことが わかる ほん。

あめですよ

3 えに あう ひらがなを かき、こえに だして よみましょう。

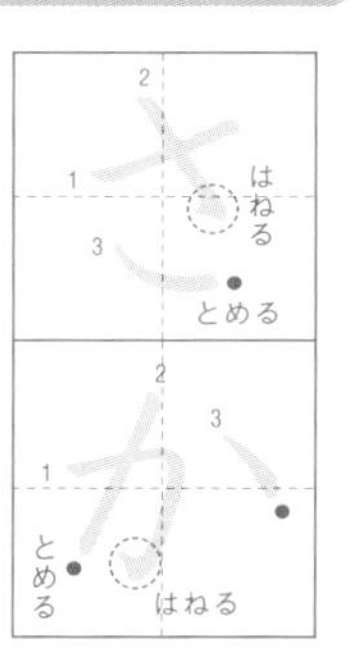

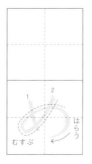

4 「あめですよ」に でて くる おんなのこの かさと ながぐつに いろを ぬりましょう。

5 しを よんで、こたえましょう。

あめですよ

とよた かずひこ

あめ あめ だいすき
とん とん とん
あめ あめ きらい
ふう ふう ふう
あめ あめ だいすき
どん どん どん
あめ あめ きらい
ぶう ぶう ぶう
あめ あめ だいすき
らん らん らん
あかい かさ
あかい ながぐつ
らん らん らん

(1) あめが だいすきな ようすを あらわす ことばは どれですか。みっつに ○を つけましょう。

あ（　）とん とん とん
い（　）ふう ふう ふう
う（　）どん どん どん
え（　）ぶう ぶう ぶう
お（　）らん らん らん

(2) あめが きらいな ようすを あらわす ことばは どれですか。ふたつに ○を つけましょう。

あ（　）とん とん とん
い（　）ふう ふう ふう
う（　）どん どん どん
え（　）ぶう ぶう ぶう
お（　）らん らん らん

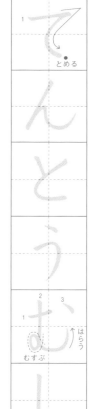

ふたと ぶた
みんなに はなそう

◎めあて
★ちがいに きを つけて かいたり よんだり しよう。
★みつけた ものを みんなに つたえよう。

がくしゅうび　月　日

きょうかしょ　上30～35ページ

こたえ　4ページ

1 えに あう ひらがなを なぞり、こえに だして よみましょう。

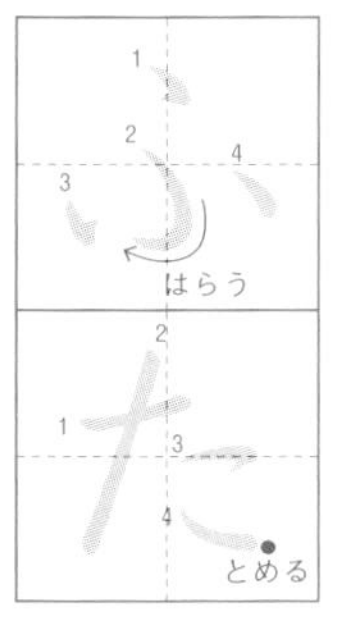
ふた

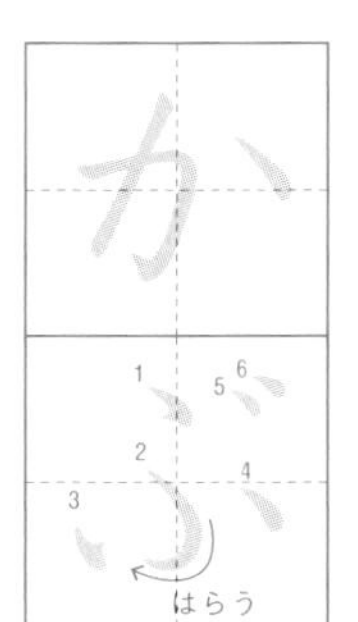
かぶ

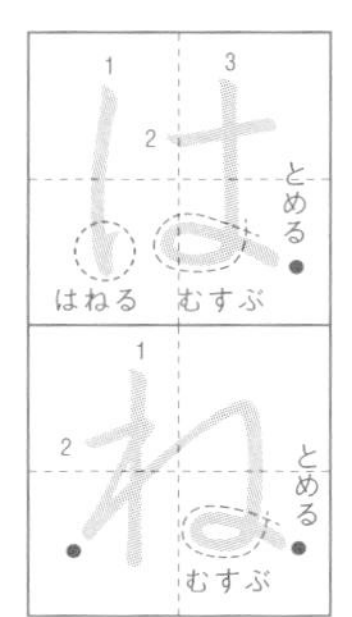
はね

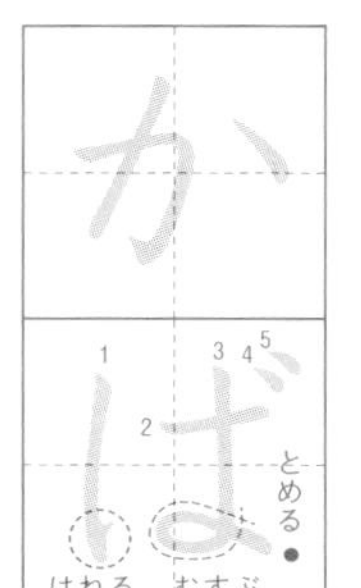
かば

「ぶ」や「ば」の「゛」は、じの みぎうえに かくよ。

ひな

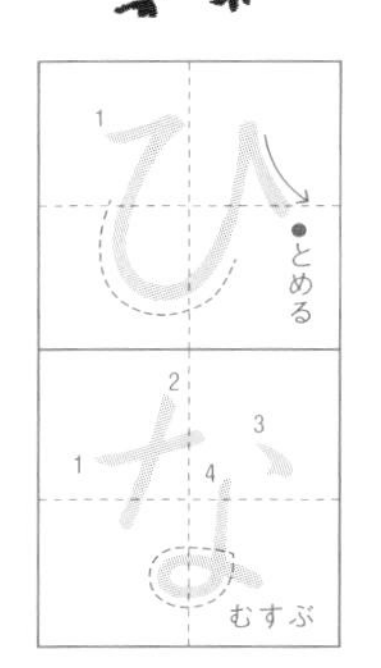
ゆびわ

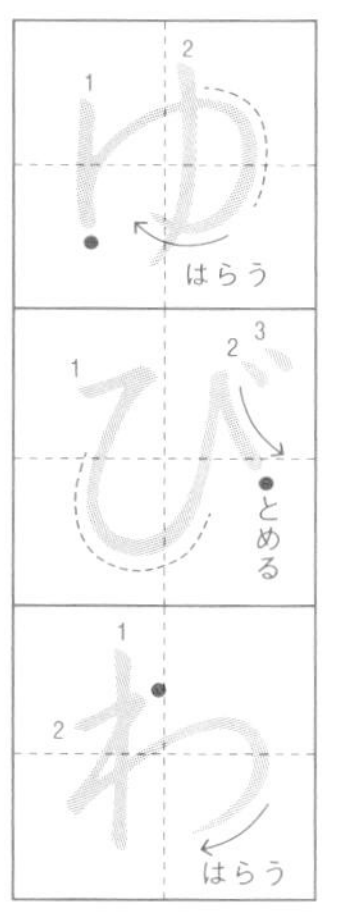
えんぴつ

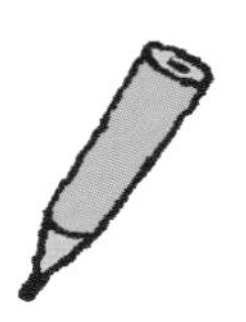
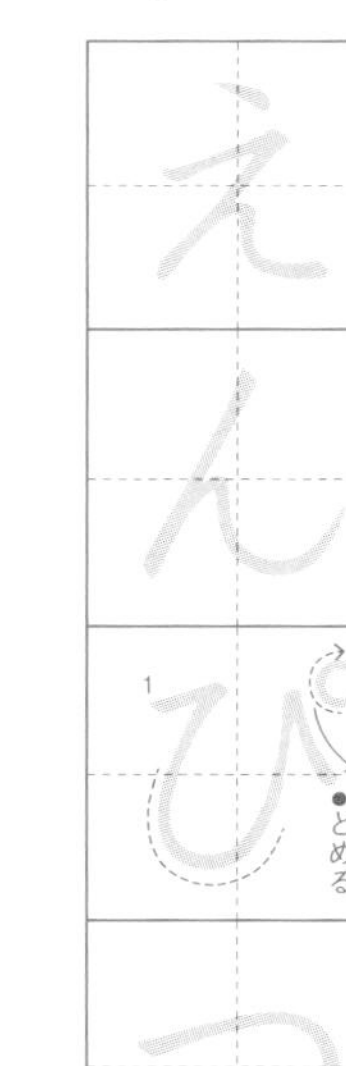
きりん

てんとうむし

2 かいわを　よんで、こたえましょう。

ぼくが、みつけた　ものは
なんでしょう。**て**で
はじまります。

どこで　みつけましたか。

かだんで　みつけました。

てんとうむしですか。

はい、そうです。
ぼくは、かだんで
てんとうむしを　みつけました。
はっぱの　うらに　いました。

「みんなに　はなそう」より

(1) 「ぼく」は、どこで　なにを
みつけましたか。〔　〕の　なかの
あう　ほうの　ことばを　◯で
かこみましょう。

ぼくは、〔かだん　いけ〕で
〔とんぼ　てんとうむし〕を
みつけました。

(2) (1)の　こたえの　ぶんを　こえに
だして　よみましょう。

ぴったり1 じゅんび

ぶんを つくろう とん こと とん

ぶんを つくろう

1 えに あう ぶんに なるように、うえと したを むすびましょう。

ねこが ・　・ はねる。

いぬが ・　・ およぐ。

かえるが ・　・ あるく。

さかなが ・　・ すわる。

2 えに あう ひらがなを なぞり、こえに だして よみましょう。

まんが

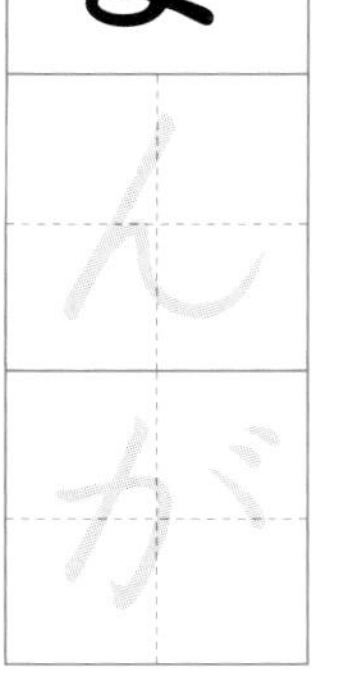

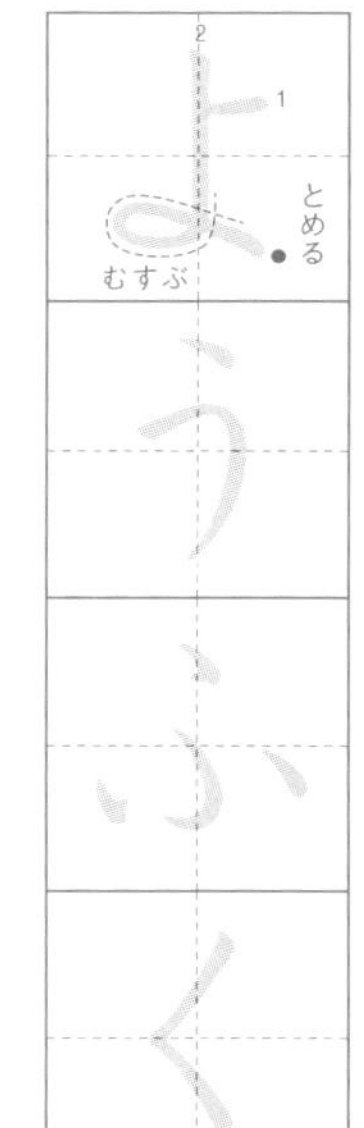

ようふく

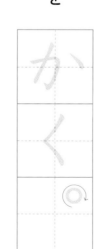

えを かく。

ぶんの おわりの 「。」は、ますの みぎうえに かこう。

めあて

★みじかい ぶんを つくって みよう。

★ねずみの きもちを かんがえて よもう。

がくしゅうび
月　日
きょうかしょ
上36～43ページ
こたえ
4ページ

3 ぶんしょうを　よんで、こたえましょう。

ねずみが、さんぽから
かえって　きました。
ゆかの　したから、
がたがた　おとが
きこえます。

「おかしいな。
なんだろう。」

また、おとが
きこえます。
ねずみは、ゆかを
たたきました。
とん　こと　とん。

へんじが　ありません。
だれかが、とびらを
たたきました。

ぶしか　えつこ「とん　こと　とん」より

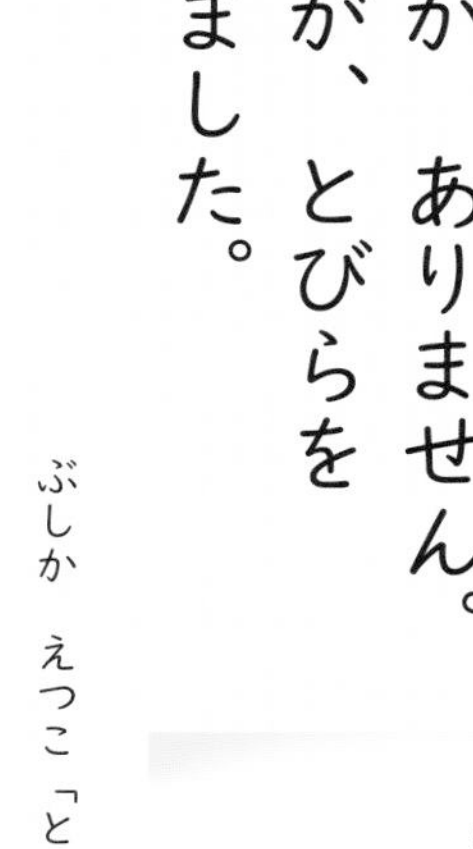

(1) だれが　さんぽから　かえって　きましたか。○を　つけましょう。

あ（　）もぐら　い（　）ねずみ　う（　）りす

(2) ゆかの　したから　どのような　おとが　きこえて　きましたか。かきぬきましょう。

［　　　　］と　いう　おと。

(3) ゆかの　したから　また　おとが　きこえた　あと、ねずみは　なにを　しましたか。

［　　］を　たたいた。

(4) (3)のように　した　とき、どのような　おとが　なりましたか。あう　ものに　○を　つけましょう。

あ（　）とん　とこ　とん。
い（　）とこ　とん　とん。
う（　）とん　こと　とん。

ぴったり1 じゅんび

はを つかおう
さとうと しお
をへを つかおう

3分でまとめ

◎めあて
★「は」を つかって ぶんを つくろう。
★ぶんしょうの ないようを よみとろう。
★「を」と「へ」を つかって みよう。

がくしゅうび 月 日
きょうかしょ 上44〜55ページ
こたえ 5ページ

1 えに あう ひらがなを なぞり、こえに だして よみましょう。

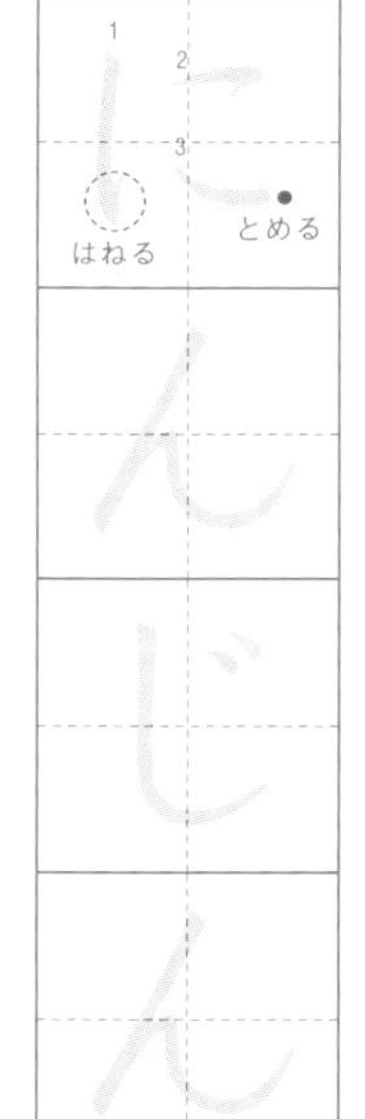

にんじん

ほうき

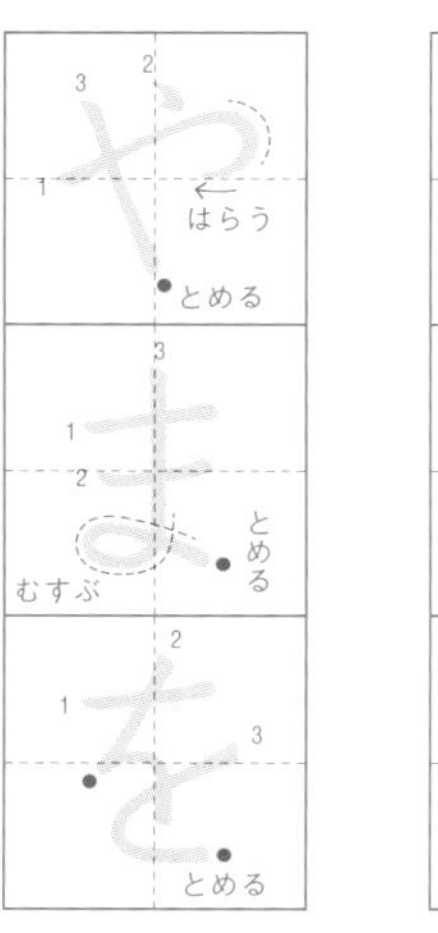

やまを

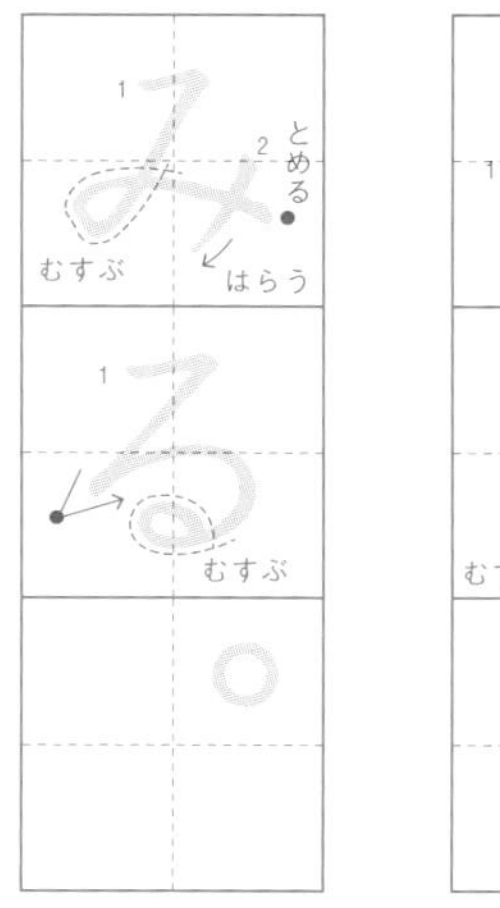
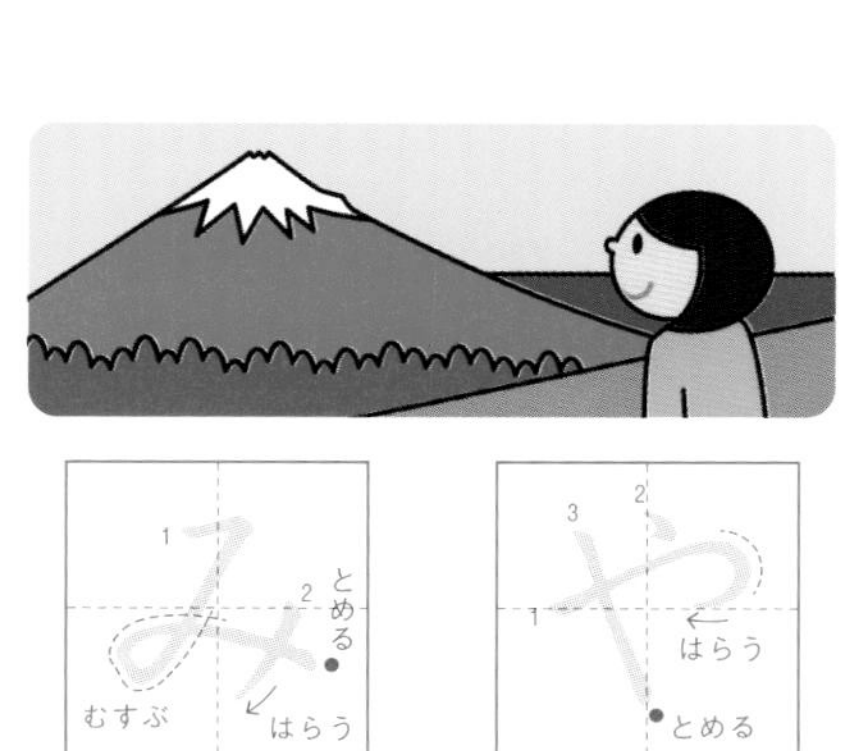
みる。

はを つかおう

2 「は」と「わ」の うち、□に あう ほうを かきましょう。

ぞう□、おおきい。

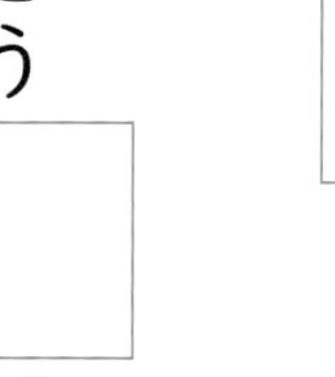
がっこう□、たのしい。

な□とび□、おもしろい。

□に□、こ□い。

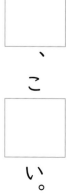

さとうと　しお

3 ことばに　あう　いみを　したから　えらんで、せんで　むすびましょう。

① どちらも　・　　・おなじで　ない　こと。

② つぶ　・　　・とても　ちいさくて　まるい　もの。

③ ちがい　・　　・りょうほうとも。

4 （　）に　あう　ほうの　ことばを　[　]から　えらびましょう。

① かわいた　すなは　（　　）して　いる。

② はちみつを　さわると、てが　（　　）する。

あ　べたべた　　い　さらさら

をへを　つかおう

5 せんの　ところが　まちがって　いたら　ただしい　ひらがなを、あって　いたら　○を　かきましょう。

① ぼくは、りんごお　かいました。

② わたしは、へやえ　はいりました。

③ をとうとお　えきえ　むかへに　いきました。

④ きのう　こうへんえ　あそびに　いきました。

ぴったり2 れんしゅう

さとうと しお

がくしゅうび　月　日

きょうかしょ　上44〜55ページ

こたえ　5ページ

ぶんしょうを　よんで、こたえましょう。

これは、さとうです。

これは、しおです。

どちらも　しろい　つぶです。
どんな　ちがいが　あるのでしょうか。
さわって　みると　どうでしょう。

1　なにと　なにの　ことを　せつめいして　いますか。

□□□　と　□□

2　さとうと　しおは、なにいろの　つぶですか。あう　ことばを　かきぬきましょう。

□□□　つぶ。

ヒント　3ぎょうめの　ぶんを　よもう。

3　さとうと　しおを　さわって　みると、どんな　かんじが　しますか。せんで　むすびましょう。

さとうは、すこし べたべたして います。

しおは、さらさらして います。

どんな あじが するでしょう。

さとうは、あまい あじが します。

しおは、しおからい あじが します。

「さとうと しお」より

さとう・　・さらさらして いる。

しお・　・すこし べたべたして いる。

4 さとうは どんな あじが しますか。
あう ものに ○を つけましょう。

あ（　）しおからい あじ。
い（　）にがい あじ。
う（　）あまい あじ。

5 しおは どんな あじが しますか。
あう ものに ○を つけましょう。

あ（　）しおからい あじ。
い（　）にがい あじ。
う（　）あまい あじ。

ヒント
12ぎょうめの ぶんを よもう。

きいて　つたえよう
ねこと　ねっこ
ことばあそび

◎めあて
★ともだちの　はなしを　きいて、つたえよう。
★ちいさい　「っ」の　つかいかたを　しろう。
★しりとりや　ことばみつけで　あそぼう。

がくしゅうび
月　日

きょうかしょ
上56～61ページ

こたえ
6ページ

きいて　つたえよう

1 ぶんしょうを　よんで、こたえましょう。

なかがわさん

かが　つく　ことばを　みつけました。
かおと　かいと　かびんです。

・きいた　ことを　みんなに　つたえます。あう　ほうを（　）で　かこみましょう。

なかがわさんが　みつけた（かお・ことば）を　つたえます。（ふたつ・みっつ）　あります。それは、かおと（かい・かさ）と　かびんです。

ねこと　ねっこ

2 えに　あう　ひらがなを　なぞり、ちがう　ところに　きを　つけて　よみましょう。

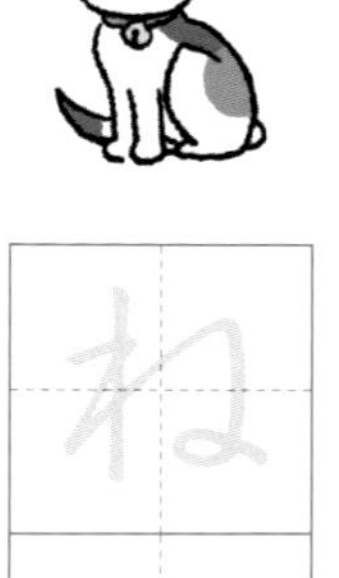
ね
こ

ね
っ
こ

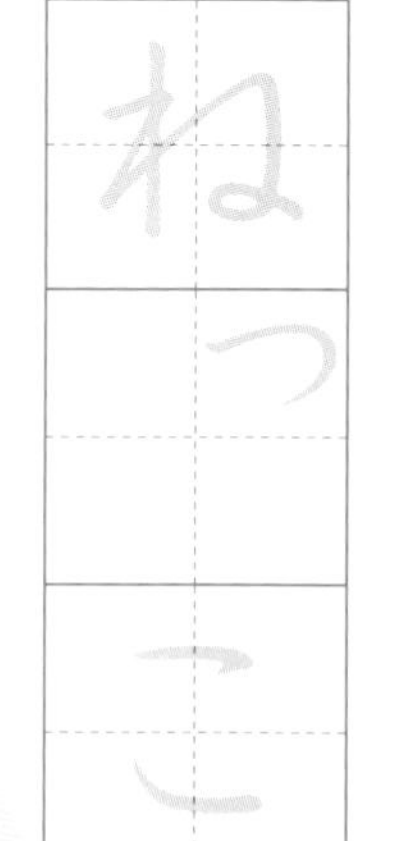

よこに　かく　ときは、ちいさい　「っ」は　ますの　ひだりしたに　かくよ。

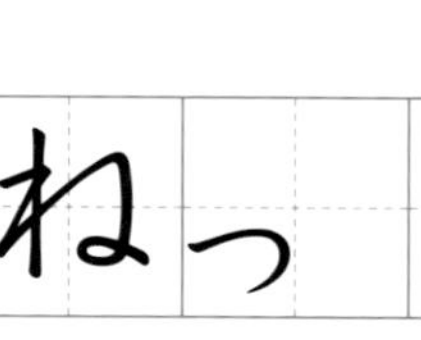

ちいさい　「っ」は　ますの　みぎうえに　かくよ。

3 えに　あう　ひらがなを　なぞり、こえに　だして　よみましょう。

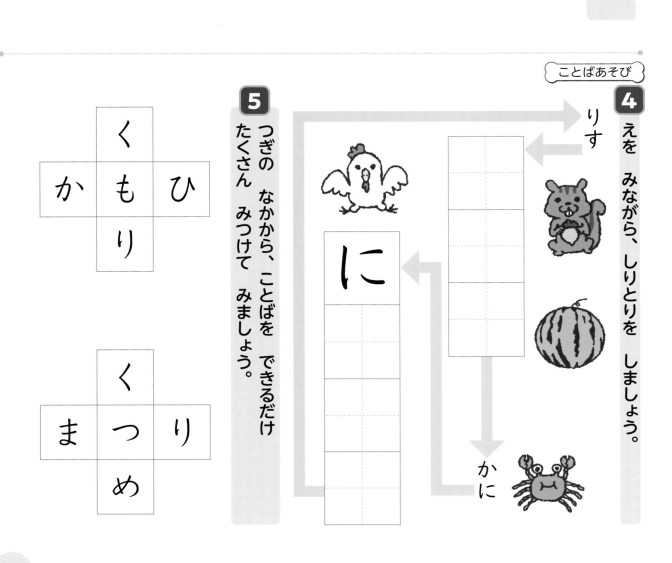

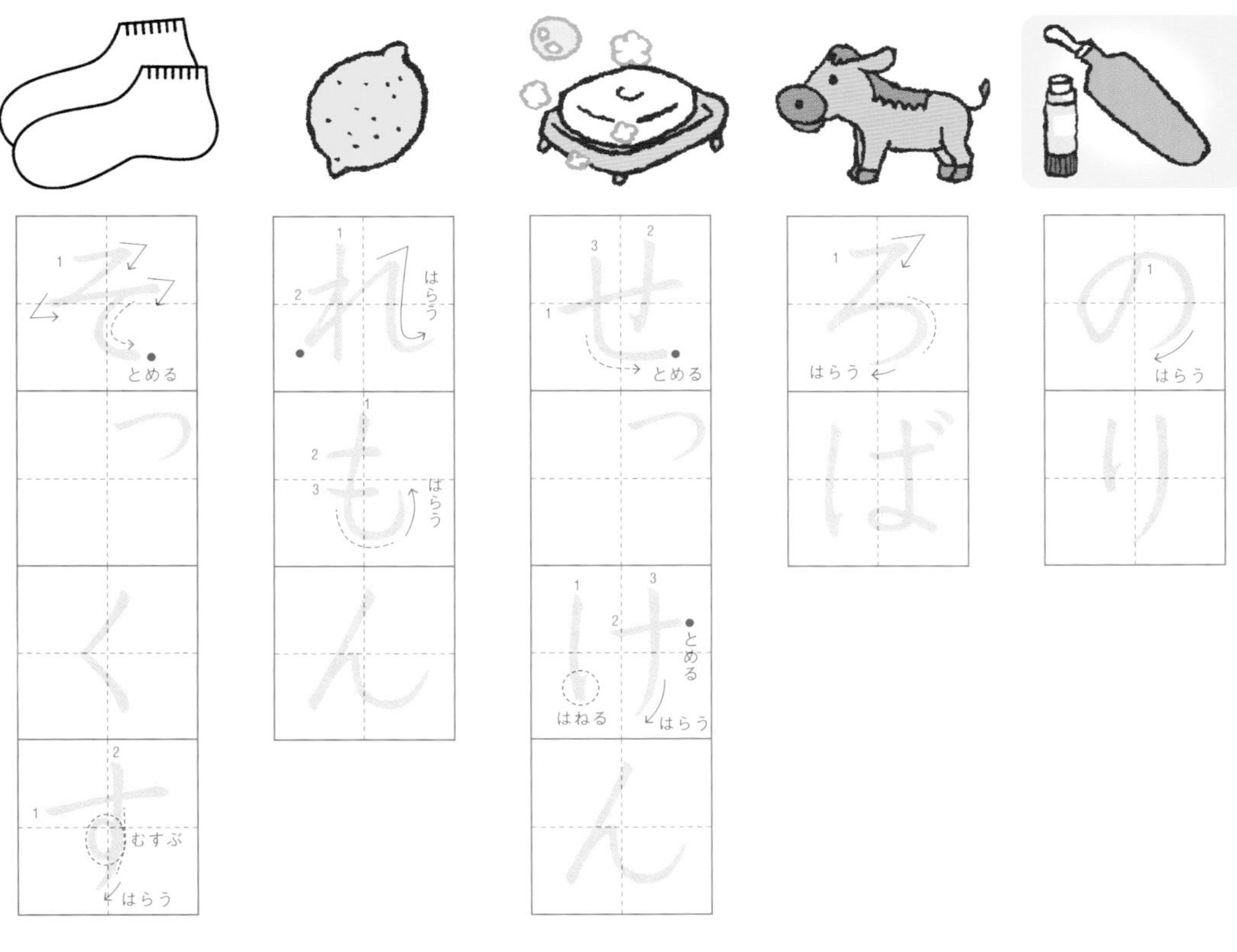

ことばあそび

4 えを　みながら、しりとりを　しましょう。

りす

かに

に

5 つぎの　なかから、ことばを　できるだけ　たくさん　みつけて　みましょう。

	く	
か	も	ひ
	り	

	く	
ま	つ	り
	め	

あひるの　あくび　のばす　おん

3分でまとめ

1 しを　よんで、こたえましょう。

あひるの　あくび

まき　さちお

あひるの　あくびは　あいうえお
かえるが　かけっこ　かきくけこ
さるくん　さかだち　さしすせそ
たぬきが　たこあげ　たちつてと
なまずが　なかよく　なにぬねの
はちさん　はらっぱ　はひふへほ
まりちゃん　まりつき　まみむめも
やぎさん　やまみち　やいゆえよ
らくだで　らくらく　らりるれろ
わにさん　わなげだ　わいうえを
ん

(1) しの　一ぎょうめの　いちばん　うえの　「あ」から　ひだりに　よんで　いくと、どう　なりますか。○を　つけましょう。

あ（　）あいうえおかきくけこ
い（　）あかさたなはまやらわ
う（　）あかさたなはひふへほ

(2) 「たぬきが　たこあげ　たちつてと」には、「た」の　もじが　いくつ　でて　きますか。○を　つけましょう。

あ（　）1　い（　）2　う（　）3

(3) うえの　しを　よんで、「あいうえお」の　しを　つくりました。□に　あう　ことばに　○を　つけましょう。

あしたも　□　あいうえお

あ（　）くもりだ　い（　）はれの　ひ
う（　）あおぞら

めあて
★こえに　だして　しを　よんで、ことばの　おとを　あじわおう。
★のばす　おんの　かきかたを　たしかめよう。

がくしゅうび
月　日
きょうかしょ
上62〜67ページ
こたえ
6ページ

2

えに あう ひらがなを なぞり、こえに だして よみましょう。

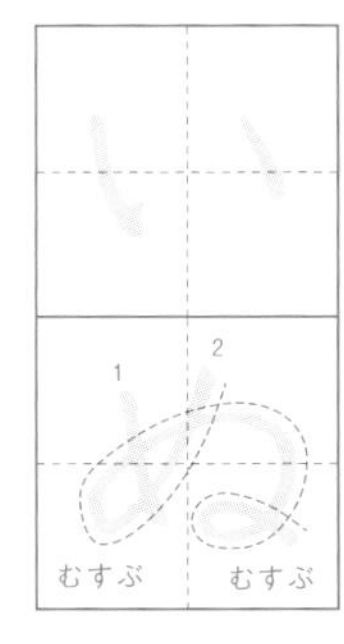
いぬ

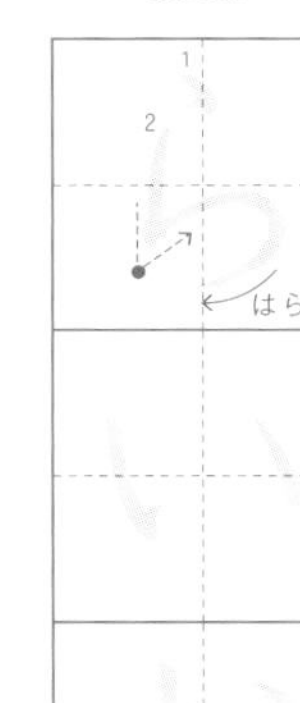

らいおん

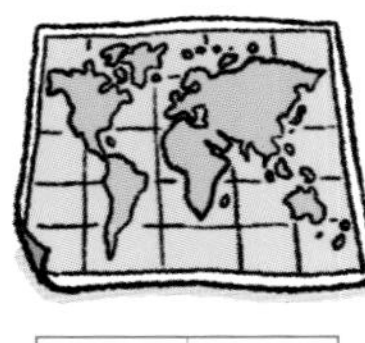
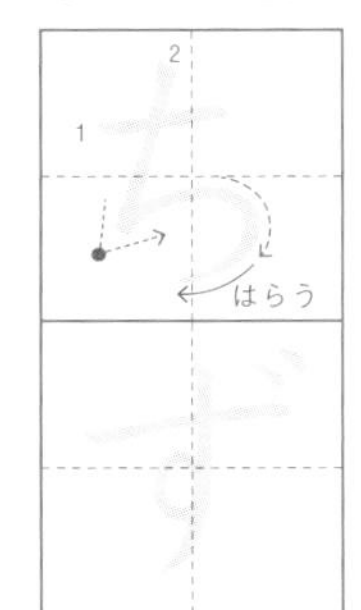
ちず

3

のばす おんが ある つぎの ことばの うち、かきかたの ただしい ほうに ○を つけましょう。

① あ（ ）ほうき　い（ ）ほおき

② あ（ ）おおかみ　い（ ）おうかみ

③ あ（ ）せんせえ　い（ ）せんせい

4

のばす おんを つかって、おうちの ひとの よびかたを かき、こえに だして よみましょう。

①

②
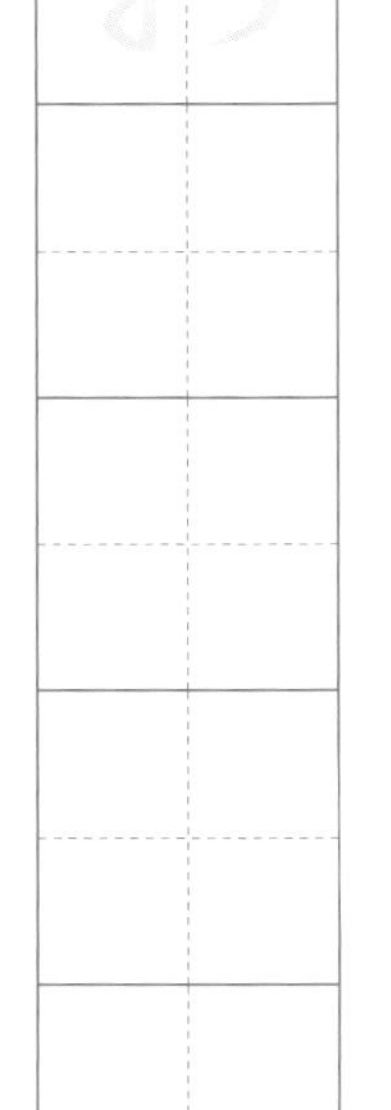

③

④

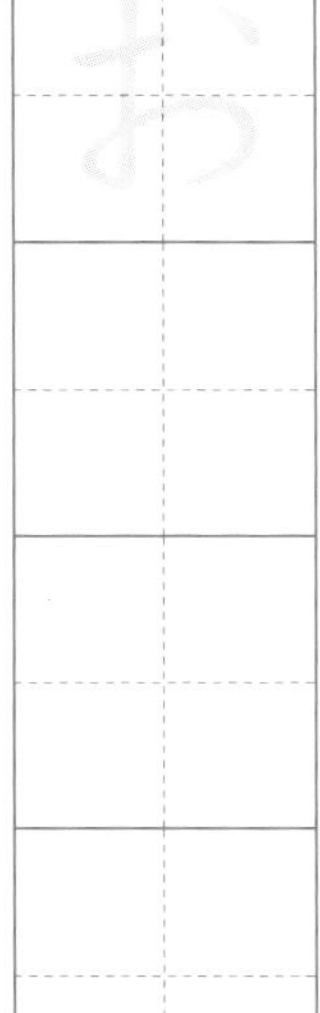

⑤

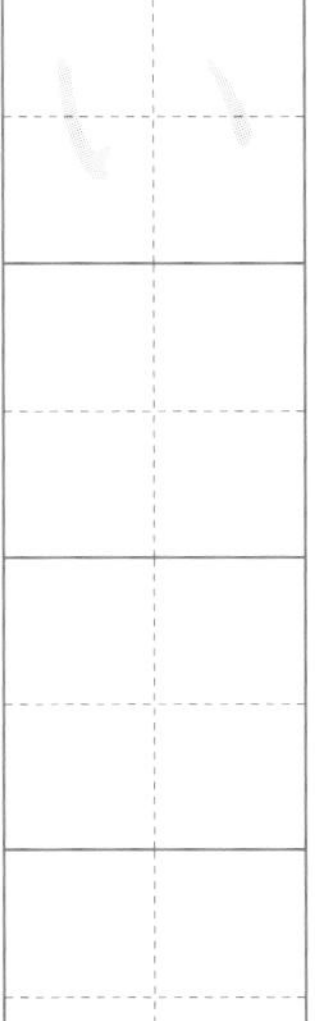

ぴったり1 じゅんび

3分でまとめ

どう やって みを まもるのかな いしやと いしゃ こんな こと したよ

めあて
★ぶんしょうを よんで、ないようを とらえよう。
★ちいさく かく じに きを つけよう。
★しらせたい ことを かいて、つたえよう。

がくしゅうび 月 日

きょうかしょ 上68〜81ページ

こたえ 7ページ

どう やって みを まもるのかな

1 ただしい いみを □ から えらびましょう。

①（ ） みを まもる。
②（ ） ゆびに とげが ささる。
③（ ） かにの こうら。
④（ ） さかだちを れんしゅうする。
⑤（ ） うしろから おどかす。

あ てで からだを ささえ、あしを うえに あげて たつ こと。
い からだを つつむ かたい から。
う からだ。
え こわがらせる。
お はりのように ほそく とがった もの。

いしやと いしゃ

2 えに あう ひらがなを かいて、こえに だして よみましょう。

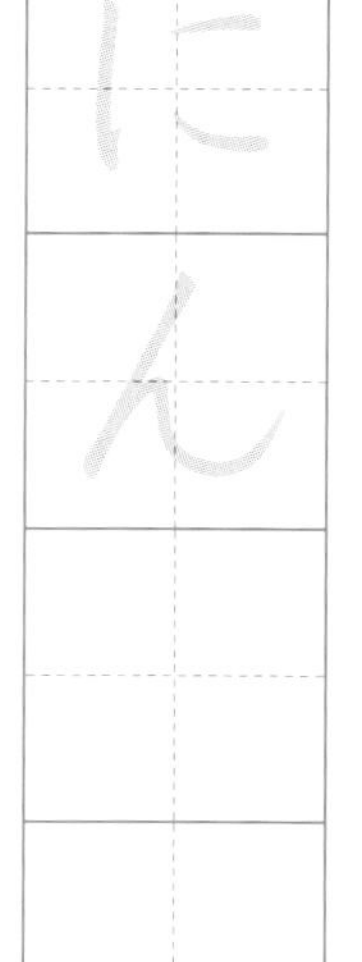
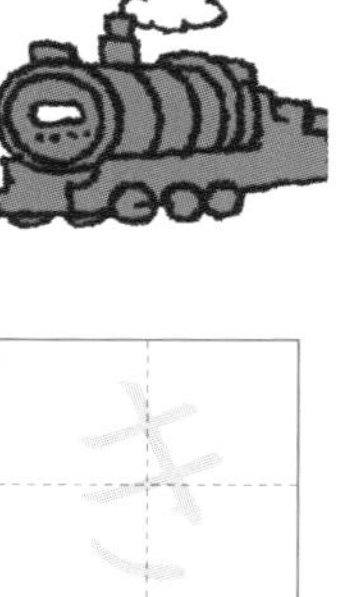
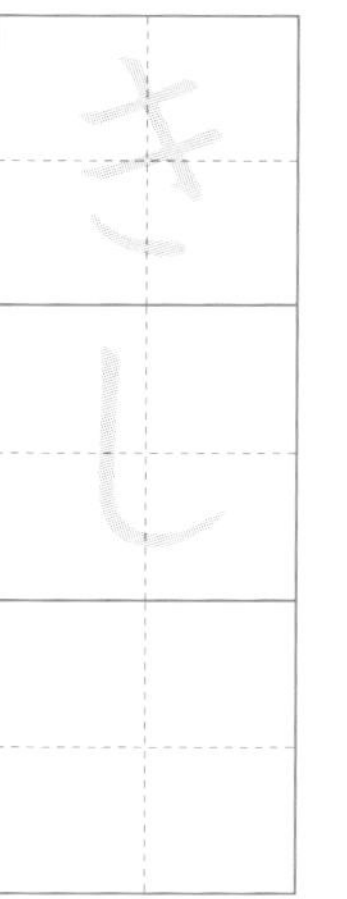

ちいさい「ゃ」「ゅ」「ょ」「っ」は、ますの みぎうえに かくよ。

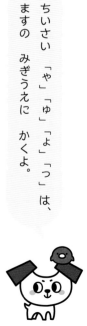

3 えに　あう　ほうの　ことばを　◯　で　かこみましょう。

いしゃ　　いしゃ

いしゃ　　いしゃ

びよういん　　びょういん

びよういん　　びょういん

4 〈した　こと〉を　みて、くらすの　ともだちに　しらせる　ぶんしょうを　かきましょう。

〈した　こと〉

ひるやすみに　てつぼうを　した。
はじめて　まえまわりが　できた。

なまえ

「、」や「。」は　1ますに　かくよ。

どう やって みを まもるのかな
～こんな こと したよ

ぶんしょうを よんで、こたえましょう。 思考・判断・表現

これは、あるまじろです。あるまじろの からだの そとがわは、かたい こうらに なって います。どのように して みを まもるのでしょう。あるまじろは、からだを まるめて、みを まもります。てきが きたら、こうらだけを みせて、じっとして います。

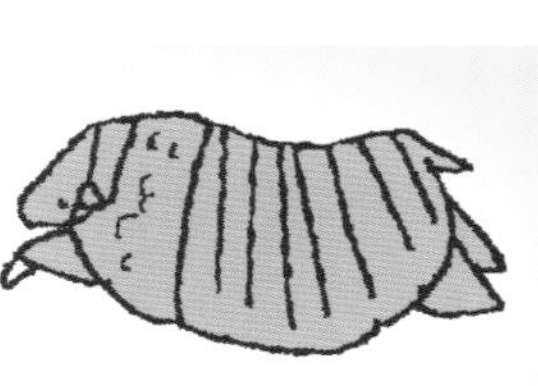

1 あるまじろの からだの そとがわは、どう なって いますか。 15てん

かたい（　　　　　）に なって いる。

よく出る

2 あるまじろは、どのように して てきから みを まもりますか。ひとつに ○を つけましょう。 10てん

あ（　）たちあがる。
い（　）からだを まるめる。
う（　）こうらを なげる。

3 すかんくの おしりからは なにが でますか。 15てん

（　　　　　）

4 すかんくは、てきが きた とき、

これは、すかんくです。
すかんくの
おしりからは、くさい
しるが　でます。
どのように　して
みを　まもるのでしょう。

すかんくは、しるを
とばして、みを
まもります。
てきが　きたら、
さかだちを　して、
おどかします。
てきが　にげないと、
さかだちを　やめて、
くさい　しるを
とばします。

「どう　やって　みを　まもるのかな」より

4 はじめに　どう　しますか。ひとつに
○を　つけましょう。　10てん

あ（　　）くさい　しるを　とばす。
い（　　）さかだちを　して、おどかす。
う（　　）さかだちを　しながら、くさい　しるを　とばす。

できたらスゴイ!

5 **4**のように　して、てきが　にげないと、すかんくは　どう　しますか。　ひとつ15てん（30てん）

（　　　　　）を　やめて、
（　　　　　）を　とばす。

かんがえを　かこう

6 この　ぶんしょうは　なにに　ついて　かかれて　いますか。　20てん

どうぶつが　どのように　して
［　　　　　］のか。

ぴったり1 じゅんび

おおきな　かぶ

ろしあの　みんわ／うちだ　りさこ　やく
（ロシア民話／A.トルストイ 再話／内田莉莎子 訳「おおきなかぶ」㈱福音館書店刊より）

めあて
★こえに　だして　よみ、おはなしを　たのしもう。
★どんなふうに　よむか、かんがえて　みよう。

がくしゅうび
月　日
きょうかしょ
上82〜93ページ
こたえ
8ページ

1 おはなしに　でて　くる　ひとや　どうぶつを　かくにんしましょう。

おじいさん

おばあさん

まご

いぬ

ねこ

ねずみ

2 おじいさんは、なにを　まきましたか。

かぶの　□

3 かぶを　ひっぱる　ときに　いった　かけごえに　○を　つけましょう。

㋐（　）よいしょ、こらしょ。
㋑（　）がんばるぞ、ひきぬくぞ。
㋒（　）うんとこしょ、どっこいしょ。

4 ただしい　いみに　○を　つけましょう。

① とてつもなく　おおきい　いわ。
㋐（　）とても　おおきい。
㋑（　）それほど　おおきく　ない。

② やっと　いえに　ついた。
㋐（　）すぐに。
㋑（　）ようやく。

5 おはなしの　じゅんじょに　そって、それぞれの　ときに　かぶを　いっしょに　ひっぱった　ひとや　どうぶつを　○で　かこみましょう。「ぬけた。」か　「ぬけない。」かも　◯で　かこみましょう。

おおきな　かぶが　できた。

	1かいめ	2かいめ	3かいめ	4かいめ	5かいめ	6かいめ
おじいさん						
おばあさん						
まご						
いぬ						
ねこ						
ねずみ						
	かぶは　ぬけた。　ぬけない。	かぶは　ぬけた。　ぬけない。	かぶは　ぬけた。　ぬけない。	かぶは　ぬけた。　ぬけない。	かぶは　ぬけた。　ぬけない。	かぶは　ぬけた。　ぬけない。

おおきな かぶ

ぶんしょうを よんで、こたえましょう。

おじいさんは、かぶを ぬこうと
しました。
「うんとこしょ、どっこいしょ。」
ところが、かぶは ぬけません。
おじいさんは、おばあさんを よんで
きました。
おばあさんが
おじいさんを ひっぱって、
おじいさんが かぶを
ひっぱって、
「うんとこしょ、
どっこいしょ。」

1 おじいさんが かぶを ぬこうと した ときに いった ことばを かきましょう。

「　　　　　　　　」

2 おじいさんが ひとりで ひっぱった とき、かぶは ぬけましたか。あう ほうに ○を つけましょう。

あ（　）かぶは ぬけた。
い（　）かぶは ぬけなかった。

3 おじいさんが よんで きたのは、だれですか。

がくしゅうび
月　日
きょうかしょ
上82〜93ページ
こたえ
8ページ

それでも、かぶは　ぬけません。
おばあさんは、まごを　よんで
きました。
まごが
おばあさんを
ひっぱって、
おばあさんが
おじいさんを
ひっぱって、
おじいさんが
かぶを
ひっぱって、
「うんとこしょ、
どっこいしょ。」
まだ　まだ、かぶは　ぬけません。

ろしあの　みんわ／うちだりさこ　やく「おおきな　かぶ」
（ロシア民話／A．トルストイ 再話／内田莉莎子 訳
「おおきなかぶ」㈱福音館書店刊より）

4 おばあさんは、だれを　ひっぱりましたか。

5 おじいさんと　おばあさんの　ふたりで　ひっぱった　とき、かぶは　ぬけましたか。あう　ほうに　○を　つけましょう。

あ（　）かぶは　ぬけた。
い（　）かぶは　ぬけなかった。

ヒント　13ぎょうめを　よもう。

6 おばあさんが　よんで　きたのは、だれですか。

ヒント　14・15ぎょうめを　よもう。

としょかんは　どんな　ところ
ことばあそびうたを　つくろう

めあて

★がっこうの　としょかんは　どのように　つかえば　いいのかを　しろう。
★おとや　ようすの　ことばあそびうたを　つくって　みよう。

がくしゅうび
月　日
きょうかしょ
上94〜99ページ
こたえ
9ページ

としょかんは　どんな　ところ

1 がっこうの　としょかんの　つかいかたで、ただしい　ほうに　○を　つけましょう。

① ほんを　つかった　とき。
　あ（　）ただしい　ばしょに　もどす。
　い（　）つかって　いた　ばしょに　おいて　おく。

② はなしを　する　とき。
　あ（　）ちいさい　こえで　はなす。
　い（　）おおきな　こえで　はなす。

③ かりた　ほんを　かえす　とき。
　あ（　）かえす　ひより　まえに　かえしては　いけない。
　い（　）かえす　ひか、それより　まえに　かえす。

ことばあそびうたを　つくろう

2 （　）に　あう　ことばを　□　から　えらびましょう。

① すずめが（　）（　）なく。
② あかちゃんが（　）（　）あるく。
③ あめが（　）（　）ふる。
④ すけえとで（　）（　）すべる。
⑤ けむりが（　）（　）たちのぼる。
⑥ はちが（　）（　）とびまわる。

あ すいすい　い よちよち
う ちゅんちゅん　え ぶんぶん
お ざあざあ　か もくもく

3 ことばあそびうたを　よんで、こたえましょう。

たべもの

なかえ　としお

もこもこ　さといも
ほこほこ　さつまいも
はりはり　だいこん
ぱりぱり　たくあん
ぽりぽり　きゅうり
かりかり　らっきょう
つるつる　うどん
くるんくるん　こんにゃく
ぷよぷよ　とうふ
ぬるり　わかめ
しこしこ　たこ
しゃきしゃき　はくさい
こりこり　こうめ
ぷりんぷりんの　とまと
がすがす　なし
ひりひり　しょうが
ぴんぴんした　たい
あつあつの　ふろふきだいこん
ほかほかの　ごはん

---

(1) 「ほこほこ」の　ものは　なんですか。

[　　　　]

(2) 「らっきょう」は、どのようですか。

[　　　　]

(3) 「ぷよぷよ　とうふ」は、とうふの　どのような　ようすを　あらわして　いますか。○を　つけましょう。

あ（　）かたくて　かくばって　いる　ようす。
い（　）やわらかくて　ゆれて　いる　ようす。
う（　）ぼろぼろに　くずれて　いる　ようす。

(4) うえの　ことばと　したの　ことばを、せんで　つなぎましょう。

うえ	した
はりはり・	・わかめ
ぱりぱり・	・ごはん
ぬるり・	・たくあん
ほかほかの・	・だいこん

かたかなを　みつけよう
えにっきを　かこう

めあて
★どんな　ことばを　かたかなで　かくか、かんがえよう。
★たのしかった　ことや　おどろいた　ことなどを、えと　ぶんで　かこう。

がくしゅうび
月　　日
きょうかしょ
上100〜105ページ
こたえ
9ページ

かたかなを　みつけよう

1 かたかなで　かく　ことばを　みっつ　さがして、◯を　つけましょう。

れいぞうこ　てれび　でんわ
だいどころ　くるま　らいと
ばすけっと　つくえ　ほんだな

2 かきかたが　ただしい　ほうに、◯を　つけましょう。

① えんぴつ　エンピツ
② のうと　ノート
③ ものさし　モノサシ
④ けしごむ　けしゴム

えにっきを　かこう

3 えにっきの　かきかたを　たしかめましょう。

(1) えにっきを　よみましょう。

7がつ　15にち

なまえ　なかの　ゆい

わたしは、うみへいきました。おとうさんと、およぐれんしゅうをしました。うみのみずがしょっぱくて、びっくりしました。

えにっきの　ひづけ
え
しらせたい　こと
なまえ

(2) えにっきの　なかで、うみで　した　ことが　かかれて　いる　ところに　——を　ひきましょう。

4 えにっきを　よんで　こたえましょう。

7がつ
12にち

なまえ　たなか　りょう

きょう、ぼくは、すいぞくかんへいきました。おおきなさかながおよいでいました。いかもいました。みんな、たのしそうでした。

(1) りょうさんは　どこへ　いきましたか。

(2) どのような　さかなが　およいで　いましたか。

□さかな。

(3) さかなの　ほかに、なにが　いましたか。

(4) おもった　ことを　まとめて　かいて　いる　ところに、——を　ひきましょう。

ぴったり3

たしかめのテスト

おおきな　かぶ　〜　えにっきを　かこう

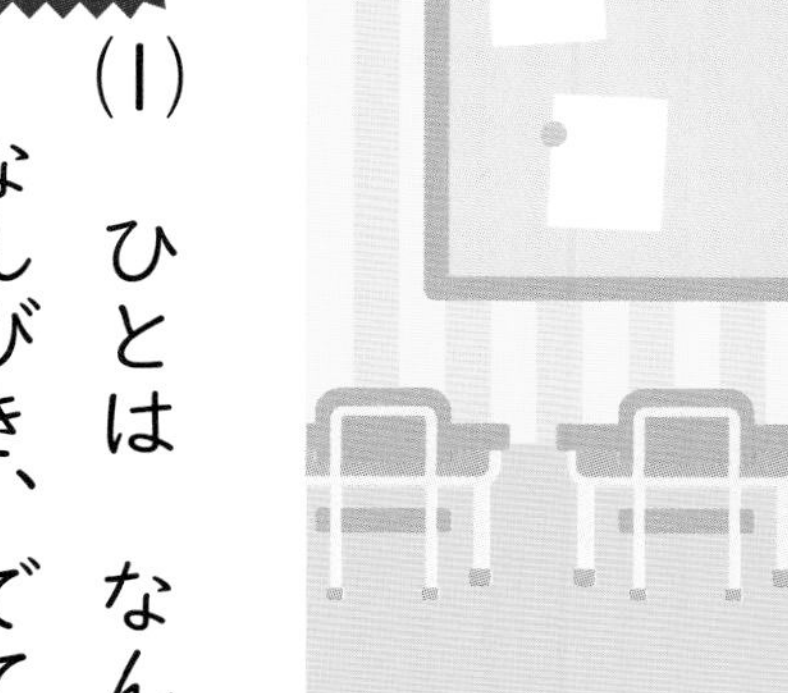

じかん 20 ぷん

／100

ごうかく 80 てん

がくしゅうび　　月　　日

きょうかしょ　上82〜105ページ

こたえ　10ページ

1 ぶんしょうを　よんで、こたえましょう。　思考・判断・表現

ねこは、ねずみを
よんで　きました。
　ねずみが　ねこを
ひっぱって、ねこが
いぬを　ひっぱって、
いぬが　まごを
ひっぱって、まごが
おばあさんを
ひっぱって、おばあさんが
おじいさんを　ひっぱって、
おじいさんが　かぶを
ひっぱって、
「うんとこしょ、どっこいしょ。」

できたらスゴイ！

(1) ひとは　なんにん、どうぶつは　なんびき、でて　きましたか。　一つ15てん（30てん）

① ひと（　　　　）

② どうぶつ（　　　　）

よく出る

(2) ねこは、だれを　ひっぱりましたか。　15てん

（　　　　）

(3) おじいさんを　ひっぱったのは　だれですか。　15てん

（　　　　）

やっと、かぶは　ぬけました。

ろしあの　みんわ／うちだりさこ　やく「おおきな　かぶ」
（ロシア民話／A．トルストイ　再話／内田莉莎子　訳
「おおきなかぶ」㈱福音館書店刊より）

かんがえを かこう

(4) みんなで、ちからを　あわせて　ひっぱったら、かぶは　どう　なりましたか。

（　　　　　　　　）

15てん

2 えにっきを　かんせいさせましょう。うえの　□の　〈しらせたい　こと〉を　よんで、したの　（　）に　あう　ことばを　いれましょう。

思考・判断・表現

ぜんぶ　できて　25てん

〈しらせたい　こと〉
- 7がつ　21にち
- おくだ　じゅり
- どうぶつえんへ　いった。
- ぞうが、きもちよさそうに、みずあびを　して　いた。

7がつ　21にち

なまえ（　　　　　　）

わたしは、（　　　　　　）へ

いきました。ぞうが、きもちよさそうに、

（　　　　　　）をしていました。

この　ほんの　おわりに　ある「なつの　チャレンジテスト」を　やって　みよう！

ぴったり1 じゅんび

あるけ あるけ き

めあて
★こえに だして、ふたつの しを なんども よんで みよう。

がくしゅうび　月　日
きょうかしょ　上106～109ページ
こたえ　10ページ

1 つぎの ことばに あう えは どれですか。せんで むすびましょう。

① ちきゅう ・　・

② たいこ ・　・

③ あし ・　・

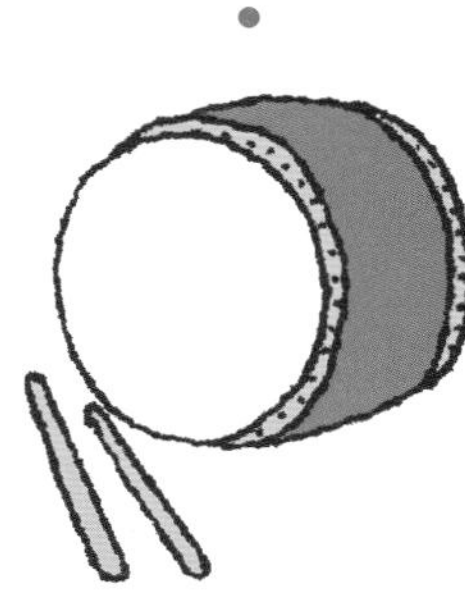

2 「ちきゅうの うら」とは、どのような いみですか。○を つけましょう。

あ（　）いま たって いる ところの じめんの なか。

い（　）まるい ちきゅうの はんたいがわ。

ちきゅうの かたちを おもいうかべて みよう。

3 つぎの （　）に あう ことばを 【　】から えらびましょう。

① みんなで てを（　　）。

② まいにち がっこうまで（　　）。

【あ あるく　い たたく】

き

4 つぎの しを よんで、こたえましょう。

き

やまなか としこ

みどりに もえる とき
てを ひろげ
あしを ふんばり
みずを すいあげ
おひさまを たべて いる

(1) この しに かかれて いるのは、いつですか。○を つけましょう。

あ（　）よるが あける ころ。
い（　）ひざしが つよい ころ。

(2) この しに かかれて いる きは、どんな きですか。○を つけましょう。

あ（　）いきいきと した げんきな き。
い（　）まだ わかい、よわよわしい き。
う（　）かれそうな、としを とった き。

(3) 「てを ひろげ」とは、どう いう ことですか。○を つけましょう。

あ（　）えだや はを のばして いる。
い（　）ねを しっかり はって いる。

(4) この しは どのように よめば よいですか。○を つけましょう。

あ（　）ちいさな こえで しずかに。
い（　）たかい こえで すばやく。
う（　）おおきな こえで ちからづよく。

ぴったり1 じゅんび

3分でまとめ

はなしたいな ききたいな かぞえうた

めあて

★じぶんが した ことで、みんなに はなしたい ことを おもいだそう。

★かぞえうたで 一から 十までの かんじを おぼえよう。

がくしゅうび
月 日
きょうかしょ
上110〜117ページ
こたえ
11ページ

かきトリ あたらしい かんじ

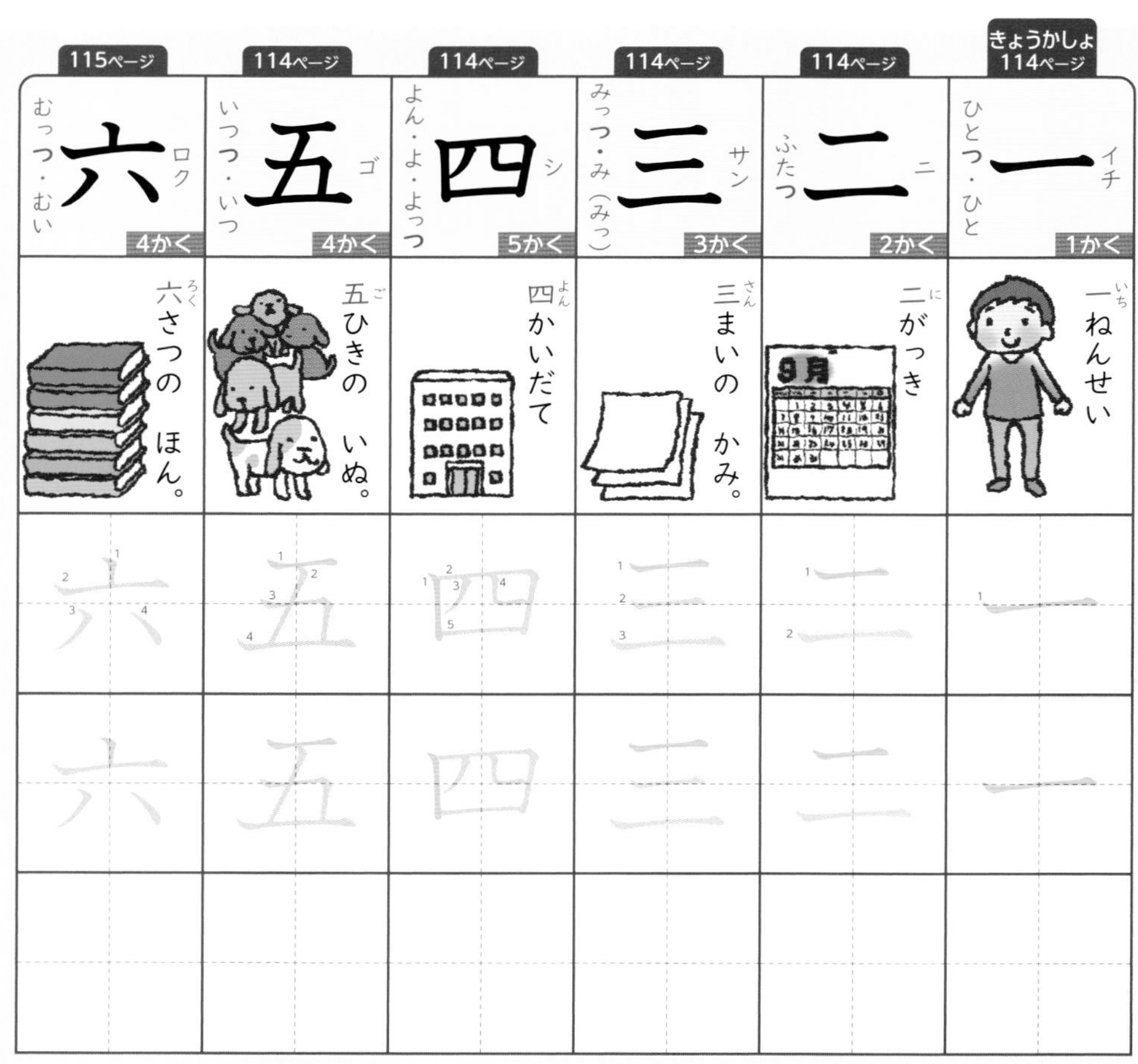

115ページ	115ページ	115ページ	115ページ
七 シチ なな・ななつ なの 2かく	八 ハチ やっつ・よう 2かく	九 キュウ・ク ここのつ・ここの 2かく	十 ジュウ ジッ（ジュッ） とお 2かく
七五三	八じに ねる。	九ほんの ペン。	十だいの くるま。

1 （　）に よみがなを かきましょう。

① 二（　　）ひきの いぬ。

② あさの 九（　　）じ。

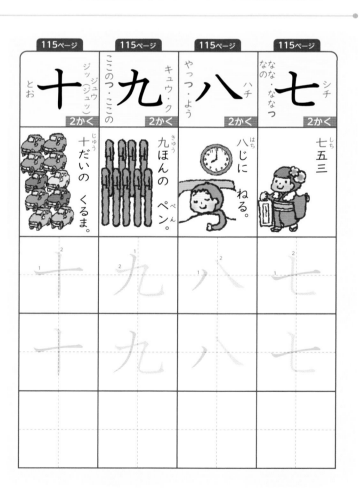

2 □に かんじを かきましょう。

① □（さん）にんぐみ　② □（ご）えんだま

③ さらが □（なな）まい。　④ □（よん）ばんめ

⑤ □（いっ）とうの ぞう。　⑥ □（やっ）つの あめ。

⑦ ぼくの おにいさんは □（じっ）さいだ。

⑧ えんぴつが □（ろっ）ぽん。

「一ぱい」「二はい」など、かぞえる ことばが かわる ことが あるよ。

---

3 ぶんしょうを よんで、こたえましょう。

わたしは、なつやすみに、かぶとむしを つかまえました。はやおきを して、あかりさんと あんさんと、うらやまに いきました。こんどは、くわがたむしも つかまえたいです。

「はなしたいな　ききたいな」より

(1) 「わたし」は、どこで かぶとむしを つかまえましたか。

(2) 「わたし」は、こんどは なにを つかまえたいのですか。

かいがら
かんじの はなし

めあて
★おはなしに でて くる じんぶつの きもちを そうぞうしながら よもう。
★かんじの できかたを しろう。

がくしゅうび
月 日
きょうかしょ
上118～129ページ
こたえ
11ページ

かきトリ あたらしい かんじ

きょうかしょ126ページ	126ページ	127ページ	127ページ	127ページ	128ページ
山 やま 3かく	木 モク き 4かく	川 かわ 3かく	目 め 5かく	月 ゲツ・ガツ つき 4かく	上 うえ・あげる あがる 3かく
山みち	おおきな 木。	川の みず。	目で みる。	まるい 月。	おかの 上。

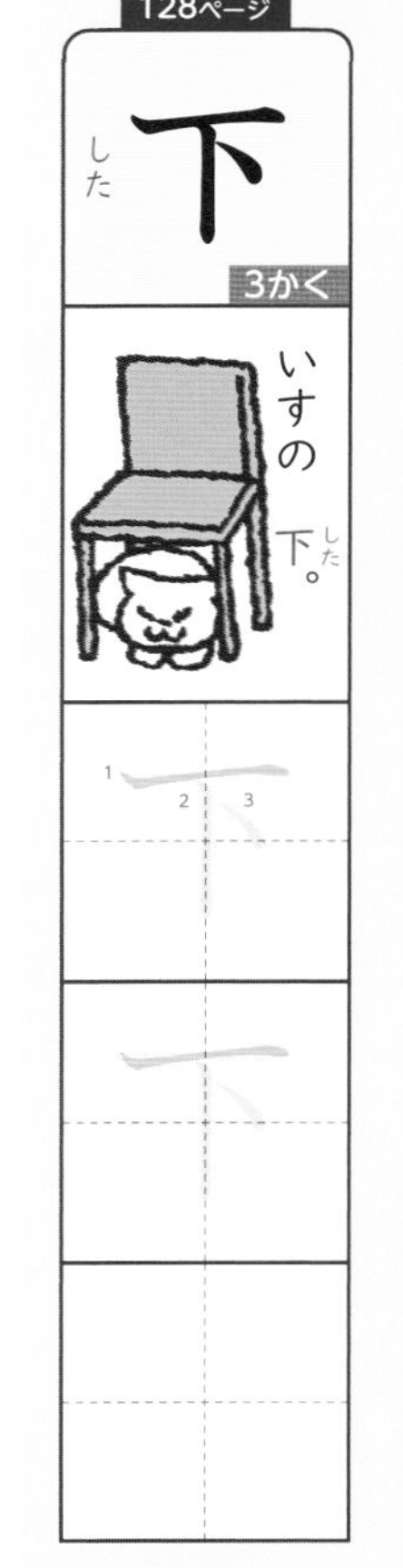

128ページ
下 した 3かく
いすの 下。

1 （ ）に よみがなを かきましょう。

① 木に のぼる。
② 川で あそぶ。
③ つくえの 上。
④ 目を つぶる。
⑤ 月の もよう。
⑥ 山を あるく。

2 □に かんじを かきましょう。

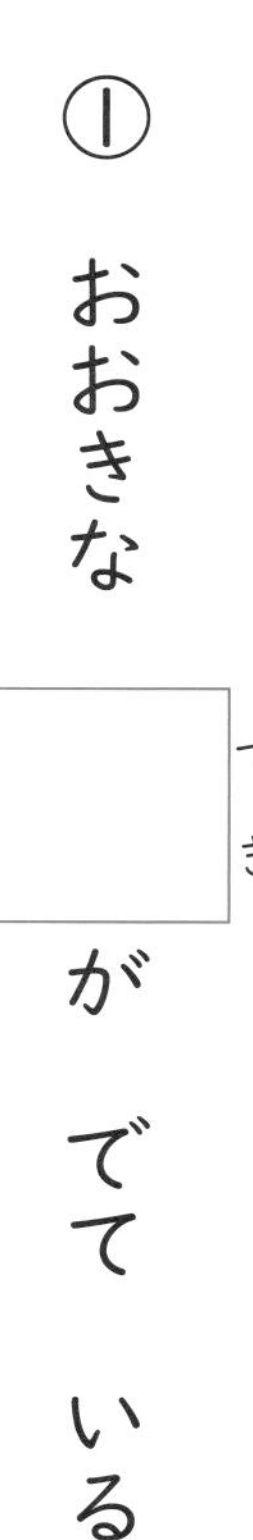

① おおきな □(つき) が でて いる。

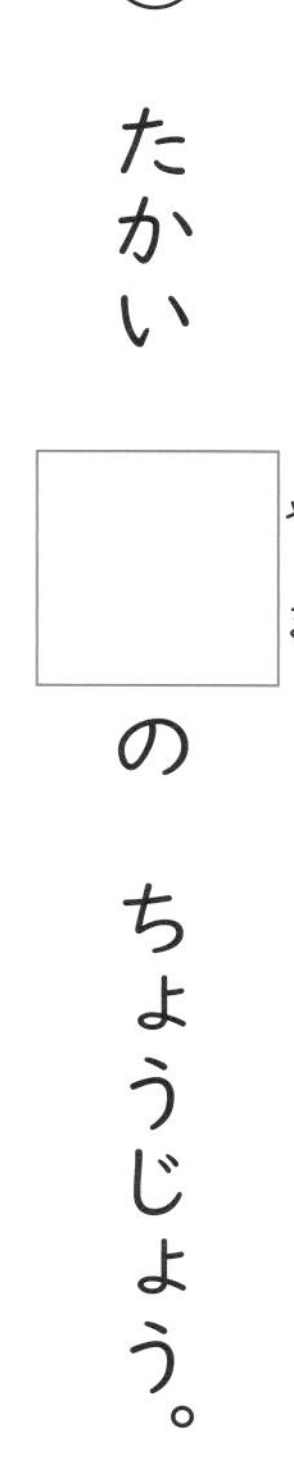

② たかい □(やま) の ちょうじょう。

③ あさ はやく □(め) が さめる。

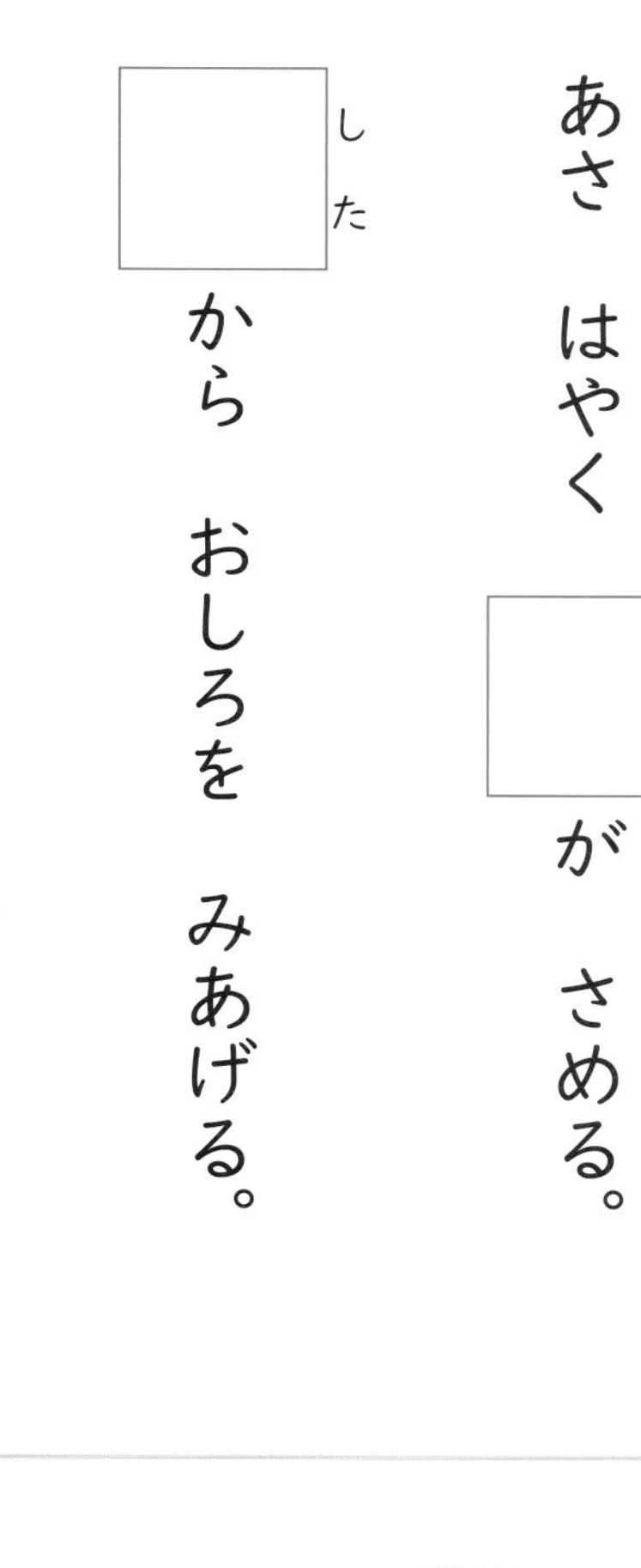

④ □(した) から おしろを みあげる。

⑤ こうていには、たかい □(き) が ある。

かいがら

3 ただしい いみに ○を つけましょう。

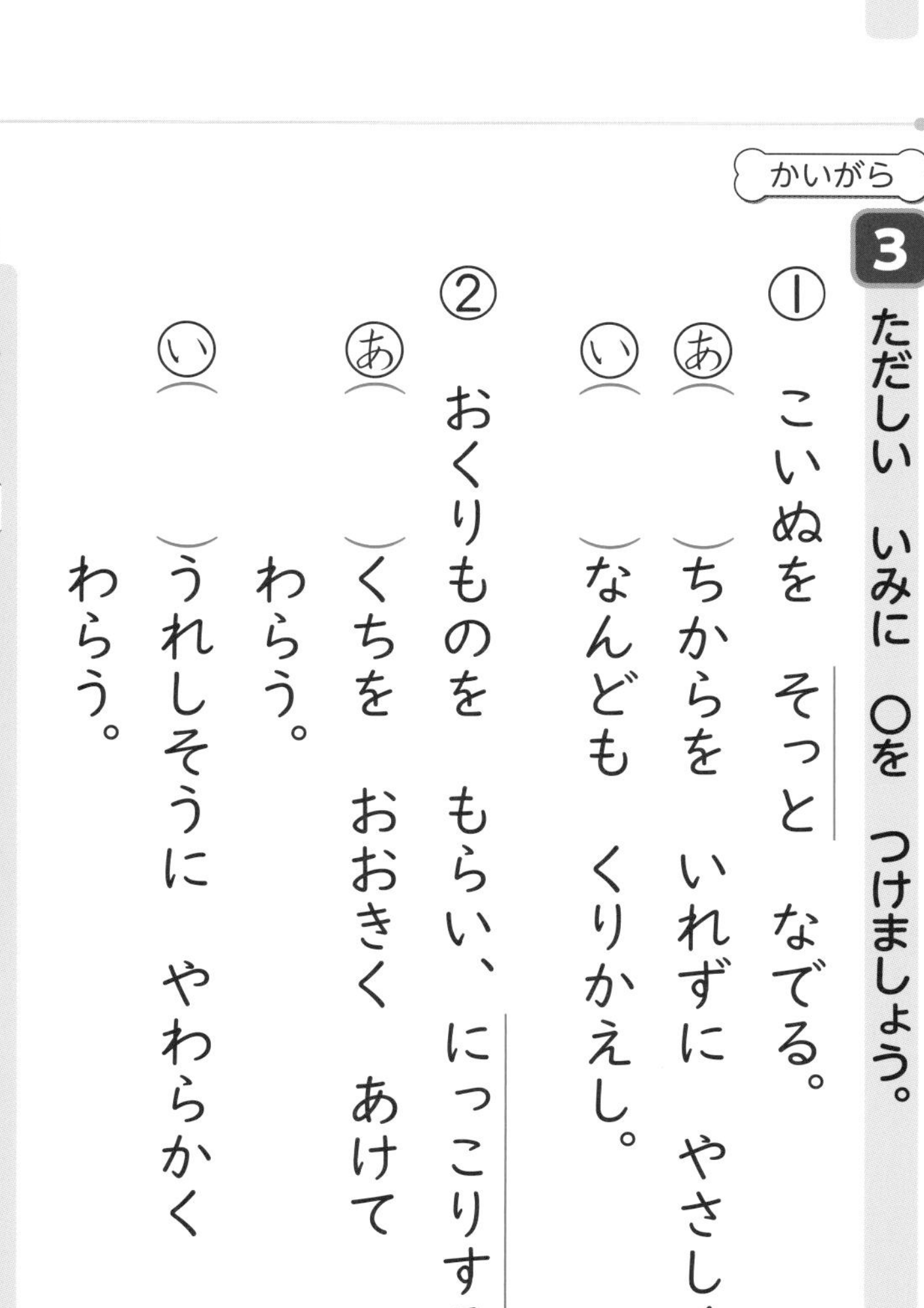

① こいぬを そっと なでる。

あ（　）ちからを いれずに やさしく。

い（　）なんども くりかえし。

② おくりものを もらい、にっこりする。

あ（　）くちを おおきく あけて わらう。

い（　）うれしそうに やわらかく わらう。

4 つぎの （　）に あう ことばを □ から えらびましょう。

① あめが ふりそうだ。（　）、かさを もって いく。

② （　）、ねがいが かなうなら、がいこくに いって みたい。

あ もし　い だから

あるけ あるけ ～かんじの はなし

ぶんしょうを よんで、こたえましょう。 思考・判断・表現

つぎの ひ、くまの こは、しまもようの かいがらを もって、うさぎの この ところへ いきました。

「うさぎちゃん、あげるよ。」

「だって、それは、いちばん すきな ものでしょう。」

「うん。そうだよ。だから、あげるんだ。」

くまの こは、だいすきな ともだちには、いちばん いい ものを あげようと

よく出る

1 くまの こは、うさぎの こに どんな かいがらを あげましたか。 16てん

（　　　　）の かいがら。

2 **1**の かいがらは、くまの こに とって、どんな ものでしたか。あう ものに ○を つけましょう。 16てん

あ（　）いちばん きらいな もの。

い（　）いちばん すきな もの。

う（　）二ばんめに すきな もの。


できたらスゴイ!

3 くまの こは、なぜ **1**の かいがらを うさぎの こに あげたのですか。 一つ16てん(32てん)

（　　　　）ともだちには、

じかん20ぷん
／100
ごうかく80てん

がくしゅうび　月　日
きょうかしょ 上106～129ページ
こたえ 12ページ

きめたのでした。
「ありがとう。
ほんとうに
ありがとう。」
うさぎの　こは、
くまの　こに
いいました。
それから、
かいがらを
みみに　あてて、
「なみの　おとが
きこえて
きそう。」
と、
にっこりしました。

もりやま　みやこ「かいがら」より

（　　　　）を
あげようと　きめたから。

4 かいがらを　もらった　ときの　うさぎの　こは、どんな　きもちに　なりましたか。あう　ものに　○を　つけましょう。 16てん

㋐（　）かなしい　きもち。
㋑（　）うれしい　きもち。
㋒（　）さびしい　きもち。

かんがえを　かこう

5 うさぎの　こに　かいがらを　あげた　あとの　くまの　こは、どんな　きもちに　なったと　おもいますか。 20てん

［だいすきな　ともだちが（　　　　）きもち。］

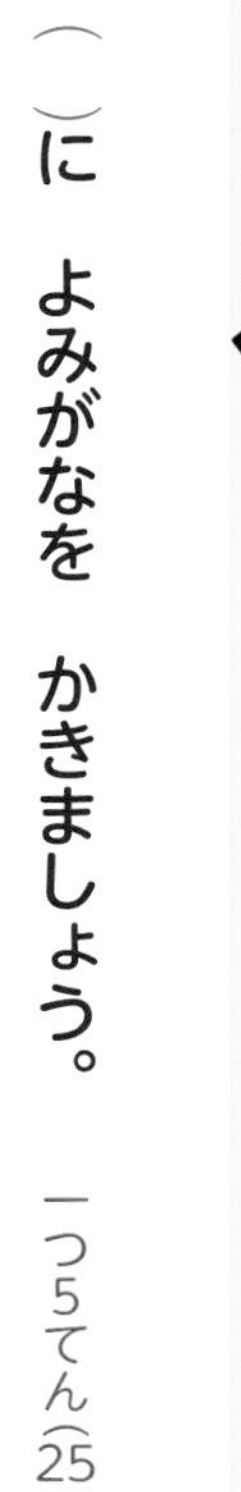

1（　）に　よみがなを　かきましょう。　一つ5てん(25てん)

① 川（　）ぞいの　みち。

② 目（　）を　とじる。

③ 山（　）から　おりる。

④ まるい　月（　）が　でる。

⑤ ほんを　たなから　下（　）へ　おろす。

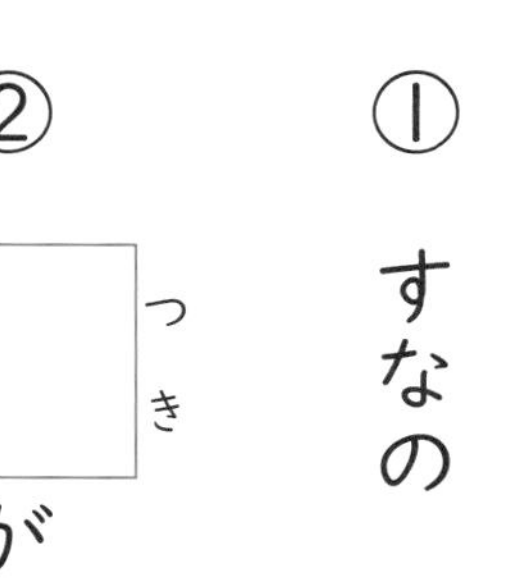

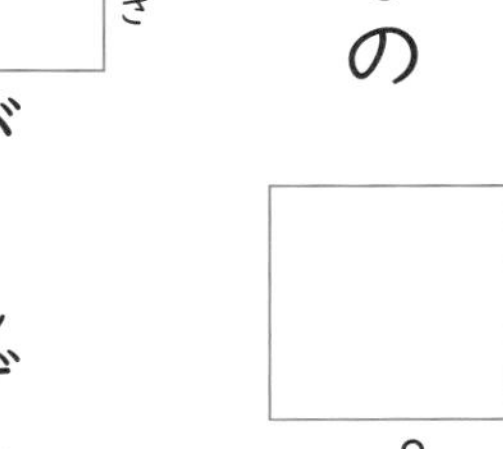

2 □に　かんじを　かきましょう。　一つ5てん(25てん)

① すなの　□（やま）。

② □（つき）が　しずむ。

③ つみ□（き）で　あそぶ。

④ □（め）じるし

⑤ だいの　□（うえ）に　のる。

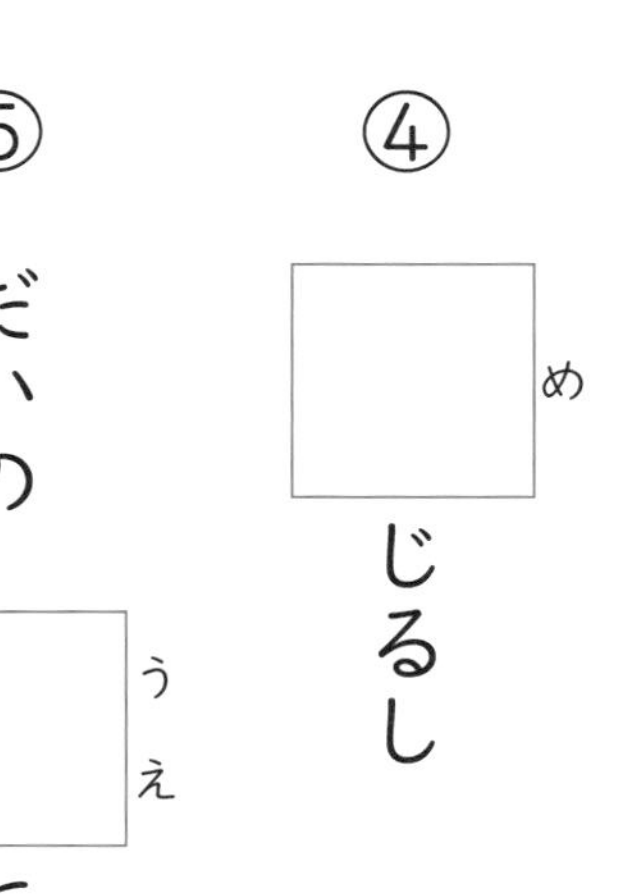

じかん 20 ぷん
／100
ごうかく 80 てん
がくしゅうび
月　日
きょうかしょ
上106～129ページ
こたえ
12ページ

3 つぎの　かたちから　できた　かんじを　かきましょう。

一つ5てん(10てん)

① 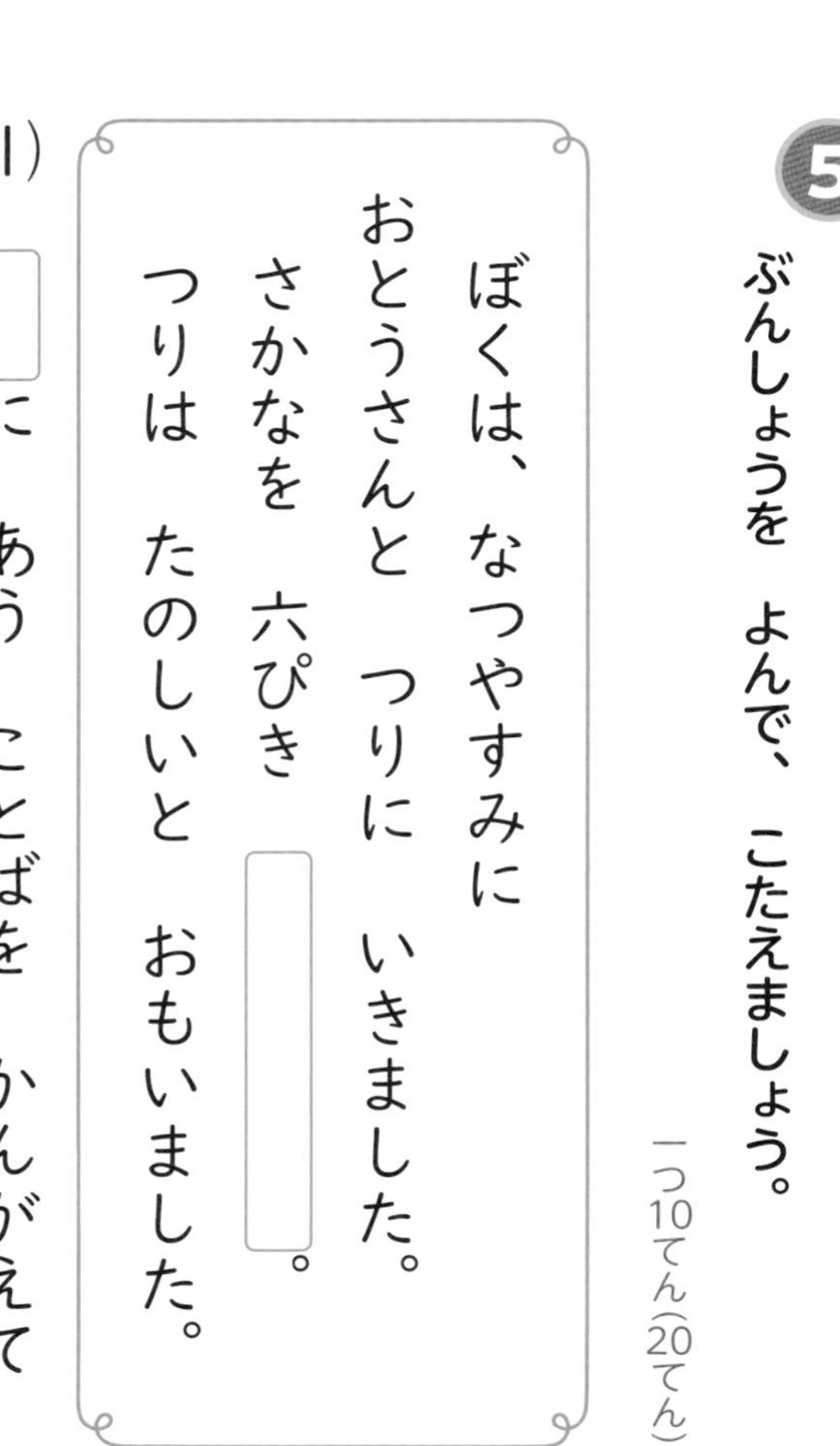

②

4 つぎの　しるしから　できた　かんじを　[　]から　えらびましょう。

一つ10てん(20てん)

①（　　）

②（　　）

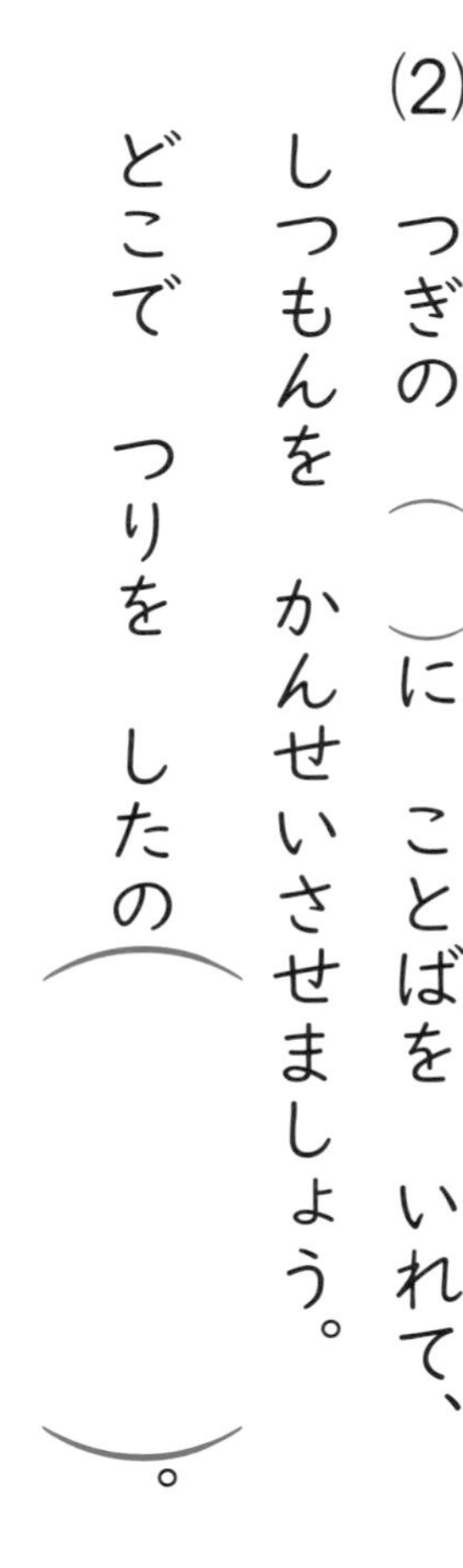

Ⓐ 下　Ⓘ 上

5 思考・判断・表現　ぶんしょうを　よんで、こたえましょう。

一つ10てん(20てん)

ぼくは、なつやすみに
おとうさんと　つりに　いきました。
さかなを　六ぴき［　　］。
つりは　たのしいと　おもいました。

(1) [　]に　あう　ことばを　かんがえて　かきましょう。

（　　　　）

(2) つぎの（　）に　ことばを　いれて、しつもんを　かんせいさせましょう。

どこで　つりを　したの（　　　）。

ぴったり1 じゅんび

3分でまとめ

おはなしを　よもう

サラダで　げんき
かたかなを　かこう

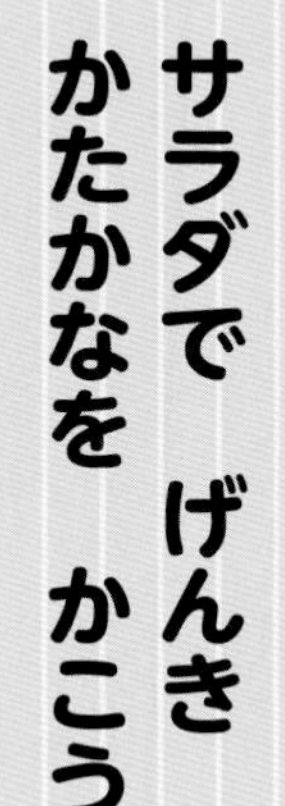

かどの　えいこ

めあて
★だれが　どんな　ことを　したかを　たしかめよう。
★かたかなを　かいて　おぼえよう。

がくしゅうび
月　日
きょうかしょ
下5〜23ページ
こたえ
13ページ

かきトリ　あたらしい　かんじ

きょうかしょ 8ページ	8ページ	8ページ	10ページ	12ページ	14ページ
中 チュウ なか 4かく	大 タイ おお おおきい・おおいに 3かく	入 ニュウ はいる・いれる いる 2かく	犬 いぬ 4かく	小 ショウ ちいさい・こ 3かく	白 しろ・しろい 5かく
山の　中。	大きな　くま。	いえに　入る。	犬と　あそぶ。	小さい　あり。	白い　くも。

かたかなを　かこう

1　えに　あう　かたかなを　かきましょう。

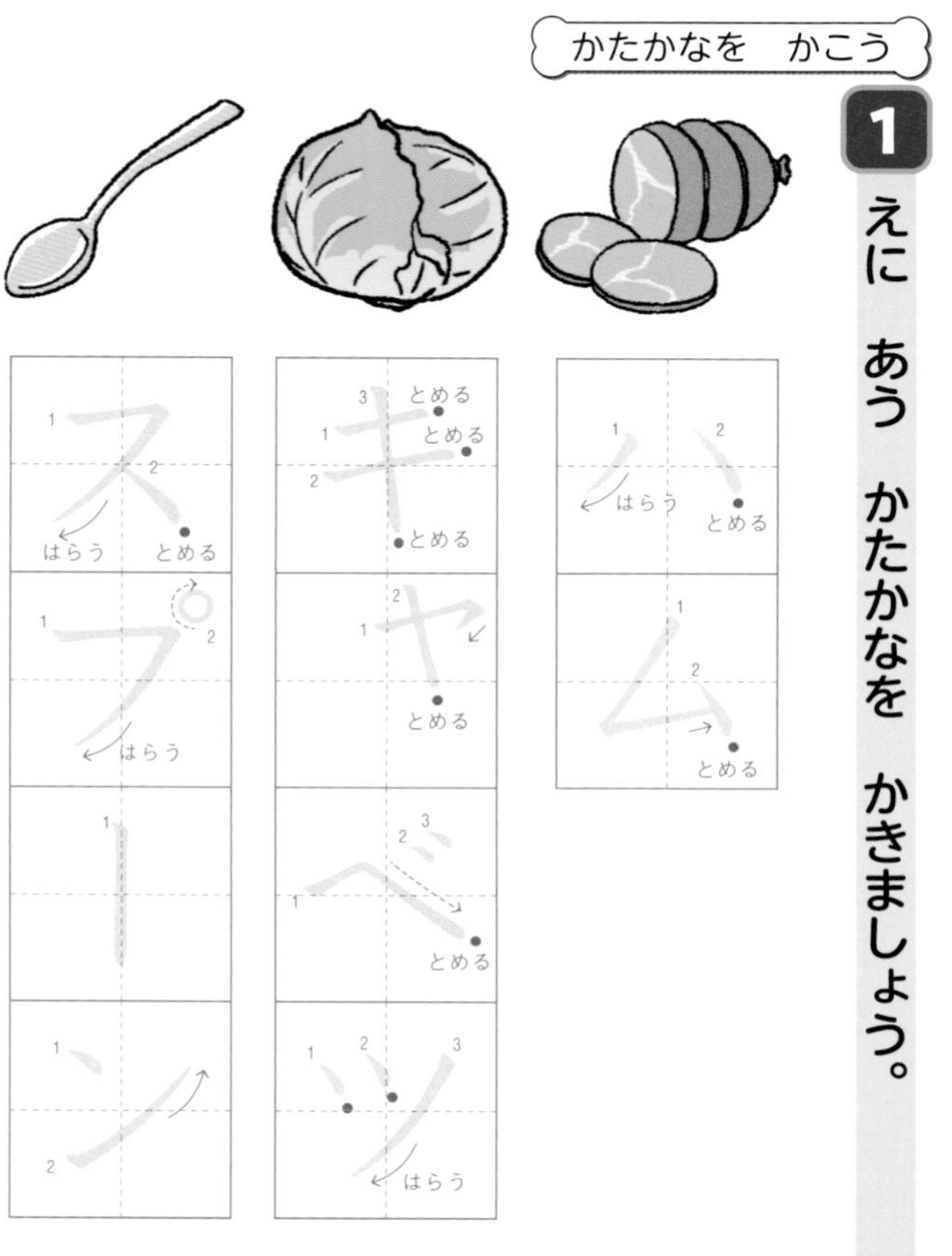

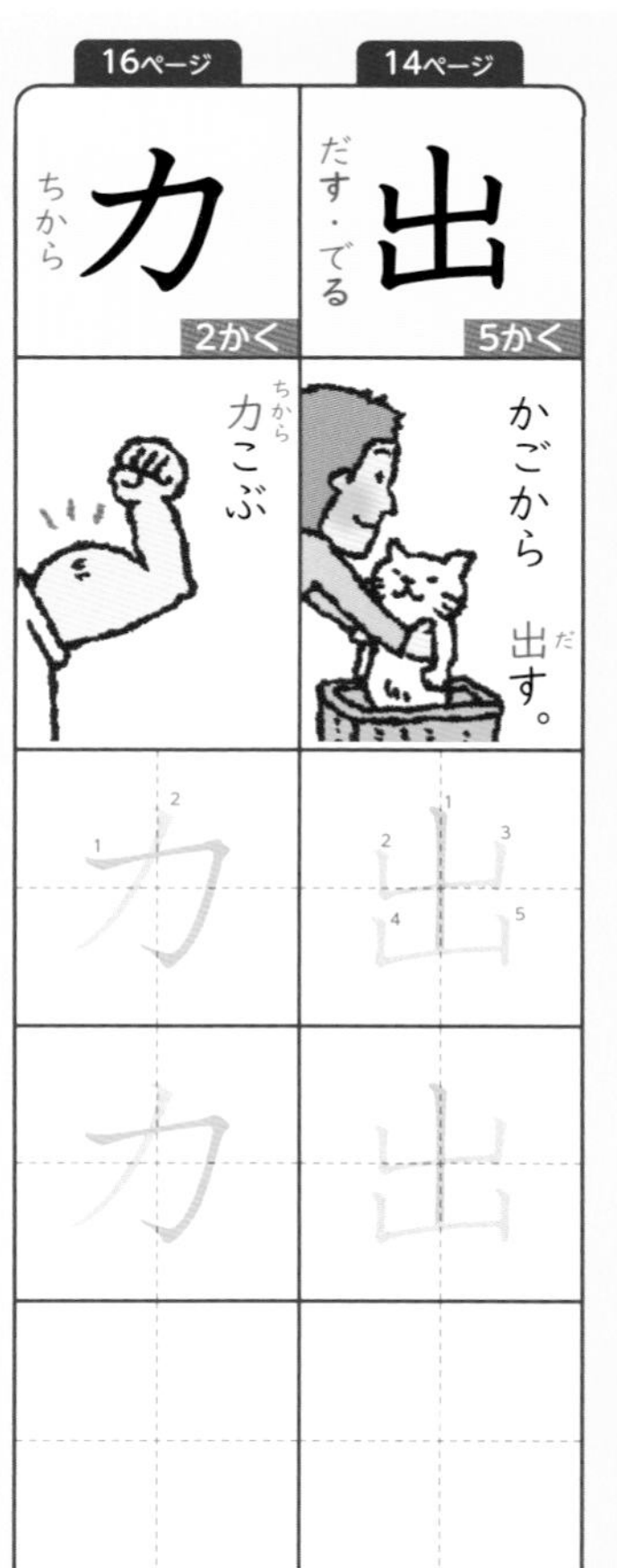

14ページ	16ページ
出 だす・でる 5かく	力 ちから 2かく
かごから　出す。	力こぶ

2 （　）に　よみがなを　かきましょう。

よみかたが　あたらしい　じ

① 大ごえで　よぶ。（　）

② そとに　出る。（　）

③ はこに　入れる。（　）

④ 小さい　こえ。（　）

3 □に　かんじを、（　）に　かんじと　ひらがなを　かきましょう。

① □（いぬ）の　さんぽ。

② へやの　□（なか）。

③ □（ちから）づよい

④ □（おお）きい　くつ。

⑤ （しろい）くも。

サラダで　げんき

3分で　ワンポイント

だれが　どんな　ことを　いったか、たしかめよう。

★だれが　なにを　サラダに　入れると　よいと　いいましたか。せんで　むすびましょう。

うみの　こんぶ

あぶら・しお・す

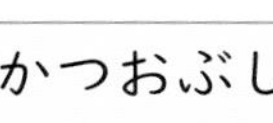

かつおぶし

おはなしを よもう

サラダで げんき

ぶんしょうを よんで、こたえましょう。

りっちゃんは、おかあさんが びょうきなので、なにか いい ことを して あげたいと おもいました。

「かたを たたいて あげようかな。なぞなぞごっこを して あげようかな。くすぐって、わらわせて あげようかな。でも、もっと もっと いい ことは ないかしら。おかあさんが、たちまち げんきに なって しまうような こと。」

りっちゃんは、いっしょうけんめい

1 この ばめんには、だれが 出て きますか。二つに ○を つけましょう。

ア（　）りっちゃん　イ（　）おとうさん

ウ（　）すずめ　エ（　）のらねこ

2 おかあさんの ようすは どうでしたか。一つに ○を つけましょう。

ア（　）げんきだった。

イ（　）びょうきだった。

ウ（　）けがを して いた。

3 りっちゃんは、おかあさんに どんな ことを して あげようと かんがえましたか。かんがえた こと すべてに ○を つけましょう。

ア（　）くすぐって わらわせる こと。

イ（　）サラダを つくる こと。

がくしゅうび
月　日
きょうかしょ
下5〜19ページ
こたえ
13ページ

かんがえました。
「あっ、そうだわ。おいしい　サラダを　つくって　あげよう。げんきに　なる　サラダを　つくって　あげよう。」

りっちゃんは、れいぞうこを　あけて　中を　のぞきました。

りっちゃんは、サラダを　つくりはじめました。

きゅうりを　トン　トン　トン、キャベツは　シャ　シャ　シャキ、トマトも　ストン　トン　トンと　きって、大きな　おさらに　のせました。

すると、のらねこが、のっそり　入って　きて　いいました。

かどの　えいこ「サラダで　げんき」より

ウ（　）なぞなぞごっこ。
エ（　）じゃんけん。
オ（　）かたを　たたく　こと。

ヒント　「　」の　中の　ことばに　きを　つけよう。

4　りっちゃんは、サラダを　つくる　ために、なにの　中を　のぞきましたか。五じで　かきぬきましょう。

5　トマトを　きる　おとは　どれですか。一つに　○を　つけましょう。

ア（　）トン　トン　トン
イ（　）シャ　シャ　シャキ
ウ（　）ストン　トン　トン

ヒント　やさいを　きる　おとが　三しゅるい　あるね。

ぴったり1 じゅんび

一ねんせいの ほんだな なにに 見えるかな

◎めあて
★いろいろな ほんを よもう。
★はなしを たのしく つなごう。

がくしゅうび 月 日
きょうかしょ 下24〜35ページ
こたえ 14ページ

かきトリ あたらしい かんじ

見	先	生	気
きょうかしょ 30ページ	30ページ	30ページ	35ページ
みえる・みる みせる	セン	セイ いきる・いかす・いける うまれる・うむ はえる・はやす なま	キ
7かく	6かく	5かく	6かく
えを 見(み)る。	先生(せんせい)	生(せい)ぶつ	げん気(き)

1 （　）に よみがなを かきましょう。

① 先生（　　） に あいさつを する。

2 □に かんじを、（　）に かんじと ひらがなを かきましょう。

① ともだちに えを（　　　）みせる。

② わすれものに □き を つける。

一ねんせいの ほんだな

3 ただしい いみに ○を つけましょう。

① 川かみの ほうに あるいて いく。
ア（　）川が ながれて くる ほう。
イ（　）川が ながれて いく ほう。

② ますます かぜが つよく なる。
ア（　）ほんの すこしずつ。
イ（　）まえよりも いっそう。

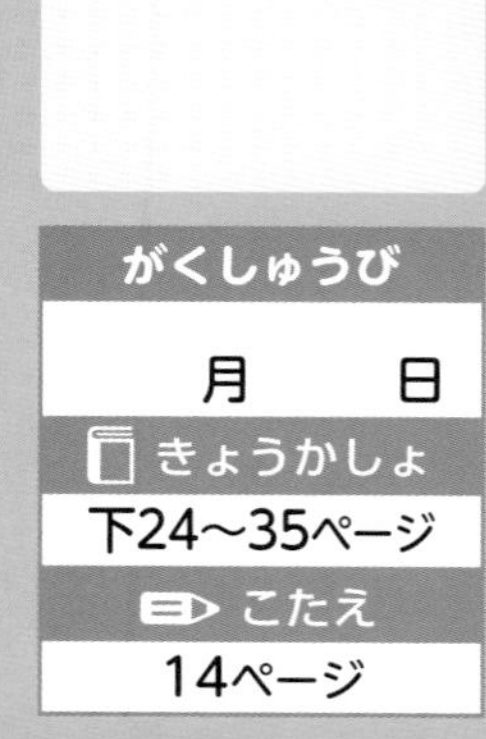

4 つぎの　はなしを　よんで、こたえましょう。

ぼくには、これが　かたつむりの　おやこに　見えるよ。

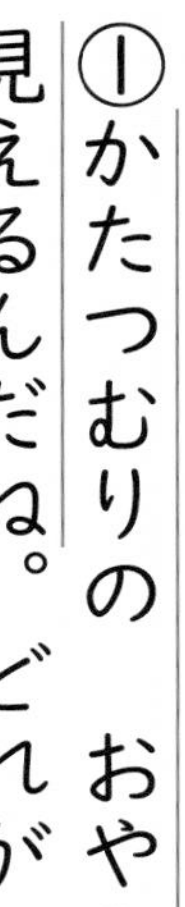

①かたつむりの　おやこに　見えるんだね。どれが　かたつむりの　からなの。

まつぼっくりだよ。

ほんとうだ。どんぐりが　からだかな。

そうだよ。どんぐりに、つのを　つけたら　かたつむりに　なるよ。

いいね。②かたつむりは、なにを　して　いるの。

あめが　ふるのが　まちきれなくて、かおを　出して　いるんだよ。

③かわいいね。おしえて　くれて、ありがとう。

「なにに　見えるかな」より

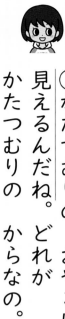

(1) ——①、——②、——③は、どのような　ことばですか。［　］から　えらびましょう。

①（　　）　②（　　）　③（　　）

ア　おもった　ことを　はなして　いる。
イ　はなしを　よく　きいて、きいた　ことばを　くりかえして　いる。
ウ　しりたい　ことを　たずねて　いる。

(2) 〜〜の　ことばは、ア・イの　どちらに　あてはまりますか。○を　つけましょう。

ア（　）しつもんされた　ことに　たいして、ひとことだけで　はっきり　こたえて　いる。

イ（　）しつもんされた　ことに　たいして、かんがえを　くわしく　はなして　いる。

はなしを　たのしく　つなぐ　ことが　できて　いるね。

ぴったり1 じゅんび

3分でまとめ

よう日と　日づけ　はっけんしたよ

かきトリ　あたらしい　かん字

きょうかしょ36ページ	36ページ	36ページ	36ページ	36ページ	38ページ
日（ニチ／ひ・か）4かく	火（カ／ひ）4かく	水（スイ／みず）4かく	金（キン／かね）8かく	土（ド／つち）3かく	花（はな）7かく
日がのぼる。	火をけす。	水をのむ。	金ぎょをかう。	土をふむ。	きれいな花。

38ページ	39ページ	41ページ	42ページ
文（ブン）4かく	音（オン／おと）9かく	町（まち）7かく	字（ジ）6かく
文をかく。	音をきく。	町に出かける。	字をかく。

よう日と　日づけ

1 つぎの　日づけの　よみかたを　かきましょう。

◆とくべつな　よみかたの　ことば

① 一日（　　）

② 二日（　　）

③ 二十日（　　）

めあて

★よう日と　日づけを　かん字で　かこう。

★ものの　ようすを　よく　見て、かこう。

がくしゅうび
月　日
きょうかしょ
下36〜42ページ
こたえ
14ページ

2 （　）に よみがなを かきましょう。

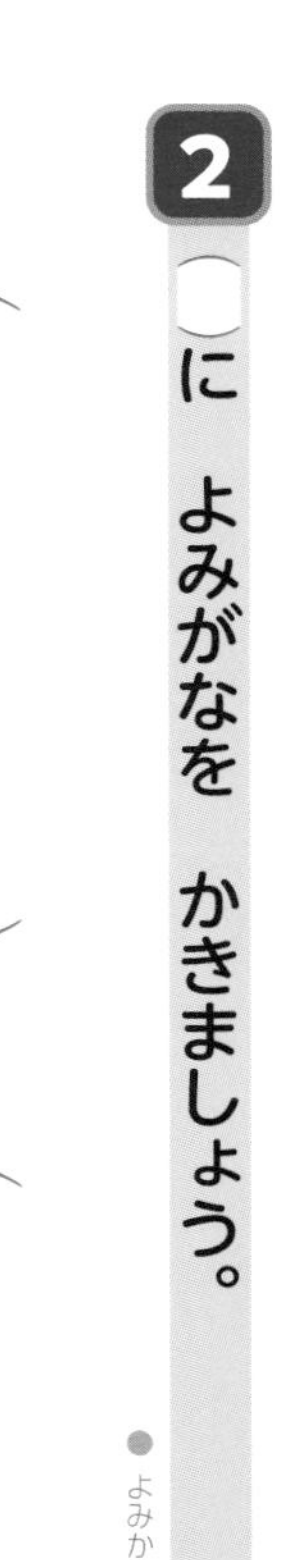

●よみかたが あたらしい 字

①（　　）
月 ようび

②（　　）
木 ようび

③（　　）
三日 ご

④（　　）
九日 かん

3 □に かん字を、（　）に かん字と ひらがなを かきましょう。

●よみかたが あたらしい 字

① □（ひ）を けす。

② □（みず）を まく。

③ □（ぶん）を かく。

④ □（おと）を きく。

⑤ かびんに 花を （　　）（いける）。

はっけんしたよ

4 「はっけんメモ」に かくと よい ことを ア～オから すべて えらびましょう。

なまえ（ほしの さき）
見た もの　カブトムシ
見た 日　十月十日
見た ばしょ　こうてい
気づいた こと ・からだはちゃいろ。 ・あたまにつのがある。 ・さわるとすこしかたい。 ・六ぽんのあしで力づよくあるく。

ア（　）カブトムシの いろや かたち。

イ（　）ともだちと はなした こと。

ウ（　）カブトムシの 大きさや うごき。

エ（　）とりの なきごえ。

オ（　）さわった かんじ。

ぴったり3 たしかめのテスト①

おはなしを よもう

サラダで げんき ～はっけんしたよ

じかん 20 ぷん

／100

ごうかく 80 てん

がくしゅうび 月 日

きょうかしょ 下5～42ページ

こたえ 15ページ

文しょうを よんで、こたえましょう。 思考・判断・表現

「おかあさん、サラダが できましたよ。いっしょに いただきましょう。」

りっちゃんは、大きな こえで いいました。

とつぜん、キューン、ゴー ゴー、キューと いう おとが して、ひこうきが とまると、アフリカぞうが せかせかと おりて きました。

「まにあって よかった よかった。ひとつ おてつだいしましょう。」

「ありがとう。でも、もう できあがったの。」

りっちゃんは いいました。

よく出る

1 アフリカぞうは なにに のって きましたか。 10てん

（　　　　）

2 「できあがったの。」と ありますが、なにが できあがったのですか。 10てん

（　　　　）

できたらスゴイ！

3 「ぼく」とは、だれの ことですか。 15てん

（　　　　）

4 「しごと」とは、どんな ことですか。一つに ○を つけましょう。 15てん

ア（　）サラダを いっしょに たべる こと。

イ（　）サラダに やさいを たす

「いや　いや、これからが　ぼくの
しごと。」

アフリカぞうは、サラダに　あぶらと　しおと　すを　かけると、スプーンを　はなで　にぎって、力づよく　くりん　くりんと　まぜました。

「おかあさん、さあ、いっしょに　サラダを　いただきましょ。」

と、りっちゃんは　いいました。

りっちゃんの　おかあさんは、サラダを　たべて、たちまち　げんきに　なりました。

かどの　えいこ「サラダで　げんき」より

こと。

ウ（　　）サラダに　あじを　つけて
まぜる　こと。

5 「ぼく」は、サラダに　なにを　かけましたか。すべて　かきましょう。　ぜんぶ　できて　20てん

（　　　　　　　　）

6 「ぼく」は、スプーンを　はなで　にぎって、どのように　まぜましたか。　15てん

力づよく（　　　　　　　　）まぜた。

かんがえを　かこう

7 サラダを　たべた　おかあさんは、どう　なりましたか。　15てん

たちまち（　　　　　　　　）に　なった。

ふりかえり　5が　わからない　ときは、51ページの　3分でワンポイント　に　もどって　かくにんしよう。

ぴったり3 たしかめの テスト②

おはなしを よもう

サラダで げんき ～ はっけんしたよ

1 （　）に よみがなを かきましょう。

一つ4てん（32てん）

① 火（　　）よう日

② ねん 土（　　）

③ 水（　　）どう

④ 八日（　　）かん

⑤ そとを 見（　　）る。

⑥ 九月（　　）に なる。

⑦ 花（　　）の たね。

⑧ 生（　　）きもの

2 □に かんじを、（　）に かんじと ひらがなを かきましょう。

一つ4てん（28てん）

① となり □（まち）

② □（じ）を かく。

③ 力を □（だ）す。

④ □（なの）日ご

⑤ □（きん）メダル

⑥ □（せん）しゅう

⑦ いえに （はいる）。

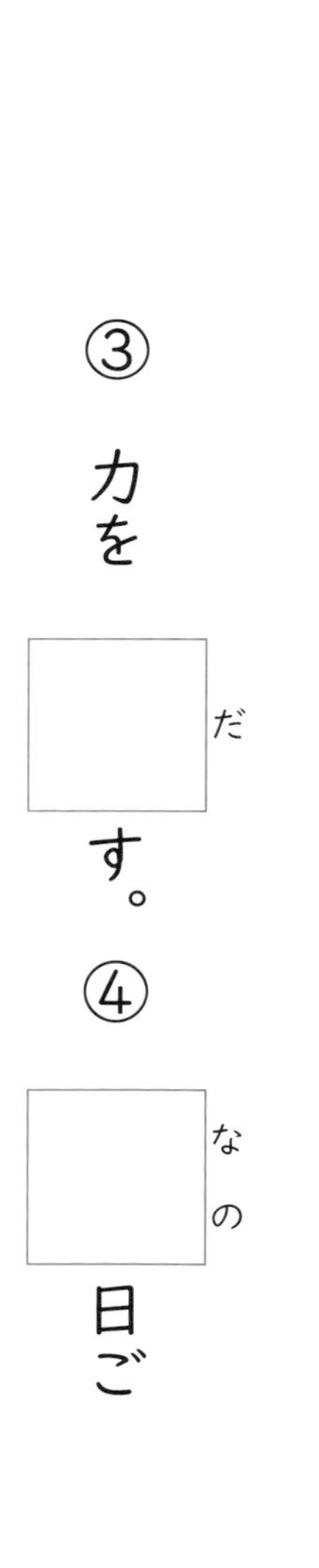

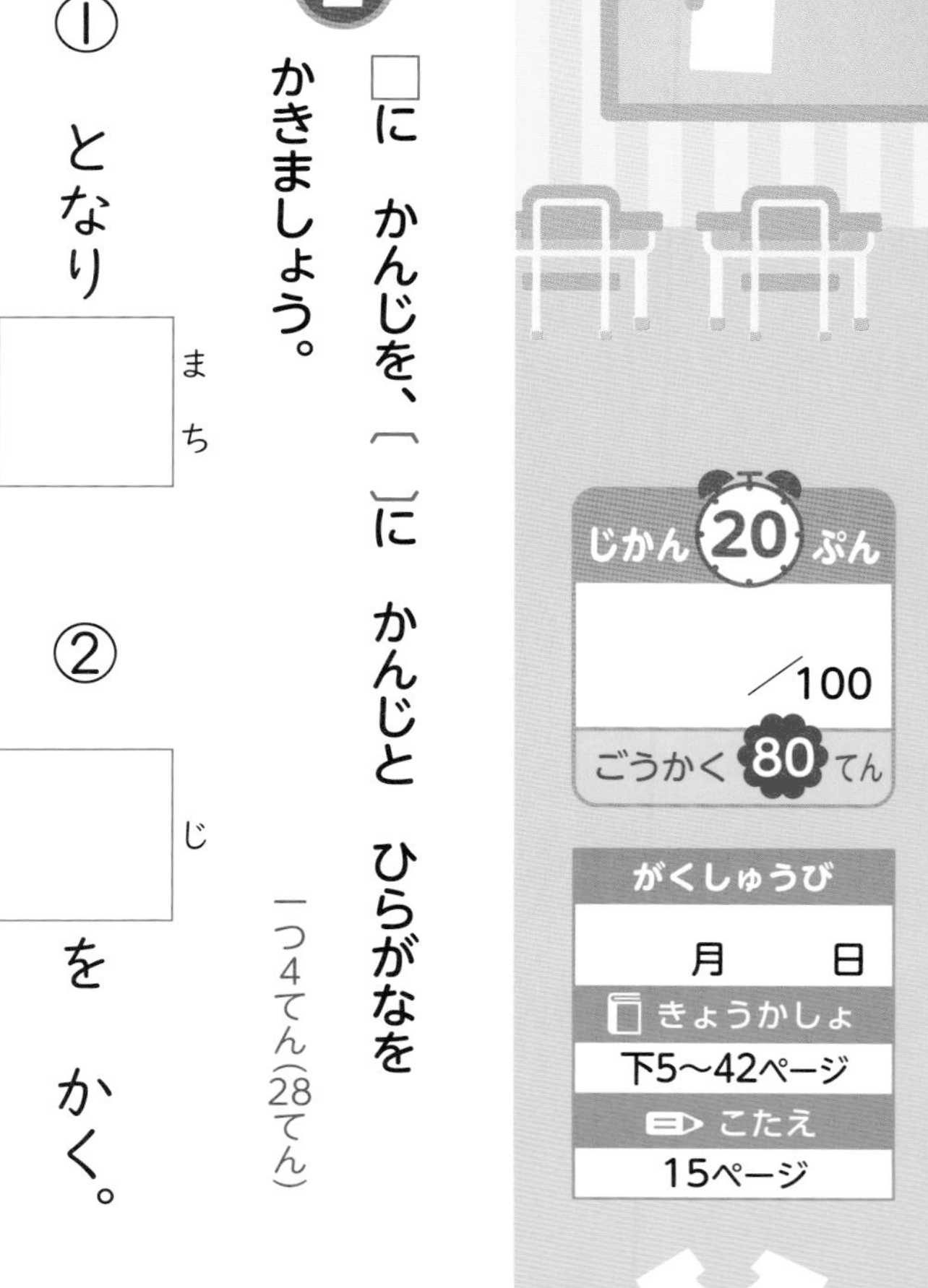

じかん 20 ぷん

／100

ごうかく 80 てん

がくしゅうび
月　日
きょうかしょ
下5～42ページ
こたえ
15ページ

3 文しょうを よんで、こたえましょう。 思考・判断・表現 一つ10てん(20てん)

十月十九日に、わたしは、こうていで、ショウリョウバッタを 見つけました。
からだは みどりいろでした。うしろの あしは、ながくて まがって いました。さわると、すこし かたかったです。とぶ ときに チキチキと いう 音が しました。
チキチキと いう 音が ふしぎだなと おもいました。

「はっけんしたよ」より

(1) きづいた ことが かかれて いる ところに ——を ひきましょう。

(2) 「わたし」は ショウリョウバッタに ついて どんな ことを おもいましたか。

チキチキと いう 音が ［　　　　　］ と おもった。

4 えの なまえを かたかなで かきましょう。 一つ4てん(20てん)

ふねの　せつめいを　よもう

いろいろな　ふね　「のりものカード」を　つくろう

めあて
★ふねの　せつめいの　文しょうを　よもう。
★しりたい　ことの　しらべかたを　まなぼう。

がくしゅうび　月　日
きょうかしょ　下43〜55ページ
こたえ　16ページ

がきトリ　あたらしい　かん字

きょうかしょ 44ページ	44ページ	46ページ	52ページ
人　ジン・ニン　ひと　2かく	休　やすむ・やすまる　やすめる　6かく	車　シャ　くるま　7かく	本　ホン　5かく
たくさんの　人(ひと)。	なつ休(やす)み	じどう車(しゃ)	本(ほん)を　よむ。

「休」の　かん字の　あとに　つづけて　かく　かなに　気を　つけて　かこう。

1　（　）に　よみがなを　かきましょう。

① 車（　　）に　のる。　② 本（　　）を　よむ。

③ 人（　　）が　たくさん　いる。

● よみかたが　あたらしい　字

2　□に　かん字を、（　）に　かん字と　ひらがなを　かきましょう。

① でん□（しゃ）から　おりる。

② ゆっくり（　　　）（やすむ）。

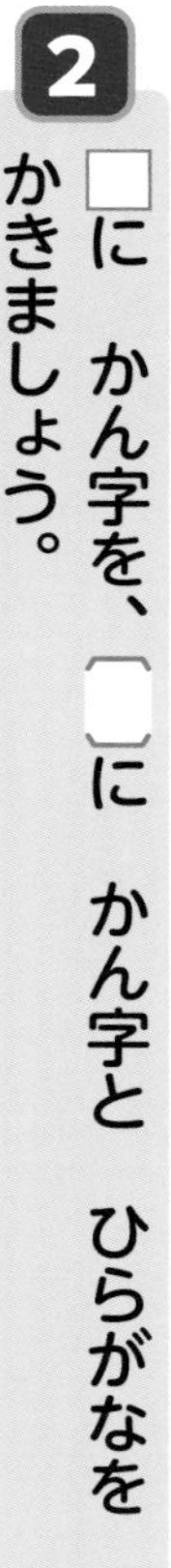

3 のりものに　ついて　しらべる　とき、どんな　本で　しらべると　よいですか。［　］から　えらびましょう。

（　　）

ア　むかしばなしの　本
イ　のりものの　ずかん
ウ　どうぶつの　ずかん

4 ただしい　いみに　○を　つけましょう。

① にもつを　いえに　はこぶ。

ア（　）うつす。
イ（　）しまう。

② どうぶつの　むれ。

ア（　）はしって　いる　もの。
イ（　）あつまって　いる　もの。

3分で　ワンポイント

かいて　ある　ことを　ただしく　よみとろう。

★ふねの　やくめを　えらびましょう。

きゃくせん（　）

ぎょせん（　）

フェリーボート（　）

しょうぼうてい（　）

ア　さかなを　とる。　イ　火を　けす。
ウ　人を　はこぶ。　エ　人と　車を　はこぶ。

ぴったり2 れんしゅう

ふねの せつめいを よもう

いろいろな ふね

がくしゅうび 月 日
きょうかしょ 下43～51ページ
こたえ 16ページ

文しょうを よんで、こたえましょう。

ふねには、いろいろな ものが あります。

きゃくせんは、たくさんの 人を はこぶ ための ふねです。

この ふねの 中には、きゃくしつや しょくどうが あります。

1 なにに ついて せつめいした 文しょうですか。

（　　　　　）

2 きゃくせんは、なにを する ための ふねですか。

□□□□□□ を □□□ ための ふね。

3 きゃくせんの 中には、なにが ありますか。**二つ** かきましょう。

（　　　　　）

人は、きゃくしつで 休んだり、
しょくどうで しょくじを したり
します。
フェリーボートは、たくさんの 人と
じどう車を いっしょに はこぶ ための
ふねです。

「いろいろな ふね」より

15

「この ふねの 中には」の あとを よもう。

4 人が きゃくせんで する こと 二つに、○を つけましょう。

ア（　）きゃくしつで 休む。
イ（　）じどう車に のる。
ウ（　）しょくどうで しょくじを する。

5 人だけで なく、じどう車も はこぶ ことが できる ふねは、きゃくせんと フェリーボートの どちらですか。

（　　　　　　　）

文しょうの さいごを よもう。

ぴったり1 じゅんび

まとめて よぶ ことば すきな きょうかを はなそう

3分でまとめ

めあて
★まとめて よぶ ことばを おぼえよう。
★こえの 大きさや はなす はやさに 気を つけよう。

がくしゅうび 月 日

きょうかしょ 下56～61ページ

こたえ 17ページ

がきトリ あたらしい かん字

学	校
きょうかしょ 58ページ	58ページ
ガク 8かく	コウ 10かく
しょう学生（がく）	校（こう）てい

「学」の「⺍」の むきに ちゅういしましょう。

1 （ ）に よみがなを かきましょう。

① あかるい 音（ ） がくを きく。

② あれが ぼくたちの 学校（ ） だ。

● よみかたが あたらしい 字

2 □に かん字を かきましょう。

① あたらしい 字を □（がく） しゅうする。

② □（こう） ていに あつまる。

3 つぎの　ものを　まとめて　よぶ　ことばは　なんですか。□から　えらびましょう。

①（　）さんま・さば・まぐろ

②（　）ジュース・おちゃ・ぎゅうにゅう

③（　）やきゅう・サッカー・バスケットボール

④（　）バイオリン・たいこ・ピアノ

⑤（　）セーター・ズボン・スカート

ア　がっき　　イ　さかな
ウ　のみもの　　エ　ようふく
オ　スポーツ

4 文しょうを　よんで、こたえましょう。

わたしの　すきな　きょうかに　ついて　はなします。

一つ目は、ずこうです。えを　かいたり、こうさくを　したり　する　ことが　たのしいからです。

二つ目は、さんすうです。けいさんが　とくいだからです。

(1)「わたし」が　すきな　きょうかは、なにと　なにですか。
（　　　）と（　　　）

(2)「わたし」が　さんすうが　すきなのは、どうしてですか。
（　　　　　　）だから。

3分でまとめ

ことばで あそぼう
おもい出して かこう

1 「しんぶんし」のように、さかさまに よんでも おなじに なる ことばを つくりましょう。

① るすになに □□

② たけやぶ □□□

③ たいやき □□□

④ □□□ かしたわ

2 さかさまに よむと おなじ ことばに なる ものを、一つ えらびましょう。

ア（　）わたしのたわし

イ（　）ダンスがすんだ

ウ（　）ねつきがいいキツネ

3 さかさまに よんだら おなじ ことばに ならない ものを、一つ えらびましょう。

ア（　）わたしまちましたわ

イ（　）わたしまけましたわ

ウ（　）わたしかちましたわ

4 「ねこがねこんだ」のような だじゃれを つくりましょう。

① くりが（　　　　）

② バッタが（　　　　）

③ （　　　　）ふっとんだ

④ （　　　　）らくだ

めあて

★いろいろな ことばで あそんで たのしもう。

★した ことを つたえる 文しょうを かく ときに 気を つける ことを、たしかめよう。

がくしゅうび　月　日

きょうかしょ　下62〜67ページ

こたえ　17ページ

5 わたしは　だれでしょう。

① いつも　みんなを
すわらせて　あげる
（　　　）

② もっと　土を
ぐんぐん　ほるんだ
らんらんらん
（　　　）

③ しろと　くろだけど
まちがえないでね
うしじゃ　ないのよ
まわりも　みんな
（　　　）

6 「はな」が　こたえと　なるように、「わたしは　だあれ」を　つくって　みましょう。

は

な

おもい出して　かこう

7 つぎの　文しょうから、じゅんじょを　あらわす　ことばを、じゅんばんどおりに　三つ　かきましょう。

しょくじの　あとかたづけの
てつだいを　しました。
はじめに、しょっきを　あらいました。
つぎに、ふきんで　ていねいに
ふきました。
それから、ふいた　しょっきを、
しょっきだなに　しまいました。

（　　　）（　　　）（　　　）

8 つぎの　はなした　ことばを、かぎ（「　」）を　つけて　かきましょう。

・おはよう。

ふねの　せつめいを　よもう

いろいろな　ふね
～おもい出して　かこう

文しょうを　よんで、こたえましょう。　思考・判断・表現

フェリーボートは、たくさんの人と　じどう車を　いっしょに　はこぶ　ための　ふねです。

この　ふねの　中には、きゃくしつや　車を　とめて　おく　ところが　あります。

人は、車を　ふねに　入れてから、きゃくしつで　休みます。

ぎょせんは、さかなを　とる　ための　ふねです。

じかん 20 ぷん

／100

ごうかく 80 てん

がくしゅうび　月　日

きょうかしょ　下43～67ページ

こたえ　18ページ

よく出る

1 いくつの　ふねが　出て　きますか。かん字で　かきましょう。　10てん

（　　）つ

できたらスゴイ!

2 フェリーボートは、どんな　つくりに　なって　いますか。　20てん

（　　　　）

3 フェリーボートに　のる　人は、なにを　してから　きゃくしつで　休みますか。　20てん

（　　　　）

この　ふねは、さかなの　むれを
見つける　きかいや、あみを　つんで
います。
見つけた　さかなを　あみで
とります。

しょうぼうていは、
ふねの　火じを　けす
ための　ふねです。
この　ふねは、
ポンプや　ホースを
つんで　います。
火じが　あると、水や　くすりを
かけて、火を　けします。
いろいろな　ふねが、それぞれの
やく目に　あうように　つくられて
います。

「いろいろな　ふね」より

4 ぎょせんは、どのように　して
さかなを　とりますか。

一つ10てん(30てん)

（　　　　）を
見つける（　　　　）や、
（　　　　）を　つかって　とる。

かんがえを　かこう

5 しょうぼうていの　やく目と
つくりを、それぞれ　かきましょう。

一つ10てん(20てん)

・やく目
（　　　　）

・つくり
（　　　　）

ふりかえり　5が　わからない　ときは、63ページの　3分でワンポイント　に　もどって　かくにんしよう。

ふねの せつめいを よもう

いろいろな ふね ～ おもい出して かこう

じかん 20 ぷん

／100

ごうかく 80 てん

がくしゅうび　月　日

きょうかしょ 下43～67ページ

こたえ 18ページ

1 （　）に よみがなを かきましょう。　一つ5てん（20てん）

① 三にんの しょう学生。（　　）

② しょうぼう車が とおる。（　　）

③ あたらしい校しゃ。（　　）

④ よつばの クローバーを見つける。（　　）

2 □に かん字を、（　）に かん字と ひらがなを かきましょう。　一つ5てん（25てん）

① □（くるま）で いく。　② □（おん）がく

③ えんぴつを □□（にほん） かう。

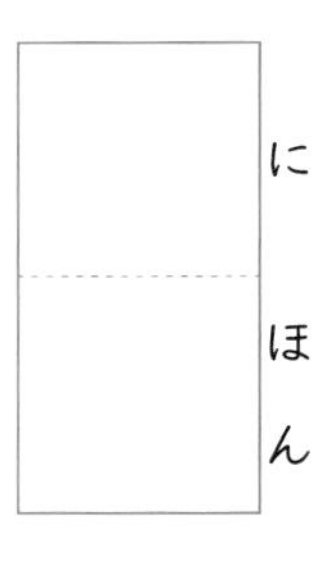

④ こうえんに □（ひと）が あつまる。

⑤ からだを （　　やすめる　　）。

3 つぎの（　）に あう、おなじ なかまの ものを まとめて よぶ ことばを かきましょう。

一つ3てん(9てん)

バス
トラック
きゅうきゅう車
タクシー

→ ①（　　）

ヨット
ぎょせん
きゃくせん
ボート

→ ②（　　）

①②→ ③（　　）

4 「文ぼうぐ」には、どんな ものが ありますか。四つ かきましょう。

一つ7てん(28てん)

（　　）（　　）
（　　）（　　）

5 さかさまに よんでも おなじに なる ことばを つくります。□に 入る おなじ もじを □から えらんで かきましょう。

一つ6てん(18てん)

① か□いい□か
② こ□こねこ□こ
③ た□かにか□た

あ　ぬ　の
し　ま　る

こえに 出して よもう

おとうとねずみ チロ

すきな おはなしは なにかな

もりやま みやこ

めあて

★人ぶつの ようすを おもいうかべて よもう。

★すきな おはなしを よんで、かんそうを つたえよう。

がくしゅうび
月　日
きょうかしょ
下69～87ページ
こたえ
19ページ

かきトリ

あたらしい かん字

77ページ	83ページ	83ページ	83ページ	85ページ
耳 みみ 6かく	女 おんな 3かく	子 シ こ 3かく	男 おとこ 7かく	年 ネン 6かく
耳が ながい。	女の 子。	子どもたち	男の 子。	一年生
耳	女	子	男	年
耳	女	子	男	年

1 （　）に　よみがなを　かきましょう。

よみかたが　あたらしい　字

① 小づつみ（　）

② たなに　上げる。（　）

③ 人ぶつ（　）

④ 本の　だい　名。（　）

⑤ はたを　立てる。（　）

⑥ 名ふだ（　）

2 □に　かん字を　かきましょう。

① □（て）がみ

② □（あか）えんぴつ

③ □（あお）しんごう

④ □（みみ）を　すます。

おとうとねずみ　チロ

3分で　ワンポイント

人ぶつの　した　ことや　ようすを　よみとろう。

★①〜③に　あう　ねずみの　気もちを　えらび、きごうを　かきましょう。

①（　）	②（　）	③（　）
おばあちゃんが、チョッキを　あんで　くれて　いると　しった　ときの、三びきの　気もち。	チロの　チョッキは　ないと　にいさんねずみに　いわれた　ときの、チロの　気もち。	チョッキを　きて、おかの　てっぺんの　木から　おばあちゃんに　大ごえで　さけんだ　ときの、チロの　気もち。

ア　しんぱい

イ　たのしみ

ウ　ありがとう

※きごうは、それぞれ　一どだけ　つかえます。

ぴったり2 **れんしゅう**

こえに 出して よもう

おとうとねずみ チロ

文しょうを よんで、こたえましょう。

ある 日、三びきの ねずみの きょうだいの ところへ、おばあちゃんから 手がみが とどきました。

それには、こんな ことが かいて ありました。

> あたらしい けいとで、おまえたちの チョッキを あんで います。けいとの いろは、赤と 青です。もう すぐ あみあがります。たのしみに まって いて ください。

さあ、三びきは 大よろこび。

1 だれから 手がみが とどきましたか。一つに ○を つけましょう。

ア（　）おばあちゃん
イ（　）おじいちゃん
ウ（　）おかあさん

2 手がみには、どんな ことが かいて ありましたか。

［　　］と［　　］の けいとで、［　　　　］を あんで いると いう こと。

3 にいさんねずみは なにいろが いいと いって いますか。

がくしゅうび
月　日
きょうかしょ
下69〜82ページ
こたえ
19ページ

「ぼくは　赤が　いいな。」

にいさんねずみが　いいました。

「わたしは　青が　すき。」

ねえさんねずみが　いいました。

「ぼくは　赤と　青。」

おとうとねずみが　いいました。

「チロのは　ないよ。」

にいさんねずみが　いいました。

チロと　いうのは、おとうとねずみの
名まえです。

「そうよ。青いのと　赤いのだけよ。」

ねえさんねずみが　いいました。

「そんな　こと　ないよ。ぼくのも
あるよ。」

チロは、あわてて
いいかえしましたが、ほんとうは、
とても　しんぱいでした。

もりやま　みやこ「おとうとねずみ　チロ」より

ヒント　にいさんねずみの　ことばに　ちゅうい。

4　「そんな　こと　ないよ。」と　チロが　いって　いますが、にいさんねずみの　どの　ことばに　たいして　いって　いるのですか。

「　　　　ないよ。」

5　「そんな　こと　ないよ。」と　いった　ときの　チロは、どんな　気もちですか。一つに　○を　つけましょう。

ア（　）くやしい　気もち。

イ（　）しんぱいする　気もち。

ウ（　）たのしい　気もち。

ヒント　29・30ぎょう目を　よく　よもう。

ぴったり3 たしかめのテスト①

こえに 出して よもう

おとうとねずみ チロ

すきな おはなしは なにかな

じかん 20 ぷん

／100

ごうかく 80 てん

がくしゅうび　月　日

きょうかしょ 下69～87ページ

こたえ 20ページ

文しょうを よんで、こたえましょう。 思考・判断・表現

　チロは、大きく 口を あけ、いちばん だいじな ことを いいました。

「ぼくにも チョッキ、あんでね。」

　チロは、「あんでね。」が きえて しまうまで、じっと 耳を すまして いました。

　なん日か たって、おばあちゃんから 小づつみが とどきました。

　中には、けいとの チョッキが、三まい 入って いました。

　いちばん 大きいのが、赤。つぎが、青。小さいのは、赤と 青の

1 「小づつみ」の 中には なにが 入って いましたか。 一つ10てん（20てん）

（　　　）まいの けいとの（　　　）。

よく出る

2 チロが もらった チョッキは どれですか。一つに ○を つけましょう。 20てん

ア（　）いちばん 大きい、赤。

イ（　）二ばん目に 大きい、青。

ウ（　）小さい、赤と 青の よこじま。

できたらスゴイ！

3 チロが じぶんの チョッキを 見た ときの 気もちが わかる

よこじまでした。

「あ、しましまだ。だあいすき。」

チロは、さっそく　チョッキを　きると、おかの　てっぺんの　木へ　かけのぼりました。

「おばあちゃあん、ぼくは　チロだよう。しましまの　チョッキ、ありがとう。」

チロは、大ごえで　さけびました。

そして、

「ありがとう。」が　きえるのを　まって、もう　一ど、こんどは　ゆっくり　いいました。

「あ、り、が、と、う。」

もりやま　みやこ「おとうとねずみ　チロ」より

ことばを、五字で　かきぬきましょう。　20てん

（　　　　　）

4 「ありがとう。」に　くらべて、「あ、り、が、と、う。」は、どのくらいの　こえの　大きさで　よむと　よいですか。　20てん

ア（　）すこし　小さな　こえ。

イ（　）おなじくらいの　こえ。

ウ（　）さらに　大きな　こえ。

かんがえを　かこう

5 チロが　おかの　てっぺんの　木へ　かけのぼったのは　なんの　ためですか。　20てん

チョッキを　くれた　おばあちゃんに、（　　　　　）の　ことばを　つたえる　ため。

ふりかえり　5が　わからない　ときは、75ページの　3分でワンポイント　に　もどって　かくにんしよう。

ぴったり3 たしかめのテスト②

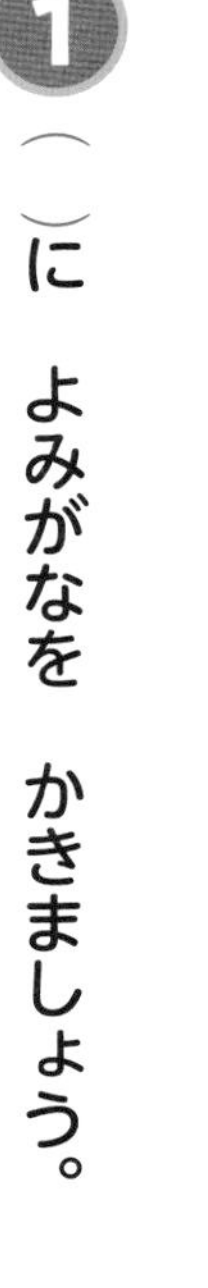

こえに 出して よもう

おとうとねずみ チロ
すきな おはなしは なにかな

じかん 20 ぷん
／100
ごうかく 80 てん

がくしゅうび 月 日
きょうかしょ 下69〜87ページ
こたえ 20ページ

1 （ ）に よみがなを かきましょう。 一つ5てん（35てん）

① 口（ ）を あける。
② みぎ 手（ ）
③ ねこの 耳（ ）。
④ 二年生（ ）
⑤ 男（ ）の 人。
⑥ 子（ ）どもたち
⑦ 小（ ）とりが さえずる。

2 □に かん字を、（ ）に かん字と ひらがなを かきましょう。 一つ5てん（30てん）

① □（おんな）の 人。
② □（あお）い うみ。
③ □（な）まえ
④ いすから □（た）つ。
⑤ ほおを（あからめる）。
⑥ あめが（あがる）。

この ほんの おわりに ある 「ふゆの チャレンジテスト」を やって みよう！

3 ただしい いみに ○を つけましょう。 一つ5てん(25てん)

①きゅうに よばれて あわてる。
ア（　）おどろいて まごまごする。
イ（　）おちついて こうどうする。

②べんきょうを おしえてと たのむ。
ア（　）しんぱいする。
イ（　）おねがいする。

③木の てっぺんまで のぼる。
ア（　）いちばん 上。
イ（　）まん中の あたり。

④トンネルの 中では こえが ひびく。
ア（　）音が はねかえって きこえる。
イ（　）音が だんだん 小さく なる。

⑤こえを はり上げる。
ア（　）こえを ひくく 小さく 出す。
イ（　）こえを たかく つよく 出す。

4 すきな 本を 「しょうかいカード」に かきます。□に あう ことを えらびましょう。 一つ5てん(10てん)

一年二くみ やまの こうた

①
11ぴきの ねこ

②
のらねこたちが、大きな さかなを つかまえる ところが すきです。さいごに、あっと おどろく できごとが おきます。

①（　）②（　）

ア 本を よんだ 日
イ すきな ところ
ウ 本の だい名
エ 本を かいた 人の なまえ

ぴったり1 じゅんび

しを よもう

みみずの たいそう
むかしばなしを たのしもう

めあて
★しを よもう。
★むかしばなしを よもう。

がくしゅうび
月 日
きょうかしょ
下88〜93ページ
こたえ
21ページ

むかしばなしを たのしもう

1 つぎの えと、むかしばなしの 名まえを、――で むすびましょう。

① ・　　・きんたろう

② ・　　・おむすび ころりん

③ ・　　・かぐやひめ

④ ・　　・うさぎと かめ

みみずの たいそう

2 ただしい いみに ○を つけましょう。

① いとが もつれる。
ア（　）からみあう。
イ（　）ばらばらに なる。

② ゴムが のびる。
ア（　）ほそく なる。
イ（　）ながく なる。

③ たいいくが ドッジボールなので はりきる。
ア（　）げん気いっぱいで ある。
イ（　）ふざけて いる。

④ うさぎが はねる。
ア（　）はやく はしる。
イ（　）とび上がる。

3 しを　よんで、こたえましょう。

みみずの　たいそう

かんざわ　としこ

つちの　なかから　とびだして
みみずの　たいそう
ぴん　ぴこ　ぴん
もつれて　のびて
もつれて　のびて
そら　げんきよく
ぴん　ぴこ　ぴん

あさの　くうきを
いっぱい　すって
みみずの　たいそう
ぴん　ぴこ　ぴん
はりきり　はじけて
はねすぎて
ちきゅうの　そとへ
ぴん　ぴこ
ぴいん

---

(1) みみずは　どこから　とびだして　きましたか。

（　　　　　　　　）

(2) 「ぴん　ぴこ　ぴん」は、みみずが　どう　して　いる　ようすを　あらわして　いますか。一つに　○を　つけましょう。

ア（　）しずかに　して　いる　ようす。

イ（　）げんきに　うごいて　いる　ようす。

ウ（　）大きく　いきを　すう　ようす。

(3) この　しは、どのように　よむと　よいですか。一つに　○を　つけましょう。

ア（　）はずむように　げんきよく　よむ。

イ（　）こわがって　いるように　よむ。

ウ（　）ゆっくりと　しずかに　よむ。

おはなしを　かこう
かたかなの　かたち

★めあて
★おはなしに　出て　くる　人ぶつを　かんがえよう。
★ひらがなと　かたちが　にて　いる　かたかなを、ちがいに　気を　つけて　かこう。

がくしゅうび　月　日
きょうかしょ　下94〜101ページ
こたえ　21ページ

かきトリ　あたらしい　かん字

きょうかしょ97ページ

村（むら）　7かく

村に　すむ。

1 （　）に　よみがなを、□に　かん字を　かきましょう。

●よみかたが　あたらしい　字

① 大（村）かいに　しゅつじょうする。

② □（むら）に　つたわる　はなし。

かたかなの　かたち

2 ひらがなと　かたちが　にて　いる　かたかなを　かきましょう。

ひらがな	かたかな
う	ウ
き	
せ	
や	

ひらがなと　かたかな、どんな　ところが　にて　いて、どんな　ところが　ちがうでしょうか。

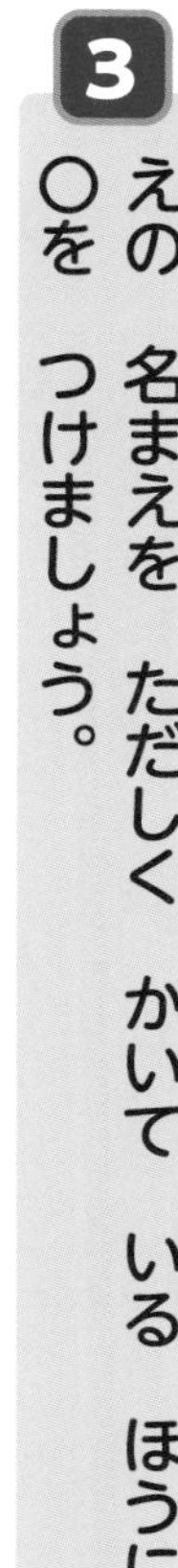
3 えの　名まえを　ただしく　かいて　いる　ほうに　○を　つけましょう。

① ア（　）コアラ　イ（　）コマラ

② ア（　）パソダ　イ（　）パンダ

③ ア（　）ネクタイ　イ（　）ネワタイ

④ ア（　）バケシ　イ（　）バケツ

おはなしを　かこう

4 むかしばなしの　まねを　して、おはなしの　人ぶつに　ついて、かんがえて　かきましょう。

① 人ぶつの　名まえ

（　　　　）

② どんな　ことが　すきか。

（　　　　）

③ どんな　ことが　できるか。

（　　　　）

「ももたろう」のような　むかしばなしを　もとに　して、じぶんだけの　おはなしを　かんがえよう。

しを よもう

みみずの たいそう ～ かたかなの かたち

じかん 20 ぷん

／100

ごうかく 80 てん

がくしゅうび　月　日

きょうかしょ 下88～101ページ

こたえ 22ページ

1 文しょうを よんで、こたえましょう。　思考・判断・表現

かぼちゃたろう

むかしむかし、ある ところに、おじいさんと おばあさんが すんで いました。

ある 日、おばあさんは、川で かぼちゃを ひろいました。その かぼちゃから 赤んぼうが 生まれました。ふたりは、かぼちゃたろうと 名まえを つけて、そだてる ことに しました。かぼちゃたろうは、大きく なって、村の すもう大かいに 出ました。

(1) この おはなしには なんにん 出て きますか。かん字で かきましょう。　15てん

（　　　）にん

よく出る

(2) おばあさんは どこで かぼちゃを ひろいましたか。一字で かきましょう。　15てん

［　　］で ひろった。

(3) かぼちゃたろうは、大きく なって、なにを しましたか。　15てん

村の ［　　　］ 大かいに 出た。

できたらスゴイ！

(4) かぼちゃたろうは、大かいで どう なりましたか。　15てん

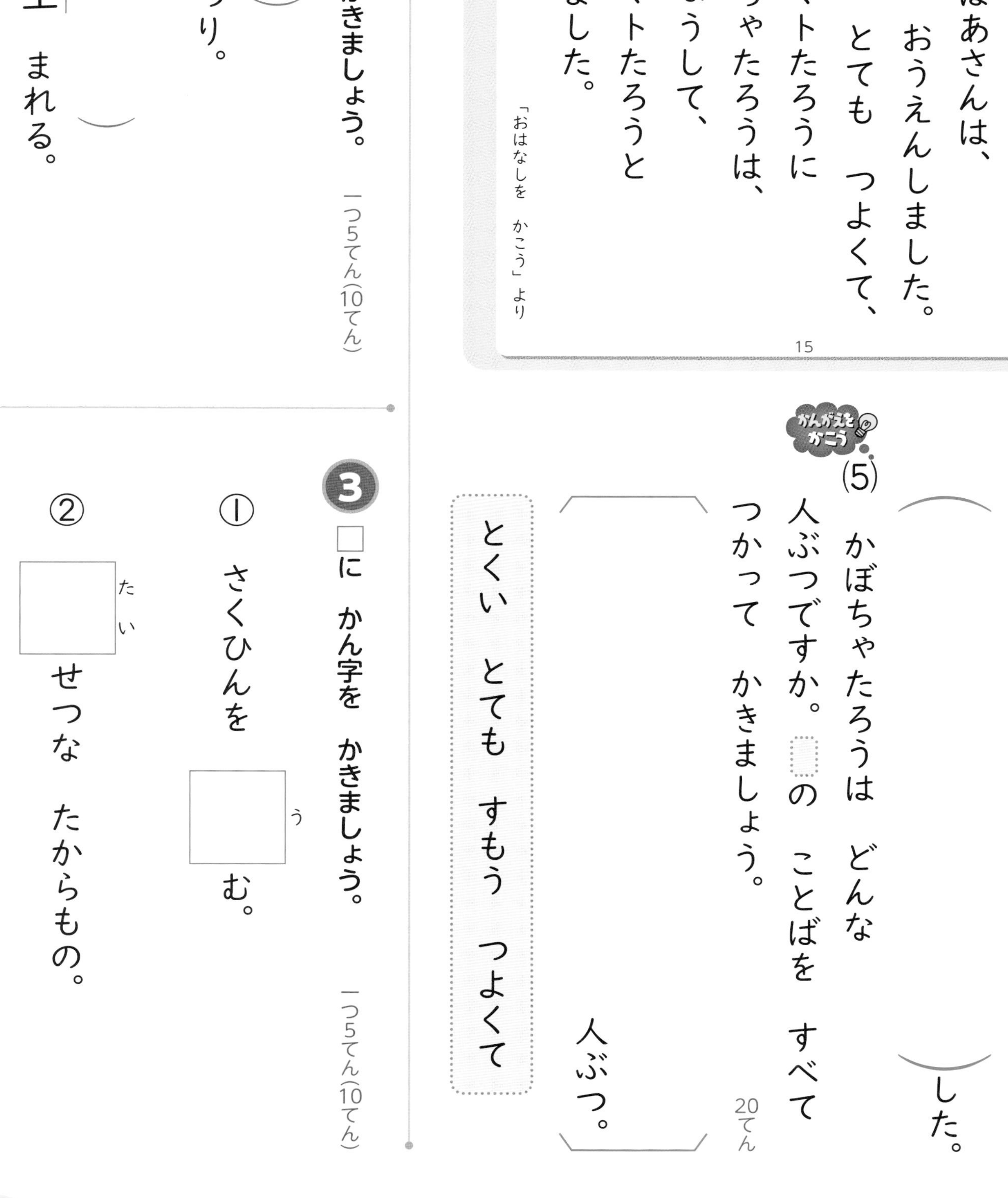

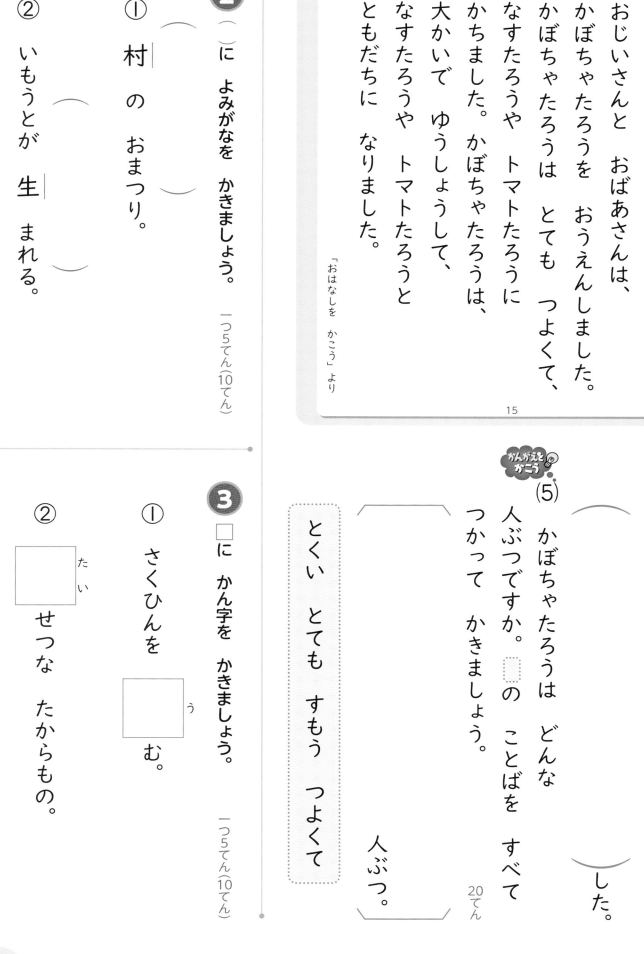

おじいさんと　おばあさんは、
かぼちゃたろうを　おうえんしました。
かぼちゃたろうは　とても　つよくて、
なすたろうや　トマトたろうに
かちました。かぼちゃたろうは、
大かいで　ゆうしょうして、
なすたろうや　トマトたろうと
ともだちに　なりました。

「おはなしを　かこう」より

15

（　　　　）した。

かんがえを かこう

(5) かぼちゃたろうは　どんな　人ぶつですか。□の　ことばを　すべて　つかって　かきましょう。 20てん

〔　　　　〕人ぶつ。

とくい　とても　すもう　つよくて

2 （　）に　よみがなを　かきましょう。 一つ5てん(10てん)

① 村（　　）の　おまつり。

② いもうとが　生（　　）まれる。

3 □に　かん字を　かきましょう。 一つ5てん(10てん)

① さくひんを　□(う)む。

② □(たい)せつな　たからもの。

ちがいを　かんがえよう

子どもを　まもる　どうぶつたち

なるしま　えつお

めあて
★ちがいを　かんがえながら　くらべて　よもう。

がくしゅうび
月　日
きょうかしょ
下103〜113ページ
こたえ
22ページ

かきトリ　あたらしい　かん字

早（きょうかしょ108ページ）	足（108ページ）
はやい・はやまる　はやめる　ソウ　6かく	ソク　あし　7かく
早（はや）く　ねる。	足（あし）あと

1 （　）に　よみがなを　かきましょう。

●よみかたが　あたらしい　字

① 子（　）そんが　ふえる。

② 早（　）い　じかんに　おきる。

2 □に　かん字を、（　）に　かん字と　ひらがなを　かきましょう。

① □（あし）が　つかれた。

② よていが　（　　）（はやまる）。

「はやまる」は、かん字の　あとに　つづけて　かく　かなに、気を　つけて　かきましょう。

3 ただしい　いみに　○を　つけましょう。

①
ア（　）とおくから　ひきよせる。
イ（　）とおくへ　はなれさせる。

あぶない　ものを　とおざける。

②
ア（　）こまかい　いしの　あつまり。
イ（　）でこぼこした　大きな　いわ。

じゃりの　みちが　つづいて　いる。

③
ア（　）じっと　見つめる。
イ（　）べつの　ほうに　むける。

こわくて　目を　そらす。

④
ア（　）じゃまな　ものが　ない。
イ（　）人が　まったく　いない。

ひらけた　ばしょに　出る。

⑤
ア（　）ものごとを　うまく　おこなう　ための　あたまの　はたらき。
イ（　）あたらしい　かんがえ。

子どもを　まもる　ための　ちえ。

3分で　ワンポイント

どうぶつの　子どもの　まもりかたの　ちがいを　たしかめよう。

★つぎの　どうぶつの　おやは、どのように　して、てきから　子どもを　まもりますか。せんで　むすびましょう。

ライオン	じぶんが　けがを　して　いるように　見せかける。
オオアリクイ	子どもを　せなかに　のせて　はこぶ。
コチドリ	子どもを　くわえたり　かかえたり　して　はこぶ。

ぴったり2 れんしゅう

ちがいを かんがえよう

子どもを まもる どうぶつたち

文しょうを よんで、こたえましょう。

ライオンなど、にくを たべる どうぶつが、子どもを きけんから とおざける ときには、ふつう くわえたり かかえたり して、はこびます。しかし、オオアリクイの 口は ほそながいので、子どもを くわえて はこぶ ことが できません。

そこで、

1 にくを たべる どうぶつは、ふつう どう やって 子どもを きけんから とおざけますか。十字で かきぬきましょう。

□□□□□ □□□□□ して はこぶ。

2 オオアリクイが、子どもを くわえて はこぶ ことが できないのは、なぜですか。

ア（　）子どもが にげるから。

イ（　）口が ほそながいから。

ウ（　）力が よわいから。

ヒント 「～ので」は、わけを あらわすよ。

がくしゅうび　月　日

きょうかしょ 下103～113ページ

こたえ 23ページ

オオアリクイの　おやは、ちえを　つかいます。オオアリクイの　おやは、子どもを　せなかに　のせて　はこびます。

おやの　からだの　もようと、子どもの　からだの　もようが　つながって　見え、てきから　子どもが　目立たなく　なるのです。

なるしま　えつお「子どもを　まもる　どうぶつたち」より

3 オオアリクイの　おやは、どう　やって　子どもを　はこびますか。

ア（　）せなかに　のせて　はこぶ。
イ（　）はなで　つかんで　はこぶ。
ウ（　）まえ足で　かかえて　はこぶ。

4 3のように　して　子どもを　はこぶのは、どうしてですか。

ア（　）おやと　子どもの　からだが　あわさって、大きく　見えるから。
イ（　）おやが　子どもを　まもって　いる　ことが、てきに　つたわるから。
ウ（　）おや子の　もようが　つながって　見え、子どもが　目立たなく　なるから。

ヒント　19ぎょう目から　あとを　よもう。

ぴったり1 じゅんび

ことばを　あつめよう
小学校の　ことを　しょうかいしよう

めあて
★ことばを　つなげて　文を　つくろう。
★できごとの　あった　じゅんに　つたえよう。

がくしゅうび　月　日
きょうかしょ　下114〜120ページ
こたえ　23ページ

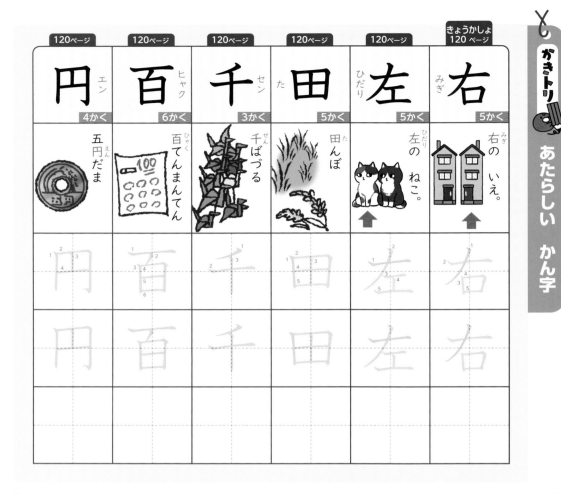

がきトリ　あたらしい　かん字

右	左	田	千	百	円
きょうかしょ 120ページ	120ページ	120ページ	120ページ	120ページ	120ページ
みぎ	ひだり	た	セン	ヒャク	エン
5かく	5かく	5かく	3かく	6かく	4かく
右の　いえ。	左の　ねこ。	田んぼ	千ばづる	百てんまんてん	五円だま

1 □に　よみがなを、□に　かん字を　かきましょう。

●よみかたが　あたらしい　字

① 小学校（　　）

② 入学（　　）する

③ □（ひだり）手

④ □（みぎ）がわ

ことばを　あつめよう

2 ことばを　つなげて、文を　一つ　つくりましょう。

しかくい	ジュースを	よむ。
青い	ズボンを	たべる。
あまい	まどを	おこす。
あつい	いちごを	とめる。

3 文しょうを　よんで、こたえましょう。

小学校の　一年かんの　できごとを　しょうかいします。

はるは、えん足で　どうぶつえんに　いきます。みんなと　おべんとうを　たべると、おいしいです。

なつは、プールに　入ります。小学校の　プールは　大きいので、おもいきり　およぐ　ことが　できます。

あきは、音がくかいで、けんばんハーモニカを　えんそうします。みんなが　はく手を　して　くれるので、うれしく　なります。

ふゆは、マラソン大かいを　します。たいへんだけど、はしりおわった　あとは　気ぶんが　すっきりします。

たのしみに　して　いて　ください。

「小学校の　ことを　しょうかいしよう」より

(1) 「はる」、「なつ」、「あき」に　する　ことを　かきぬきましょう。

はる

なつ　　　に　入る。

あき

(2) えん足で　どんな　ことを　かんじましたか。

みんなと　おべんとうを　たべると、

　　　　。

(3) マラソン大かいで　はしりおわった　あと、どんな　気ぶんに　なりますか。一つに　○を　つけましょう。

ア（　）すっきりした　気ぶん。

イ（　）たのしい　気ぶん。

ぴったり3
たしかめのテスト

ちがいを かんがえよう

子どもを まもる どうぶつたち
～小学校の ことを しょうかいしよう

じかん 20ぷん

／100

ごうかく 80てん

がくしゅうび　　月　　日

きょうかしょ 下103～120ページ

こたえ 24ページ

1 文しょうを よんで、こたえましょう。　思考・判断・表現

コチドリは、子そだてを する すを、じゃりの じめんに つくります。その ため、ひなが てきから よく 見えて しまいます。とりは、ひなを くわえて はこぶ ことが できません。

そこで、コチドリの おやは、ちえを つかいます。コチドリの おやは、てきを 見つけると、早足で、すから とおざかります。そして、なきごえを 上げ、はねを バサバサと はばたかせます。さらに、はねを ひきずりながら よろよろと

よく出る

(1) コチドリは、子そだてを する すを どこに つくりますか。　10てん

［　　　］の じめん。

できたらスゴイ！

(2) (1)の ところに すを つくると、ひなは どう なって しまいますか。　15てん

［　　　　　　　　　　］

(3) コチドリの おやは、てきを 見つけると どう しますか。ただしい じゅんに、(　　)に 1～3を かきましょう。　ぜんぶ できて 20てん

(　　)はねを ひきずり、よろよろと あるいて、すから とおく

あるいて、すから
とおく はなれます。
コチドリの
おやは、じぶんが
けがを して
いると てきに
見せかけて、てきの
ちゅういを ひなから
そらすのです。

なるしま えつお「子どもを まもる どうぶつたち」より

はなれる。

（　）早足で、すから とおざかる。

（　）なきごえを 上げ、はねを はばたかせる。

かんがえを かこう

(4) コチドリの おやが「ちえ」を つかうのは、なんの ためですか。 一つ10てん(20てん)

（　　）から（　　）を まもる ため。

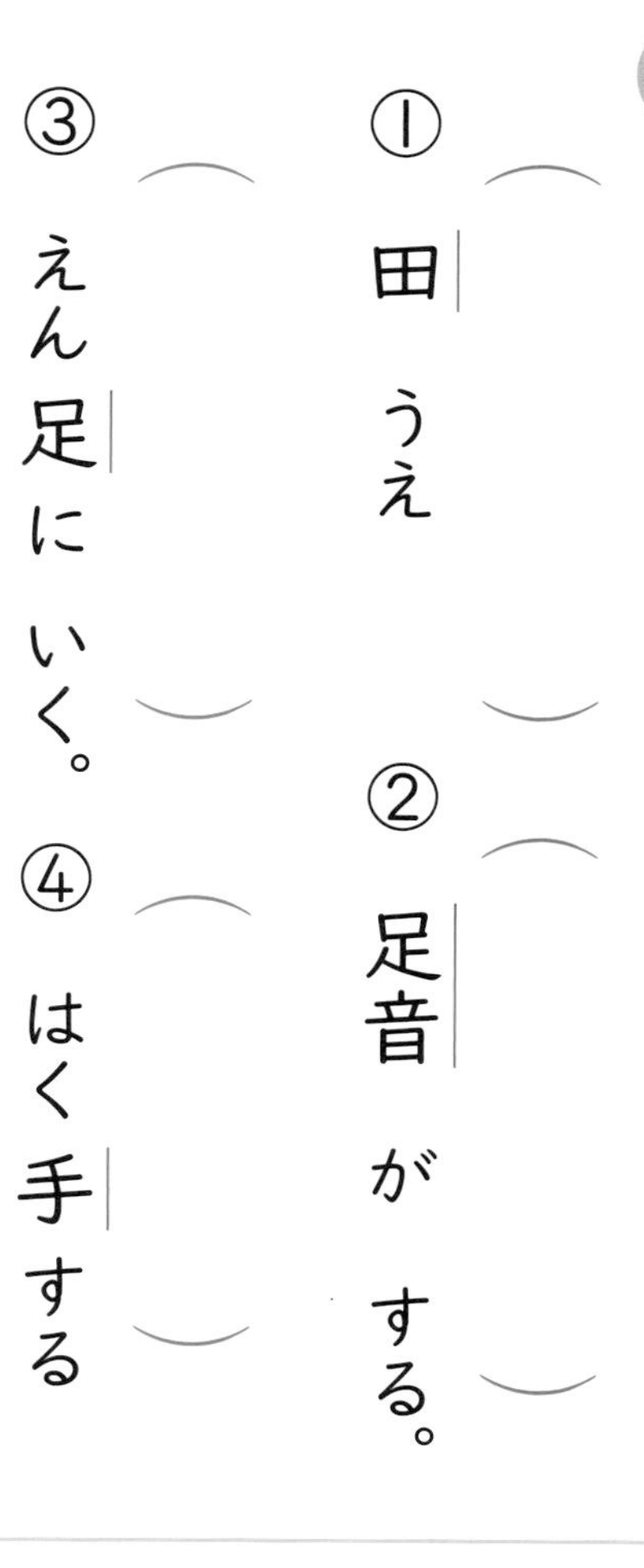

2 （　）に よみがなを かきましょう。 一つ5てん(20てん)

① 田うえ（　　）

② 足音が する。（　　）

③ えん足に いく。（　　）

④ はく手する（　　）

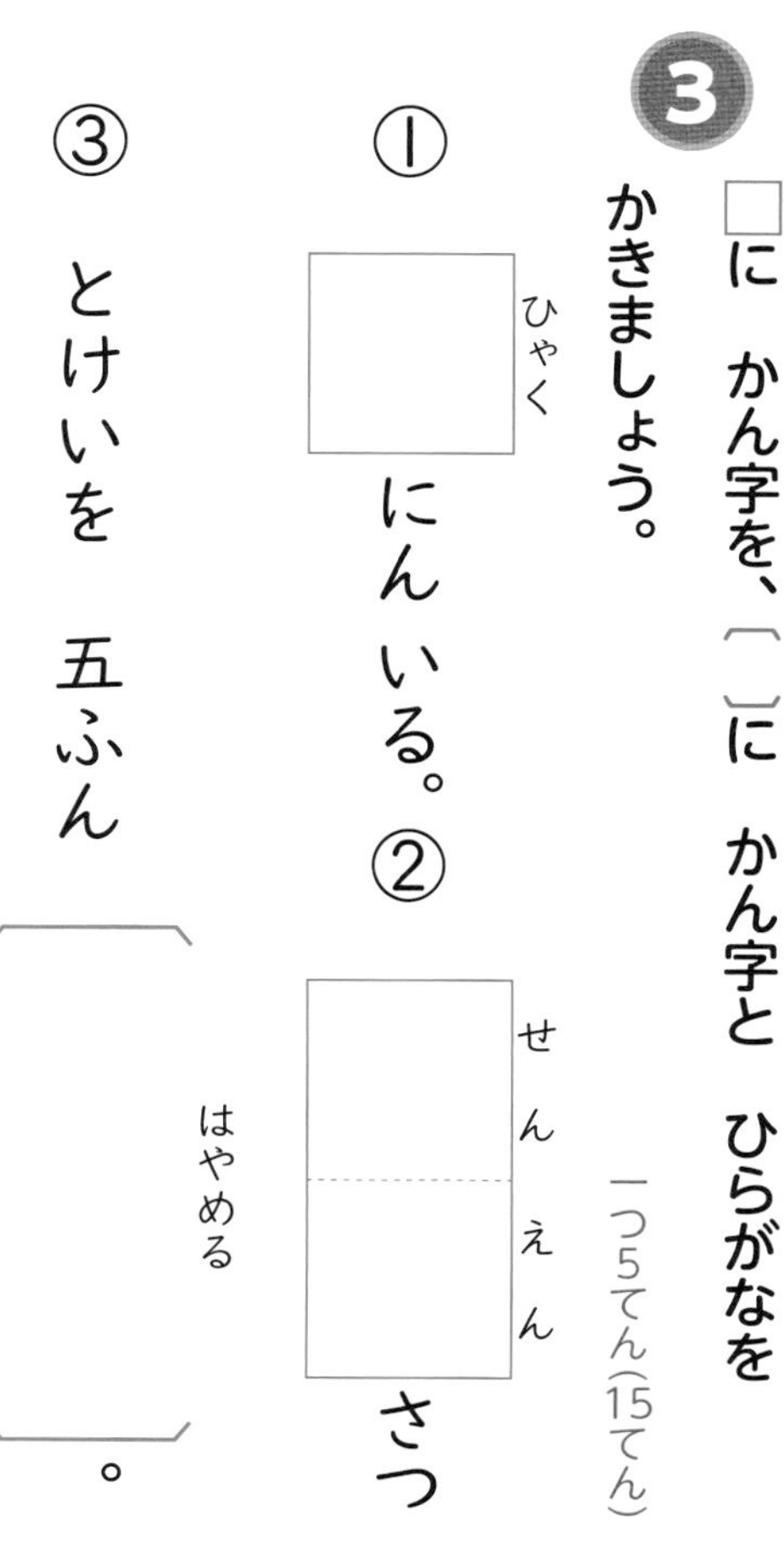

3 □に かん字を、（　）に かん字と ひらがなを かきましょう。 一つ5てん(15てん)

① □（ひゃく）にん いる。

② □□（せんえん）さつ

③ とけいを 五ふん（　　）（はやめる）。

ふりかえり ❶(4)が わからない ときは、89ページの 3分でワンポイント に もどって かくにんしよう。

ぴったり1 じゅんび

すきな ところを つたえよう

スイミー

レオ・レオニ 作
たにかわ しゅんたろう やく

◎めあて
★おはなしを よんで、すきな ところを 見つけよう。

がくしゅうび 月 日

きょうかしょ 下121～137ページ
こたえ 24ページ

がきトリ あたらしい かん字

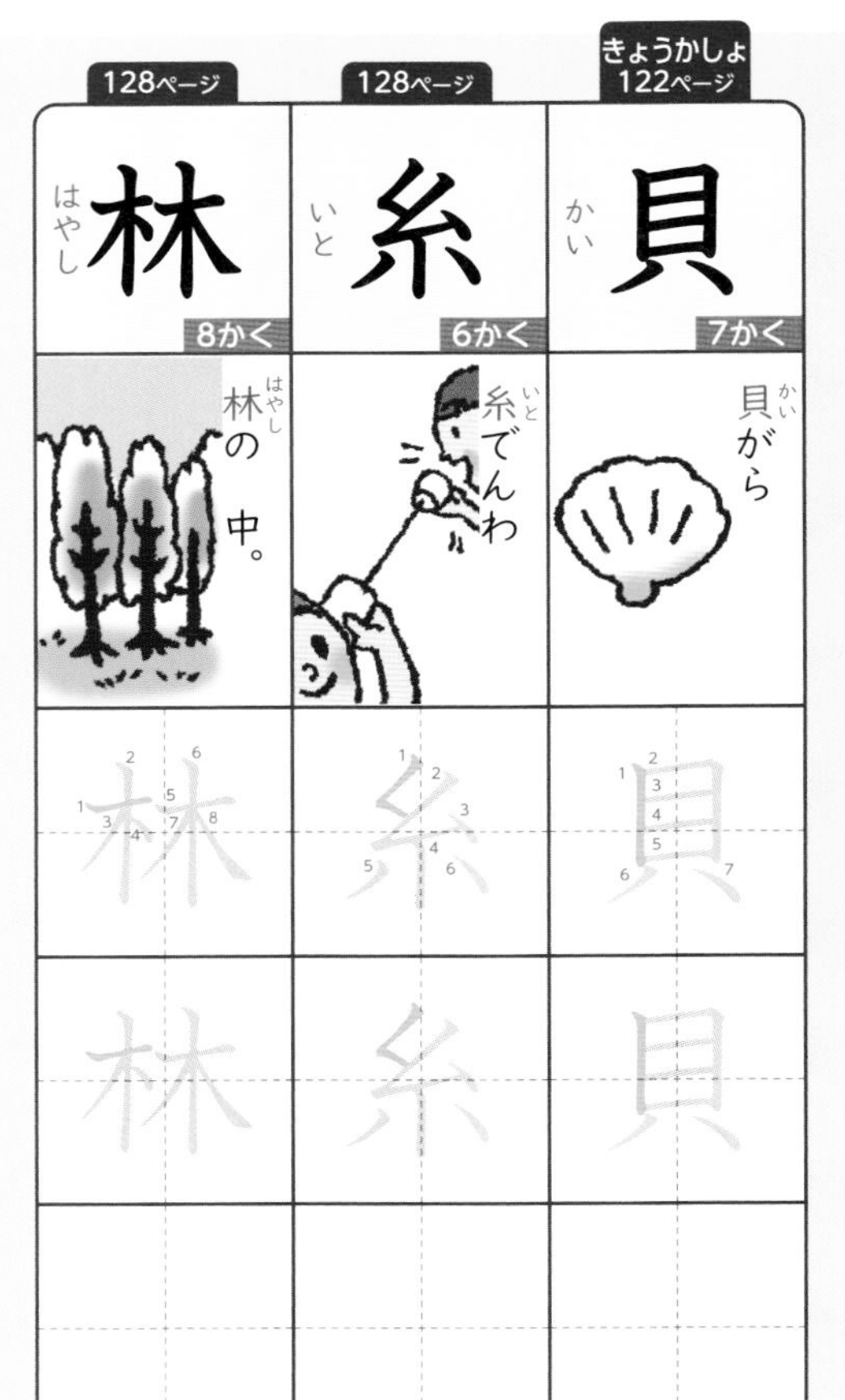

1 （ ）に よみがなを かきましょう。

① 水中（　）に もぐる。 ② ひげを 生（　）やす。

③ 一口（　）で たべる。

●よみかたが あたらしい 字

2 □に かん字を かきましょう。

① □（かい）がら ② はりと □（いと）。

③ □（はやし）の 中を あるく。

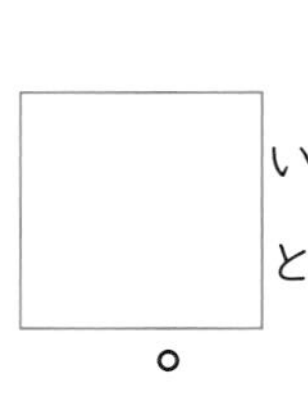

3 ただしい　いみに　○を　つけましょう。

① まっくろな　犬。

ア（　）とても　くろい。

イ（　）一ぶだけ　くろい。

② 一ぴき　のこらず　いなく　なった。

ア（　）たくさん。

イ（　）ぜんぶ。

③ じっとして　まつ。

ア（　）からだを　うごかさずに。

イ（　）じりじりと　うごきながら。

④ とつぜん　かみなりが　なった。

ア（　）ゆっくりと。

イ（　）きゅうに。

3分で　ワンポイント

おはなしの　すきな　ところを　見つけよう。

★スイミーが　うみで　見た　ものの　ようすを　□から　えらびましょう。

①（　）ゼリーのような　くらげ。

②（　）いわから　生えて　いる、こんぶや　わかめの　林。

③（　）うなぎ。とても

④（　）やしの　木みたいな　いそぎんちゃく。

ア　ももいろの　　イ　ながい

ウ　にじいろの　　エ　ドロップみたいな

ぴったり2 れんしゅう

すきな ところを つたえよう

スイミー

文しょうを よんで、こたえましょう。

ひろい うみの どこかに、
小さな さかなの きょうだいたちが、
たのしく くらして いた。
　みんな
赤いのに、
一ぴきだけは
からす貝(がい)よりも
まっくろ。
およぐのは
だれよりも
はやかった。
　名まえは
スイミー。

1 スイミーは どんな いろの さかなですか。

［　　　　］よりも ［　　　　］な さかな。

2 スイミーの はやさは どのくらいですか。一つに ○を つけましょう。

ア（　）きょうだいたちの 中で 一ばん おそい。

イ（　）きょうだいたちの 中で 一ばん はやい。

ウ（　）きょうだいたちの 中で 二ばん目に はやい。

ヒント 「およぐのは だれよりも はやかった。」よ。

がくしゅうび　月　日

きょうかしょ 下121～137ページ

こたえ 25ページ

ある　日、おそろしい　まぐろが、おなかを　すかせて、すごい　はやさで　ミサイルみたいに　つっこんで　きた。一口で、まぐろは、小さな　赤い　さかなたちを、一ぴき　のこらず　のみこんだ。

　にげたのは　スイミーだけ。

　スイミーは　およいだ、くらい　うみの　そこを。

　こわかった。さびしかった。とても　かなしかった。

レオ・レオニ　文・え／たにかわ　しゅんたろう　やく「スイミー」より

3 まぐろが　つっこんで　きた　ようすを　どのように　あらわして　いますか。

（　　　　）みたいに　つっこんで　きた。

4 まぐろが　つっこんで　きて、スイミーたちは　どう　なりましたか。一つに　○を　つけましょう。

ア（　）スイミーも　きょうだいたちも　のこらず　たべられた。

イ（　）スイミーと　一ぴきの　きょうだいだけが　にげる　ことが　できた。

ウ（　）スイミーだけが　にげる　ことが　できた。

「にげたのは　スイミーだけ。」と　あるよ。

ぴったり じゅんび 1

かたちの にて いる かん字
一年かんの おもいでブック

3分でまとめ

めあて

★かたちの にて いる かん字を、ちがいに 気を つけて かこう。
★これまでに かいた 文しょうを よみかえそう。

がくしゅうび
月 日
きょうかしょ
下138～144ページ
こたえ
25ページ

かきトリ あたらしい かん字

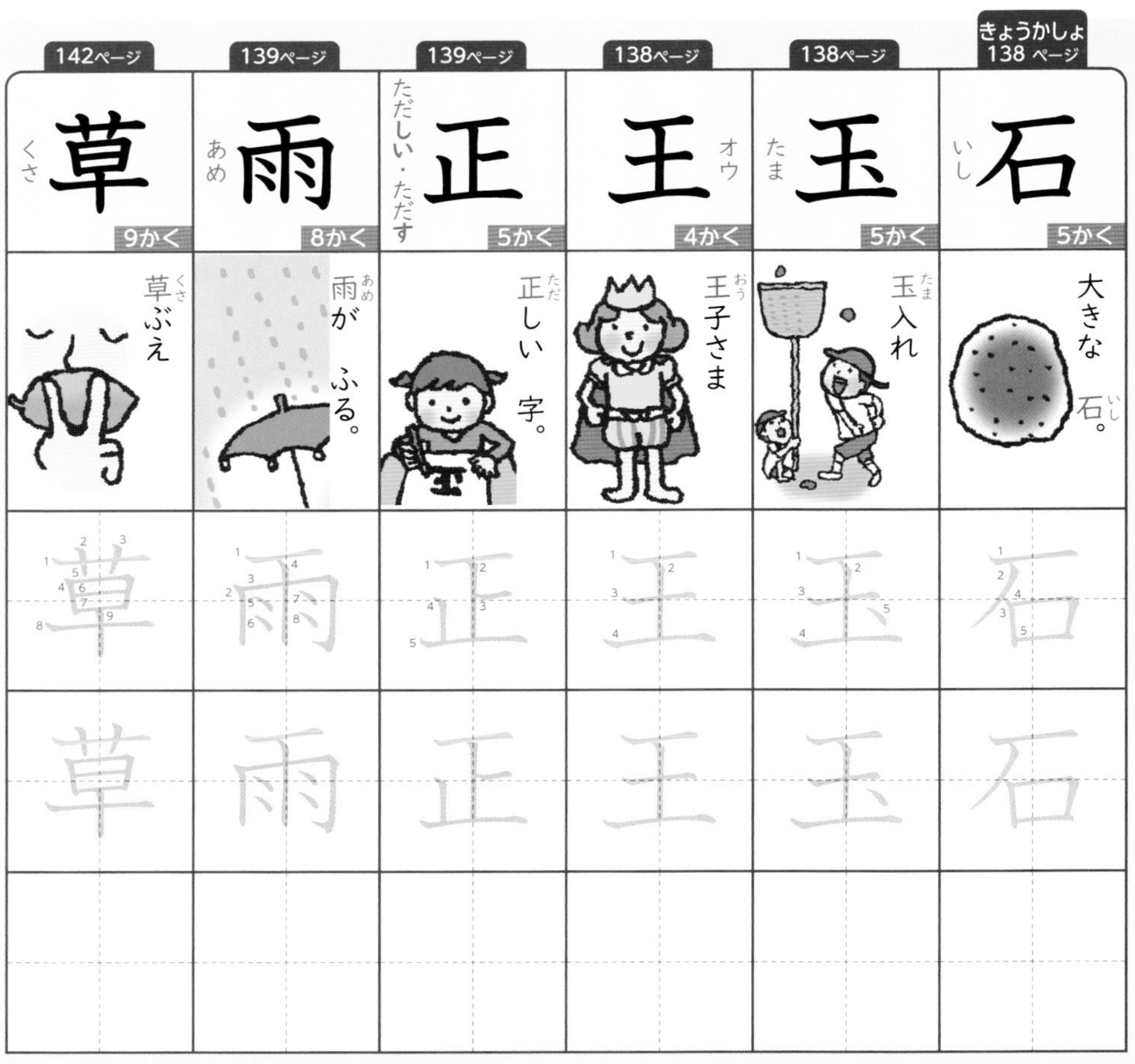

きょうかしょ 138ページ
石 いし 5かく
大きな 石。
138ページ
玉 たま 5かく
玉入れ
138ページ
王 オウ 4かく
王子さま
139ページ
正 ただしい・ただす 5かく
正しい 字。
139ページ
雨 あめ 8かく
雨が ふる。
142ページ
草 くさ 9かく
草ぶえ

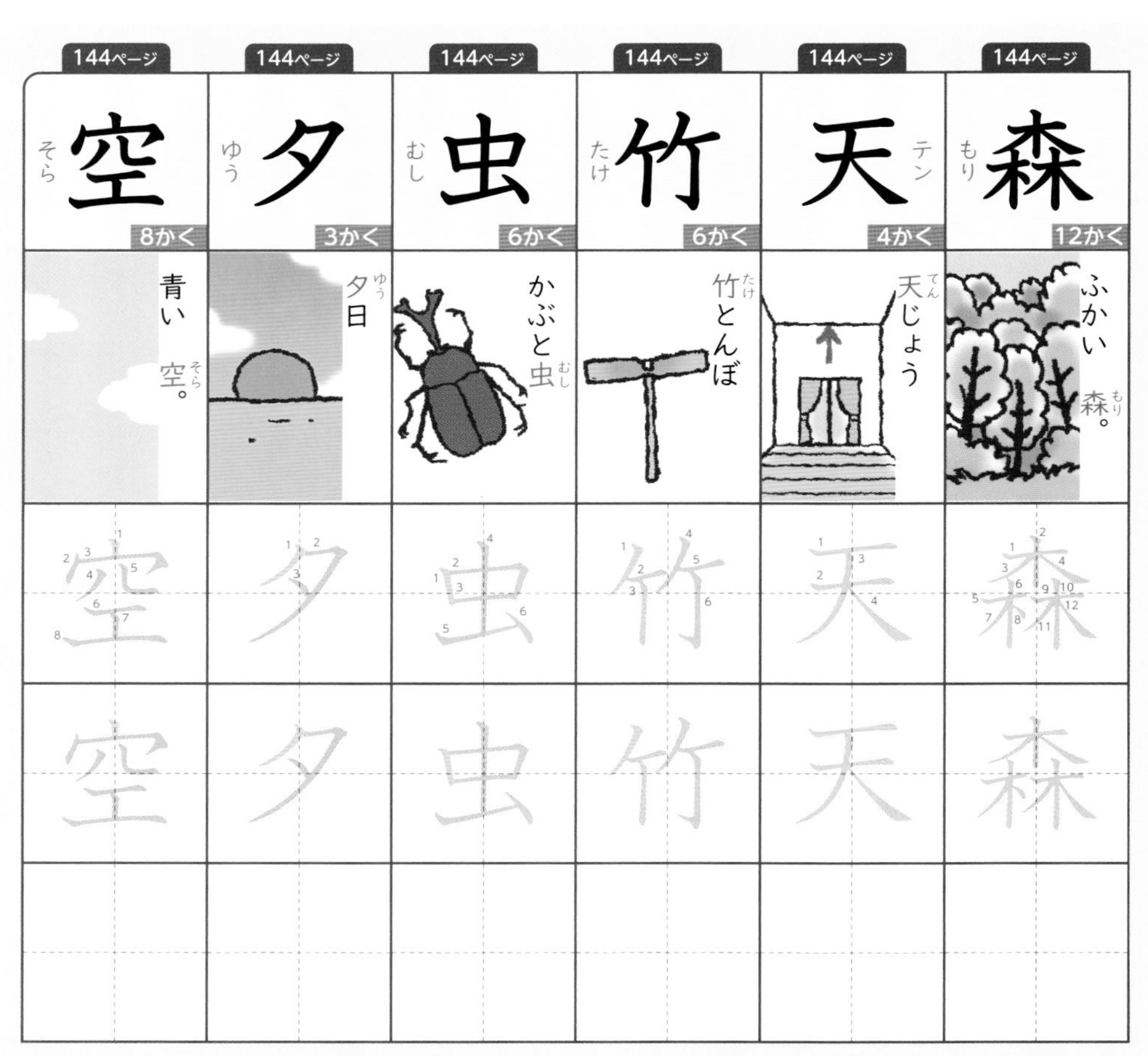

144ページ
森 もり 12かく
ふかい 森。
144ページ
天 テン 4かく
天じょう
144ページ
竹 たけ 6かく
竹とんぼ
144ページ
虫 むし 6かく
かぶと虫
144ページ
夕 ゆう 3かく
夕日
144ページ
空 そら 8かく
青い 空。

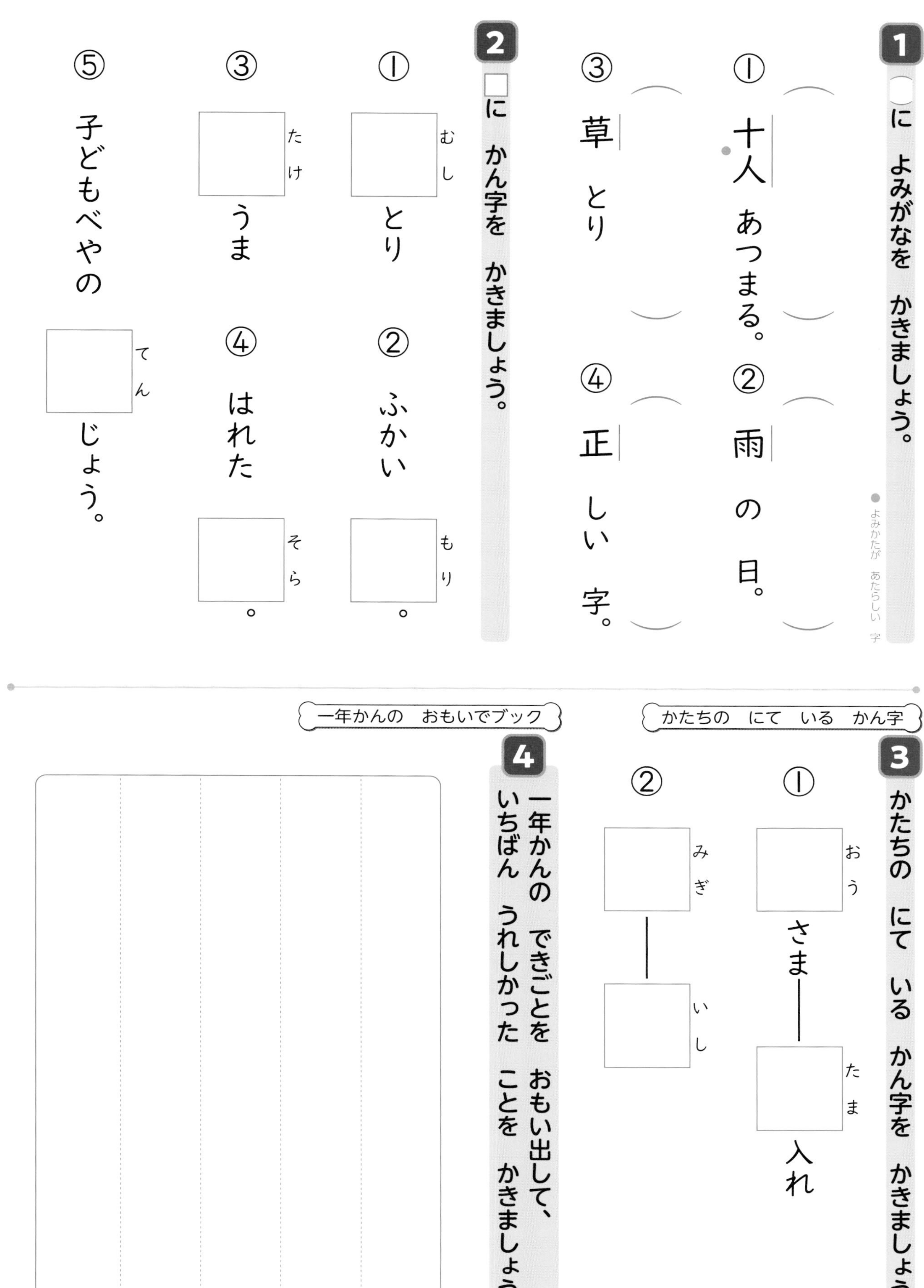

1 （　）に よみがなを かきましょう。

よみかたが あたらしい 字

① 十人 あつまる。

② 雨 の 日。

③ 草 とり

④ 正 しい 字。

2 □に かん字を かきましょう。

① □（むし） とり

② ふかい □（もり）。

③ □（たけ） うま

④ はれた □（そら）。

⑤ 子どもべやの □（てん） じょう。

かたちの にて いる かん字

3 かたちの にて いる かん字を かきましょう。

① □（おう） さま―□（たま） 入れ

② □（みぎ）―□（いし）

一年かんの おもいでブック

4 一年かんの できごとを おもい出して、いちばん うれしかった ことを かきましょう。

すきな ところを つたえよう

スイミー ～ 一年かんの おもいでブック

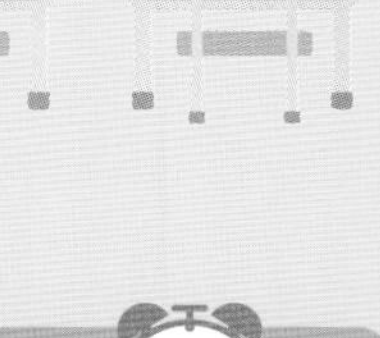

じかん 20 ぷん

／100

ごうかく 80 てん

がくしゅうび 月 日

きょうかしょ 下121～144ページ

こたえ 26ページ

文しょうを よんで、こたえましょう。 思考・判断・表現

スイミーは いった。
「出て こいよ。みんなで あそぼう。おもしろい ものが いっぱいだよ。」
小さな 赤い さかなたちは こたえた。
「だめだよ。大きな さかなに、たべられて しまうよ。」
「だけど、いつまでも そこに じっとして いる わけには いかないよ。なんとか かんがえなくちゃ。」
スイミーは かんがえた。いろいろ かんがえた。うんと かんがえた。

よく出る

1 スイミーが 「出て こいよ。」と いったのは なぜですか。 15てん

うみの 中には （　　） ものが いっぱい あるから。

2 「だめだよ。」と ありますが、なぜ そう いったのですか。 20てん

（　　）

できたらスゴイ！

3 「スイミーは かんがえた。」と ありますが、なにを かんがえたのですか。一つに ○を つけましょう。 15てん

ア（　）大きな さかなから かくれる ほうほう。

それから、とつぜん　スイミーは　さけんだ。

「そうだ。みんな　いっしょに　およぐんだ。うみで　いちばん　大きな　さかなの　ふりを　して。」

スイミーは　おしえた。けっして　はなればなれに　ならない　こと。みんな　もちばを　まもる　こと。

みんなが、一ぴきの　大きな　さかなみたいに　およげるように　なった　とき、スイミーは　いった。

「ぼくが、目に　なろう。」

レオ・レオニ　文・え／たにかわ　しゅんたろう　やく「スイミー」より

イ（　　）大きな　さかなと　なかよく　する　ほうほう。

ウ（　　）大きな　さかなに　たべられずに　すむ　ほうほう。

4 「そうだ。」と　ありますが、スイミーは　どんな　ことを　おもいつきましたか。　一つ15てん（30てん）

みんな（　　　　）およいで、うみで

（　　　　）さかなの　ふりを　すること。

かんがえを かこう

5 スイミーが「ぼくが、目に　なろう。」と　いったのは、なぜだと　おもいますか。　一つ10てん（20てん）

赤い　さかなたちの　中で、

（　　　　）は、

（　　　　）のように

見えるから。

ぴったり3 たしかめのテスト②

スイミー〜一年かんの　おもいでブック

じかん 20 ぷん

／100

ごうかく 80 てん

がくしゅうび　月　日

きょうかしょ　下121〜144ページ

こたえ　26ページ

1 （　）に　よみがなを　かきましょう。　一つ5てん（40てん）

①　貝を　とる。（　）

②　糸で　ぬう。（　）

③　青い　空。（　）

④　よい　天気。（　）

⑤　石を　ひろう。（　）

⑥　水玉　もよう（　）

⑦　王子　さま（　）

⑧　竹　やぶ（　）

2 □に　かん字を、（　）に　かん字と　ひらがなを　かきましょう。　一つ10てん（60てん）

①　□（ゆう）がた

②　□（くさ）むしり

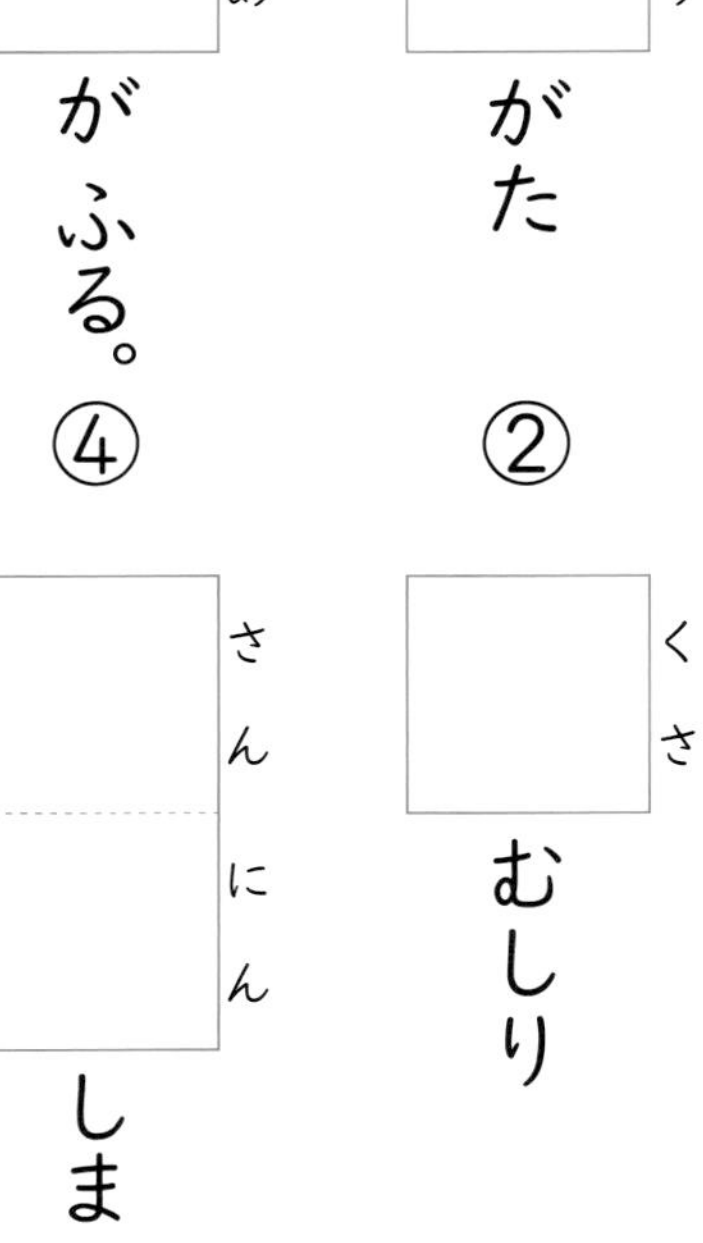

③　□（あめ）が　ふる。

④　□□（さんにん）しまい

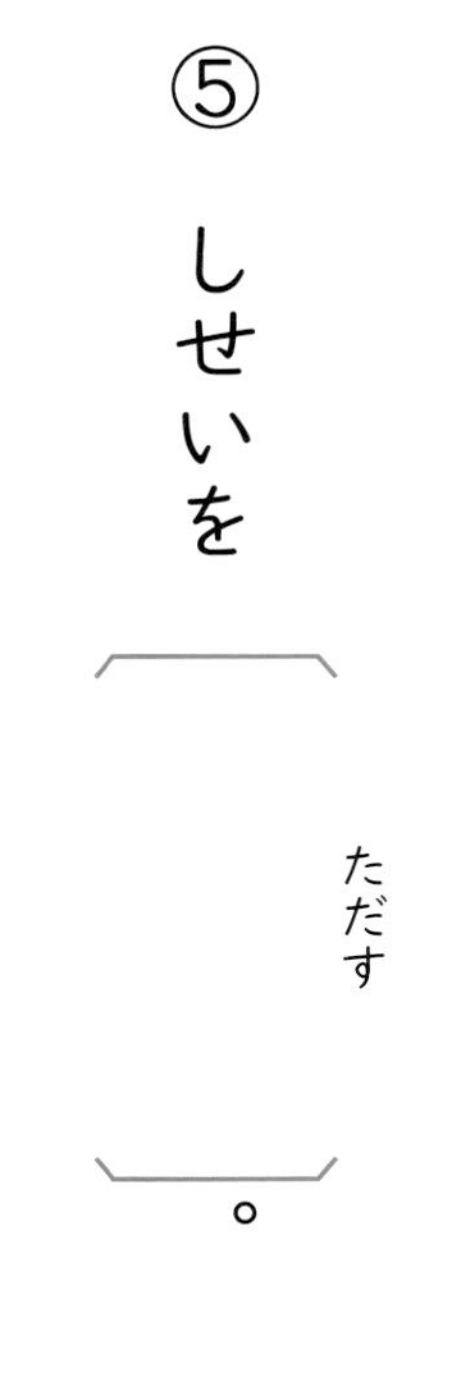

⑤　しせいを　（ただす）。

⑥　ざっそうが　（はえる）。

なつの チャレンジテスト

きょうかしょ 上1～105ページ

なまえ　　がつ　にち

じかん 40ぷん

思考・判断・表現　／50

ごうかく80てん　／100

こたえ 27ページ

1

いえの　ひとの　よびかたに　なるように、□に　ただしい　じを　かきましょう。　ひとつ　2てん(10てん)

① おば□さん

② おと□さん

③ おか□さん

④ おね□さん

⑤ おと□と

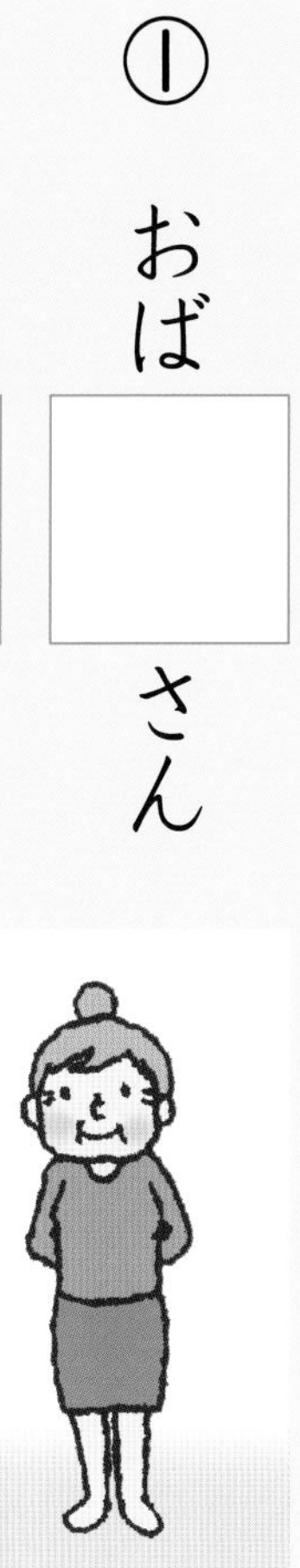

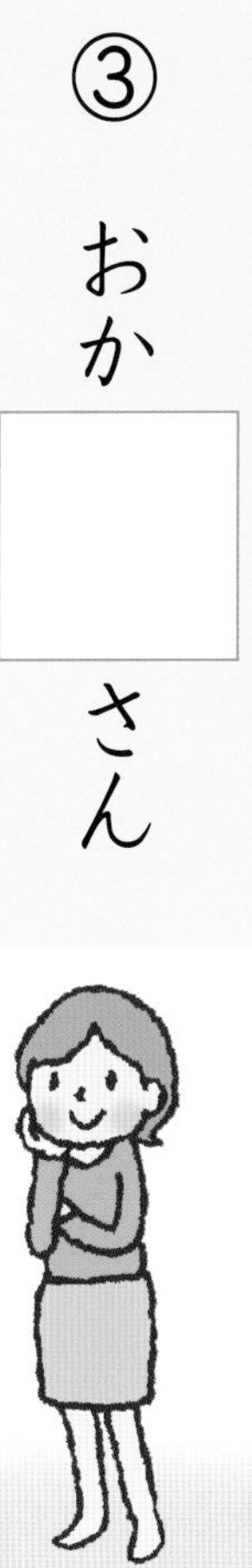
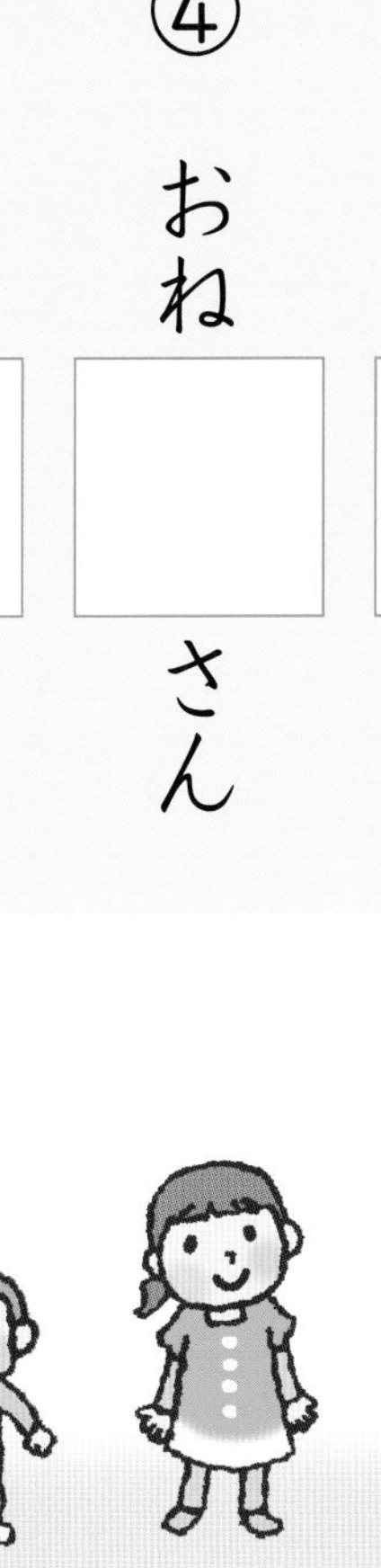
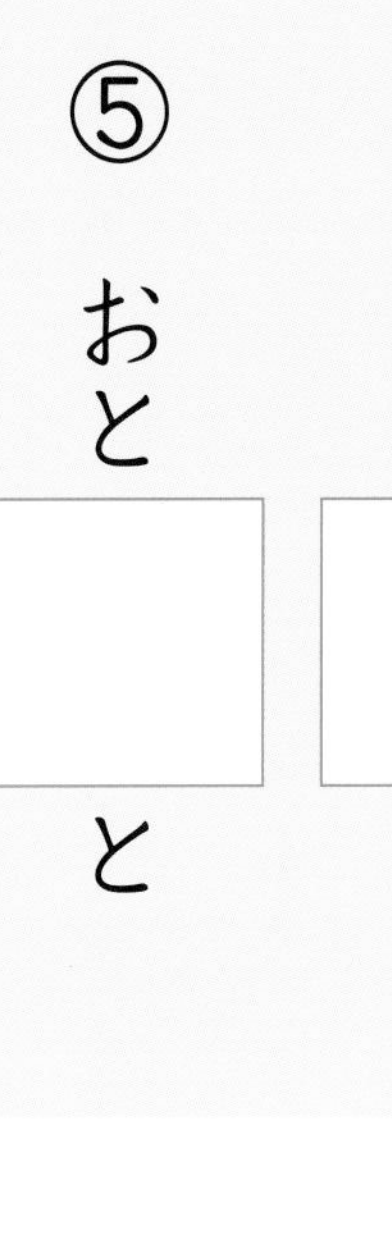

2

えに　あう　ことばを　かきましょう。　ひとつ　2てん(10てん)

① 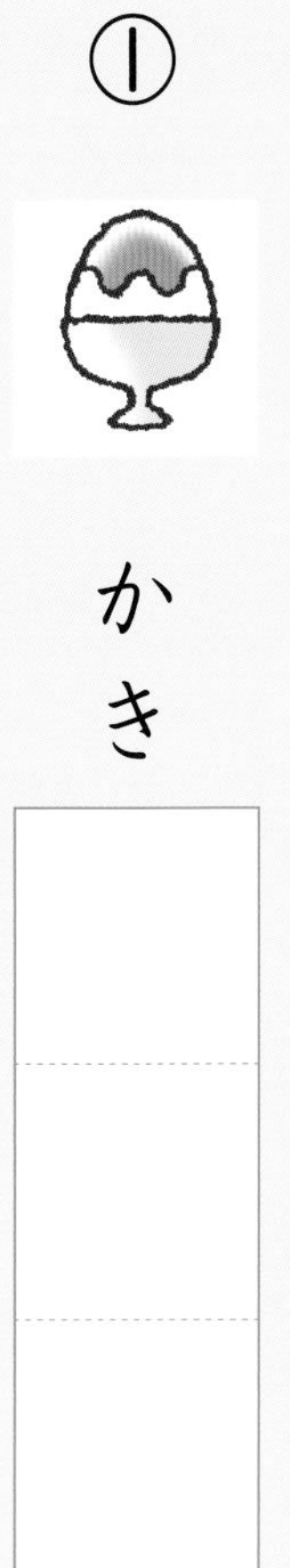 かき□

②  □□□□

③  □□□□

④ 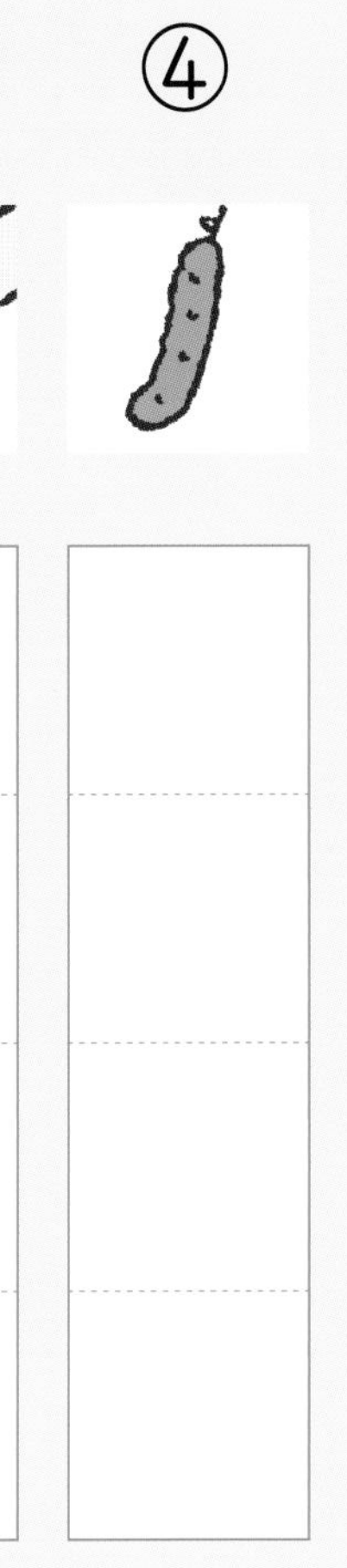 □□□□

⑤ 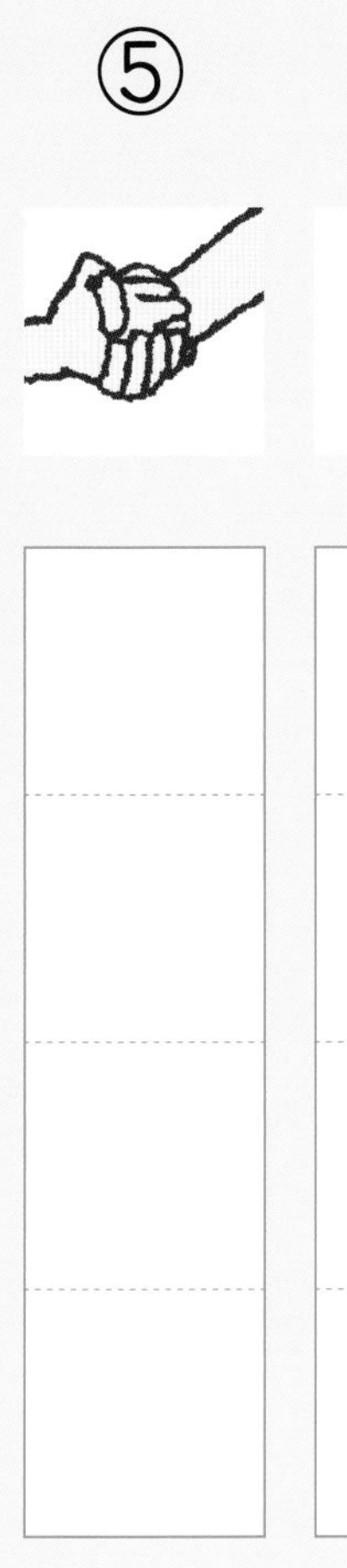 □□□□

3

□に　あう　「は・へ・を」を　かきましょう。　ひとつ　3てん(12てん)

① ぼく□、もも□　たべた。

② あした□、やま□　いく。

4

しりとりを　して、あう　ことばを　かきましょう。　ひとつ　3てん(6てん)

① そば　→（　　）→らくだ

② いぬ　→（　　）→えいが

5

かたかなで　かく　ことばを　むっつ　さがして、〇で　かこみましょう。　ひとつ　2てん(12てん)

おれんじ　　したじき
ひまわり　　かすたねっと
くりいむ　　かみひこうき
だちょう　　きょうかしょ
ぷろぺら　　とらんぽりん
こあら　　げんかん

うらにも　もんだいが　あります。

6 思考・判断・表現

ぶんしょうを よんで、こたえましょう。

あめの なか、おかあさんと、かさやさんに いきました。

「こんどは、なくさないでね。」

おかあさんが いいました。

おみせには、いろいろな かさが、いっぱい。

「どれに しましょうか。」

と、てんいんさんが いいました。

あおい かさを ひろげて もらって いると、おかあさんが よこで、ももいろの かさを ひろげて いいました。

「これ、かわいいわね。これは、どう。」

わたしは、いいました。

「あおが すきなの。だって、はれた ひの そらの いろよ。」

「そう いえば、そうねえ。」

おかあさんは、すこし びっくりした かおに なりました。

「いってきます。」

わたしは、さっそく あたらしい かさを さして、まんなかのはらに いって みました。

（けんくんや まこちゃんたち、きてるかなあ。）

「わたしの かさは そらの いろ。あめの なかでも いい てんき。」

うたいながら、あおい かさを みずぐるまみたいに まわしました。

平成27年度版 東京書籍「新編 あたらしい こくご 一上」より あまん きみこ「わたしの かさは そらの いろ」

(1) 「わたし」と おかあさんは なぜ かさやさんに いきましたか。ひとつに ○を つけましょう。 10てん

㋐（　）あめが ふって きたから。

㋑（　）「わたし」が かさを なくして しまったから。

㋒（　）おかあさんの かさを かいたいと おもったから。

(2) おかあさんは なにいろの かさが いいと いって いましたか。 10てん

（　　　）いろの かさ。

(3) 「わたし」は なぜ あおが すきなのですか。 10てん

あおは（　　　　　　）だから。

(4) 「いってきます。」と ありますが、「わたし」は どこに いきましたか。 10てん

（　　　　　　）に いった。

(5) 「うたいながら、あおい かさを みずぐるまみたいに まわしました。」と ありますが、これは 「わたし」の どのような ようすを あらわして いると かんがえられますか。 10てん

ふゆの チャレンジテスト

きょうかしょ 上106〜下87ページ

なまえ

がつ　にち

じかん 40ぷん

思考・判断・表現 ／55　ごうかく80てん ／100

こたえ 28ページ

1 （　）に よみがなを かきましょう。 一つ 2てん(18てん)

① 金メダル　② 名ふだ

③ 白い 花が さく。

④ 耳が 赤く なる。

⑤ 木の 下で 休む。

2 □に かんじを かきましょう。 一つ 2てん(18てん)

① □(こう)ていに とび□(だ)す。

② □(おお)きな □(いぬ)を □(み)る。

③ □(かわ)の □(みず)を くむ。

④ □(あお)空(ぞら)を あおいで □(た)つ。

3 えに あう ことばを かたかなで かきましょう。 一つ 1てん(3てん)

①

②

③

4 つぎの なかまを まとめて よぶ ことばを かきましょう。 一つ 2てん(6てん)

① なす・にんじん・ほうれんそう

② らっぱ・ギター・オルガン

③ めだか・なまず・たい

5 思考・判断・表現 すきな きょうかと、その りゆうを かきましょう。 5てん

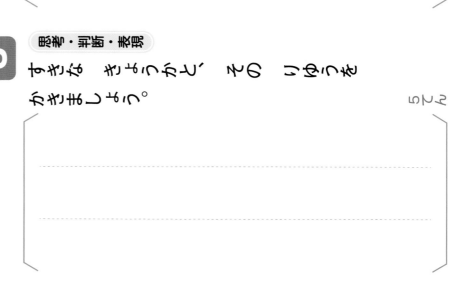

うらにも もんだいが あります。

6 思考・判断・表現

文しょうを よんで、こたえましょう。

　だんちょうの あいさつに つづいて、はなやかな いしょうに きがえた クマコフさんが ぶたいへ でていくと、いっせいに はくしゅが わきおこり、

「クマコフ、クマコフ、クマコフ、
　クマコフ……」

　おおぜいの こえが、あたりに ひびきわたりました。

　クマコフさんは、おじぎを ひとつ すると、いきなり おおきな たまに とびのり、くるくる、くるくる、ぶたいの うえを ひとまわり。

「む、むちゃですよ。
　やめてください！」

　ククシの よこで、だんちょうが さけびましたが、クマコフさんの みみには とどきません。

　クマコフさんは、たまのりの つぎに つなわたりを やり、つなの うえでの でんぐりがえりを みごとに やってみせました。

　ククシには、クマコフさんが ひとまわりも ふたまわりも おおきく みえました。

「おわったよ。さあ、かえろう。」

　きが つくと、めの まえに クマコフさんが たっていました。うなずきは したものの、ククシは、まだ ゆめを みているような きもちでした。

森山（もりやま） 京（みやこ）「クマコフさん、もういちど」より

(1) クマコフさんは どんな いしょうに きがえて ぶたいに でて きましたか。　8てん

[　　　　] な いしょう。

(2) おきゃくは、ぶたいに でて きた クマコフさんを みて、なにを しましたか。　8てん

[　　　　]

(3) ぶたいで、クマコフさんは はじめに なにを しましたか。　8てん

[　　　] を ひとつ した。

(4) それから、クマコフさんは なにを しましたか。二つに ○を つけましょう。　一つ 8てん(16てん)

㋐(　)ブランコのり
㋑(　)たまのり
㋒(　)つなわたり
㋓(　)おどり

(5) ククシが、ゆめを みて いるような きもちに なったのは、なぜですか。　10てん

クマコフさんの えんぎが

[　　　　　　　　]

はるの チャレンジテスト

きょうかしょ 下88～144ページ

なまえ　　がつ　にち

じかん 40ぷん

思考・判断・表現 ／64　ごうかく80てん ／100

こたえ 29ページ

1 （　）に よみがなを かきましょう。一つ 2てん(16てん)

① 夕がた、雨が ふりだす。

② くぬぎ林で 虫を とる。

③ あさ 早く 田に いく。

④ 森を ぬけると、草 はらだ。

2 □に かん字を かきましょう。一つ 2てん(16てん)

① □(おう)さまが □(たま)のりを する。

② はまべで □(かい)がらを □(み)つける。

③ 八十 □(にん)が □(にゅう)学する。

④ □(みぎ)足で □(いし)を ける。

3 ——せんの ことばを かん字と ひらがなで かきましょう。一つ 2てん(4てん)

① 子犬が うまれる。

② ただしい こたえを かく。

4 思考・判断・表現

一年かんで いちばん こころに のこって いる ことを かきましょう。ぜんぶ できて 14てん

こころに のこって いる こと

（　　　）

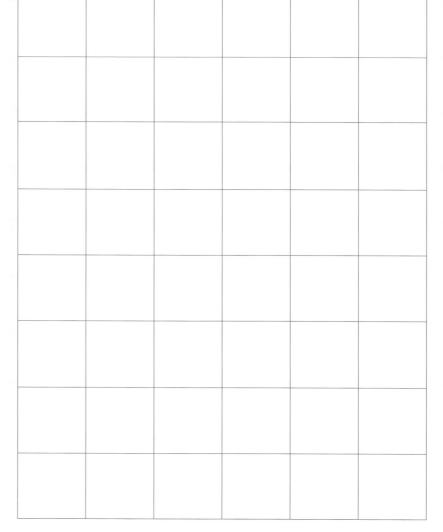

うらにも もんだいが あります。

5 思考・判断・表現

文しょうを　よんで、こたえましょう。

つぎの　日。

「そろそろ、うすを　かえして　もらえんかのう。」

はたらきものの　じいさまと　ばあさまが　たずねると、なまけものの　じいさまが　いった。

「ふん、あんな　きたない　ものを　出す　うすは、もやして　しまったわい。」

ふたりは、かまどの　はいを　すくって、おいおい　ないた。

「おじいさん、この　はい、もって　かえりましょう。」

「そうだな。うちの　はたけに　まいて　やろう。」

じいさまと　ばあさまが、はいを　あつめて、もって　かえろうと　した　とき、びゅうっと　かぜが　ふいて、はいが　まい上がった。

すると、かれ木に、つぎつぎと　花が　さいて　いった。

じいさまと　ばあさまは　びっくりぎょうてん。

「そうれ、花　さけ、もっと　さけ。」

じいさまが、はいを　どんどん　まくと、花も　どんどん　さいて　いく。あっというまに、あたり　一めん、花ざかり。

いしざき　ひろし「花さかじいさん」より

(1)　「おいおい　ないた」ときの　ふたりは　どんな　気もちですか。一つに　○を　つけましょう。　8てん

㋐(　　)たのしい　気もち。

㋑(　　)かなしい　気もち。

㋒(　　)うれしい　気もち。

(2)　「この　はい、もって　かえりましょう。」と　ありますが、なぜ　もって　かえろうと　したのですか。　10てん

はいを　(　　　　　　)ため。

(3)　かぜは　どんなふうに　ふきましたか。　10てん

(　　　　　　)と　ふいた。

(4)　「びっくりぎょうてん」と　ありますが、それは　なぜですか。　10てん

(　　　　　　　　　　)

(5)　この　おはなしには、ふたりの　じいさまが　出て　きますが、あなたは　はたらきものの　じいさまと　なまけものの　じいさまの　どちらが　すきですか。その　りゆうも　かきましょう。　12てん

(　　　　　　　　　　)

1年 こくごのまとめ

学力しんだんテスト

名まえ　　月　日

じかん 40ぷん　ごうかく70てん　／100

こたえ 30ページ

1 （　）に　よみがなを　かきましょう。　一つ 3てん(12てん)

① 九（　）ひきの　こねこが　生（　）まれた。

② かぜの　音（　）に　耳（　）を　すます。

2 □に　かん字を　かきましょう。　一つ 4てん(8てん)

① □（ひゃく）年まえの　できごと。

② □（たけ）ひごに　糸を　むすぶ。

3 かたかなで　かく　ことばの　よこに　――を　ひき、（　）に　かたかなで　かきましょう。　一つ 5てん(15てん)

① きゃべつを　やおやで　かう。（　）

② れいぞうこに　ぷりんが　ある。（　）

③ まっちを　はこから　出す。（　）

4 つぎの　文しょうは、なおきさんが　かいた　にっきです。よく　よんで、あとの　もんだいに　こたえましょう。

> あさから、ぼくわ、じぶんの
> へやの　□を　しました。
> ゆかを　ほおきで　はいた
> あと、ぞうきんで、
> ぴかぴかに　ふきました。
> きれいに　なって、
> うれしかったです。

① かなづかいが　まちがって　いる　字に　×を　つけ、□に　正しい　字を　かきましょう。二つ　あります。　一つ 5てん(10てん)

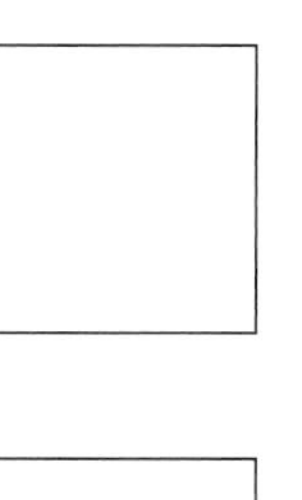

じゅんに　□　□

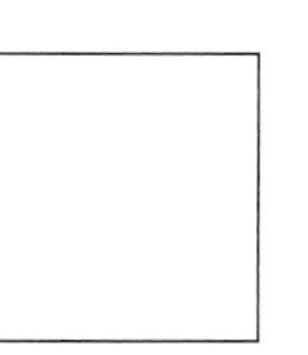

② □に　あう　ことばを　かんがえて　三字で　こたえましょう。　2てん

□□□

③ なおきさんが、じぶんの　気もちを　あらわした　ことばを、六字で　ぬき出しましょう。　3てん

□□□□□□

うらにも　もんだいが　あります。

思考・判断・表現

5 文しょうを　よんで、こたえましょう。

　おおばこの　くきは　みじかく、土の　なかに　あります。根は　なん本も　しっかり　のびて　います。

　それで、ひとや　車に　ふまれても、くきは、おれたり　ちぎれたり　しません。

　うんどうじょうや　ちゅうしゃじょうにも　おおばこが　はえて　います。

　日本アルプスのような　高い　山の　山小屋の　まわりにも、おおばこが　みられます。

　それでは、おおばこは、ひとや　車に　ふみつけられた　かたい　じめんの　ところが　すきで、やわらかい　土は　きらいなのでしょうか。

　ほかの　草が　はえて　いない、やわらかい　土の　ところでは、おおばこも　大きく　そだちます。

　ところが、こういうところには、せの　高く　なる　草も　はえて　くるので、せの　ひくい　おおばこには、太陽の　ひかりが　あたらなく　なり、かれて　しまうのです。

　おおばこは、せの　高く　なる　草が　そだたない　ところにしか　みられないのです。

真船　和夫「おおばこと　なかよし」より

(1)　おおばこが、ふまれても　おれたり　ちぎれたり　しないのは　なぜですか。　一つ　5てん(10てん)

くきが［　　　　］、［　　］の　なかに　あるから。

(2)　おおばこは　どんな　草ですか。二つに　○を　つけましょう。　一つ　5てん(10てん)

あ(　　)やわらかい　土が　きらい。

い(　　)根は　なん本も　ある。

う(　　)根ごと　かんたんに　ぬける。

え(　　)せが　ひくい。

(3)　おおばこは　どこに　はえて　いると　かいて　ありますか。三つに　○を　つけましょう。　一つ　5てん(15てん)

あ(　　)こうえん

い(　　)高い　山

う(　　)ちゅうしゃじょう

え(　　)はたけ

お(　　)うんどうじょう

(4)　おおばこが　かたい　じめんの　ところで　よく　みられるのは、なぜですか。　15てん

［　　　　　　　　　　　　］

教科書ぴったりトレーニング

まるつけラクラクかいとう

東京書籍版
こくご１年

この「まるつけラクラクかいとう」はとりはずしてお使いください。

「まるつけラクラクかいとう」では問題と同じ紙面に、赤字で答えを書いています。

おうちのかたへ では、次のようなものを示しています。

- 学習のねらいやポイント
- 他の学年や他の単元の学習内容とのつながり
- まちがいやすいことやつまずきやすいところ

お子様への説明や、学習内容の把握などにご活用ください。

見やすい答え

おうちのかたへ

くわしいてびき

たしかめのテスト① 70～71ページ
じどう車くらべ ～ どんな おはなしが できるかな

たしかめのテスト② 72～73ページ
じどう車くらべ ～ どんな おはなしが できるかな

❶❸「しごとを　する」という点に着目して自動車を人間に見立てて、その働く内容をたずねています。

❷「おもい　にもつを　のせる　トラックには」と限定していることに注意します。

❹自動車を人間に見立てているので、物をつり上げる部分を「うで」、車体を支えて固定する部分を「あし」と呼んでいるのです。

❺問いと同じ「しっかりした　あしが」「ついて」という言葉を、本文から探します。「…するため。」につながるように書きます。

❻はしご車の仕事について書かれた文に続けることから、「そのために」という言葉で書き始めます。与えられた言葉を適切に用いて、はしご車のつくりを考えて答えましょう。「そのために」から書き始め、「ながい」「はしご」「おりたたんで」を適切に用いて文が書けていれば正解です。「のせて」をつけ加えて書けていればさらによいです。

❷③「上」には、「うえ」の他に「あ（げる）」という読み方もあります。前後の言葉を読んで答えるようにしましょう。

❸❹のばす音「ー」や、小さい「ッ」「ャ」「ュ」「ョ」に気をつけましょう。

❺二つの絵を見てお話を作ります。問いに「だれが　なにを　いって　いるので　しょう」とあるので、かぎ（「　」）を使った文を書きます。一つ目の絵で、サッカーボールを持ったくまがさるに声をかけ、二つ目の絵で、くまとさるは他の動物たちとサッカーを楽しむ様子が描かれています。それに合った内容が書けていれば正解です。正しい文章を書けているか、かぎ（「　」）を正しく書けているかという点も注意しましょう。

おうちのかたへ

絵に合ったお話を作ることができたら、読んで、よかったところなど、感想を伝えてあげましょう。ここでは書ける量が限られていますが、さらにお話の続きを考えて、絵や文章を書いていくのもよい練習となるでしょう。

18

※紙面はイメージです。

じゅんび　6~7ページ

きこえるよ／よろしくね／たのしく　かこう／なんて　いうのかな

1 みんなの前で自己紹介をするときは、正しい姿勢でしっかりと前を向き、はっきりとした声で話すことが大切です。実際の場面では、名前のほかに、自分の好きなものなどについて話すと、より親しみをもって受け入れられるという効果があります。

2 字を書くときの姿勢は、背筋を伸ばし、足の裏をしっかり床につけ、椅子と背中、机とおなかの間を、握りこぶしが一つ入るくらい空けることを意識するようにします。

3 鉛筆は、親指と人差し指ではさんで持ち、中指を添え、利き手と逆の手で紙をしっかり押さえて書くようにしましょう。

4 1～7を順番に線で結ぶと、家の形になります。

5 日頃から、相手の顔を見て大きな声で挨拶する習慣を身につけるようにしましょう。友達どうしなら「おはよう。」と言う場合でも、目上の人に対しては「おはようございます。」と丁寧な言葉遣いをすることなど、状況に応じた挨拶の言葉があることを意識します。

じゅんび　8~9ページ

こえを　とどけよう／もじを　かこう

1 どのくらいの大きさの声で話せばよいかは、状況によって異なります。伝えたい相手がちょうど気持ちよく聞き取れる大きさの声で話すことが基本です。隣の席の人に話す場合は、その相手が聞き取れるような、大きすぎず、小さすぎない声で話せばよいでしょう。同じ班の人たちには、相手が複数になるので、より大きな声で話すことが必要です。校庭で離れた場所にいる人を呼ぶ場合は、相手に届く声を出さなければいけないので、いちばん大きな声で話すことになります。

2 指でなぞる場合も、筆記用具を使うときと同様、姿勢に気をつけます。

3 隣の人に話しかける場合と、少し離れたところから教室のみんなに聞こえる声で呼ぶ場合の違いを、イメージしてみるほか、実際に経験を積み重ねてみるとよいでしょう。誰と話すか、どんな状況で話すかに応じて、声の大きさを変えることが大切であることを、実生活の中で気が付くことができるようにします。

じゅんび 10~11ページ

あいうえおの うた／あいうえおの ことばを あつめよう

あいうえおの うた

1 あいうえおを しっかり よみましょう。よむ ときは したの えの くちの かたちに きを つけましょう。

あいうえおの うた

ありのこ あちこち
あいうえお
いしころ いろいろ
あいうえお
うしさん うとうと
あいうえお
えんそく えいえい
あいうえお
おひさま おてんき
あいうえお

あ い う え お

あいうえおの ことばを あつめよう

2 えに あう ひらがなを かき、こえに だして よみましょう。

あし　うし　つくえ　しお

なんども かいて おぼえよう。

まるめる かたちに ちゅういしよう。

3 つぎの えの ことばを、おとに あわせて てを たたきながら いいましょう。

あめ　いぬ　うま　えき　おけ

右から「あめ」「いぬ」「うま」「えき」「おけ」といいます。

4 しりとりを して ことばを かいて すたあとから ごうるを めざしましょう。

すたあと　あさ　さいふ　さい　ふうせん　いえ　えがお　ごうる

1 実際に鏡を見て口の形を意識しながら、「あ・い・う・え・お」をゆっくり発音してみましょう。

2 字の形のバランスを取ることに気をつけながら、何度も紙やノートに書いて練習しましょう。上手に書けたら大いに褒めてあげてください。

3 一音ずつはっきりと、口の形を意識しながら発音します。イラストが表しているものがわからない場合は、おうちのかたが言葉を教えてあげてください。その言葉がいくつの音でできているかを意識する手段として、手をたたきながら言葉を言ってみてください。

4 まず、スタートからゴールまでがしりとりでつながるような言葉を考えてから、実際にひらがなを書いてみるようにします。イラストの表しているものがわからない場合は、おうちのかたがイラストの説明をしながら言葉を教えてあげてください。

じゅんび 12~13ページ

ほんが たくさん／あめですよ

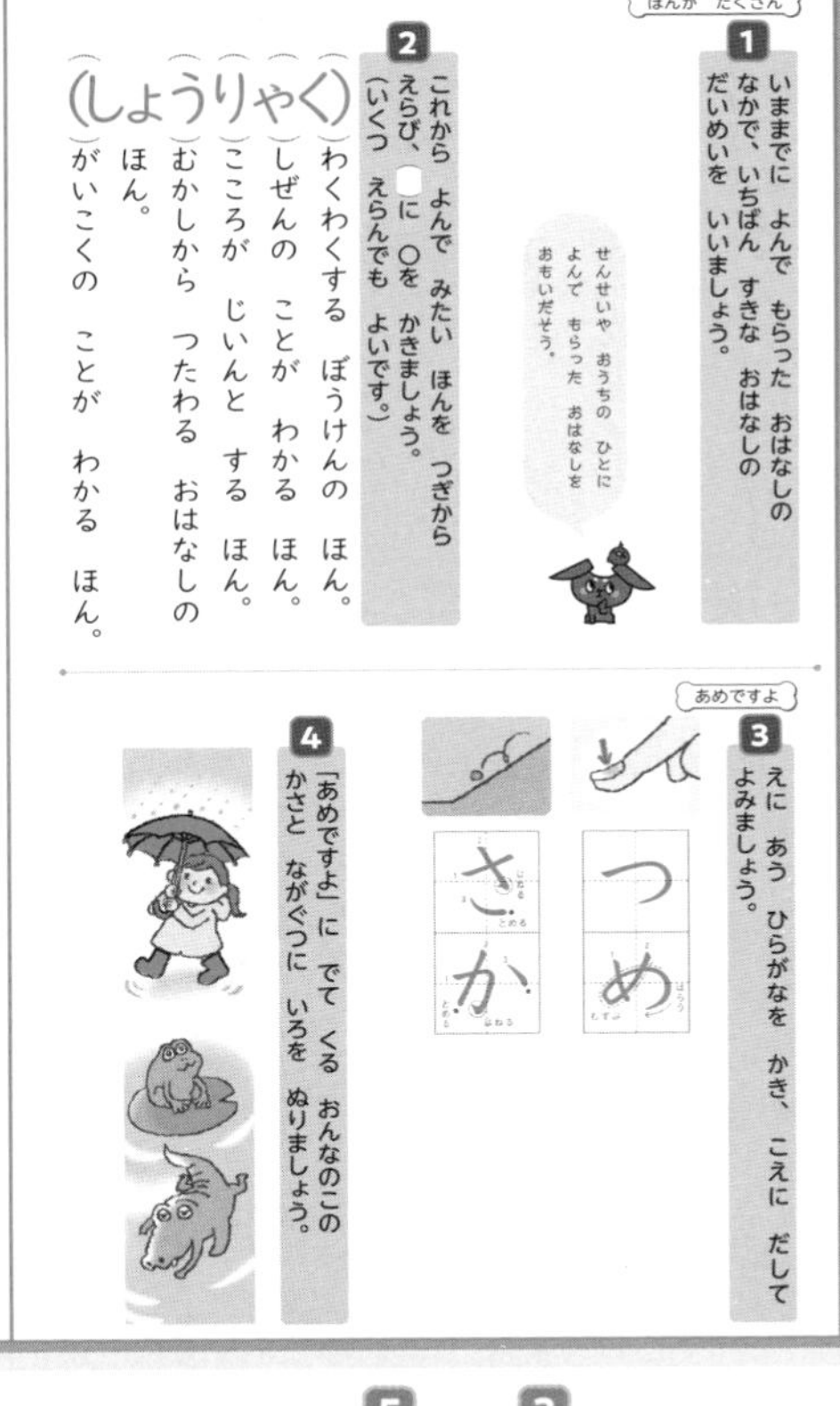

ほんが たくさん

1 いままでに よんで もらった おはなしの なかで、いちばん すきな おはなしの だいめいを いいましょう。

せんせいや おうちの ひとに よんで もらった おはなしを おもいだそう。

2 これから よんで みたい ほんを つぎから えらび、□に ○を かきましょう。（いくつ えらんでも よいです。）

（　）わくわくする ぼうけんの ほん。
（　）しぜんの ことが わかる ほん。
（　）こころが じいんと する ほん。
（　）むかしから つたわる おはなしの ほん。
（　）がいこくの ことが わかる ほん。

（しょうりゃく）

あめですよ

3 えに あう ひらがなを かき、こえに だして よみましょう。

つめ　さか

4 「あめですよ」に でて くる おんなのこの かさと ながぐつに いろを ぬりましょう。

5 しを よんで、こたえましょう。

あめですよ

とよた かずひこ

あめ あめ だいすき
とん とん とん

あめ あめ きらい
ふう ふう ふう

あめ あめ だいすき
どん どん どん

あめ あめ きらい
ぶう ぶう ぶう

あめ あめ だいすき
らん らん らん

あかい かさ
あかい ながぐつ
らん らん らん

(1) あめが だいすきな ようすを あらわす ことばは どれですか。みっつに ○を つけましょう。

あ（○）とん とん とん
い（　）ふう ふう ふう
う（○）どん どん どん
え（　）ぶう ぶう ぶう
お（○）らん らん らん

(2) あめが きらいな ようすを あらわす ことばは どれですか。ふたつに ○を つけましょう。

あ（　）とん とん とん
い（○）ふう ふう ふう
う（　）どん どん どん
え（○）ぶう ぶう ぶう
お（　）らん らん らん

1 **2** お子さまが本に親しみ、豊かな読書体験を重ねていくには、この時期の読書に対する環境作りや周囲からの働きかけが大切です。お子さまが興味を示す本を提供したり、読んであげたりすることが、本との関わりの基礎を築いていきます。

3 「か」や「さ」のはねがしっかり書けているか、確認しましょう。

5 「あめですよ」は、繰り返しの言葉が多く出てきて、リズム感を楽しめる詩です。大きな声でリズムよく音読してみましょう。読むところを分けるなどの工夫をして、おうちのかたと一緒に音読を楽しんでみてください。

(1)第一連、第三連、第五連の「あめ あめ だいすき」に注目します。第六連には第五連と同じ「らん らん らん」という言葉が出てくるので、「あかい かさ／あかい ながぐつ」を身につけた詩の中の人物は、雨を楽しんでいることがわかります。

(2)第二連、第四連の「あめ あめ きらい」に注目します。「ふう ふう ふう」や「ぶう ぶう ぶう」がどんな様子を表しているか、イメージをふくらませてみてください。

じゅんび 14~15ページ

ふたと ぶた／みんなに はなそう

1 えに あう ひらがなを なぞり、こえに だして よみましょう。

ふた　かぶ　はね　かば

「゛」や「゜」は、じの みぎうえに かくよ。

ひな　ゆびわ　えんぴつ　きりん　てんとうむし

2 かいわを よんで、こたえましょう。

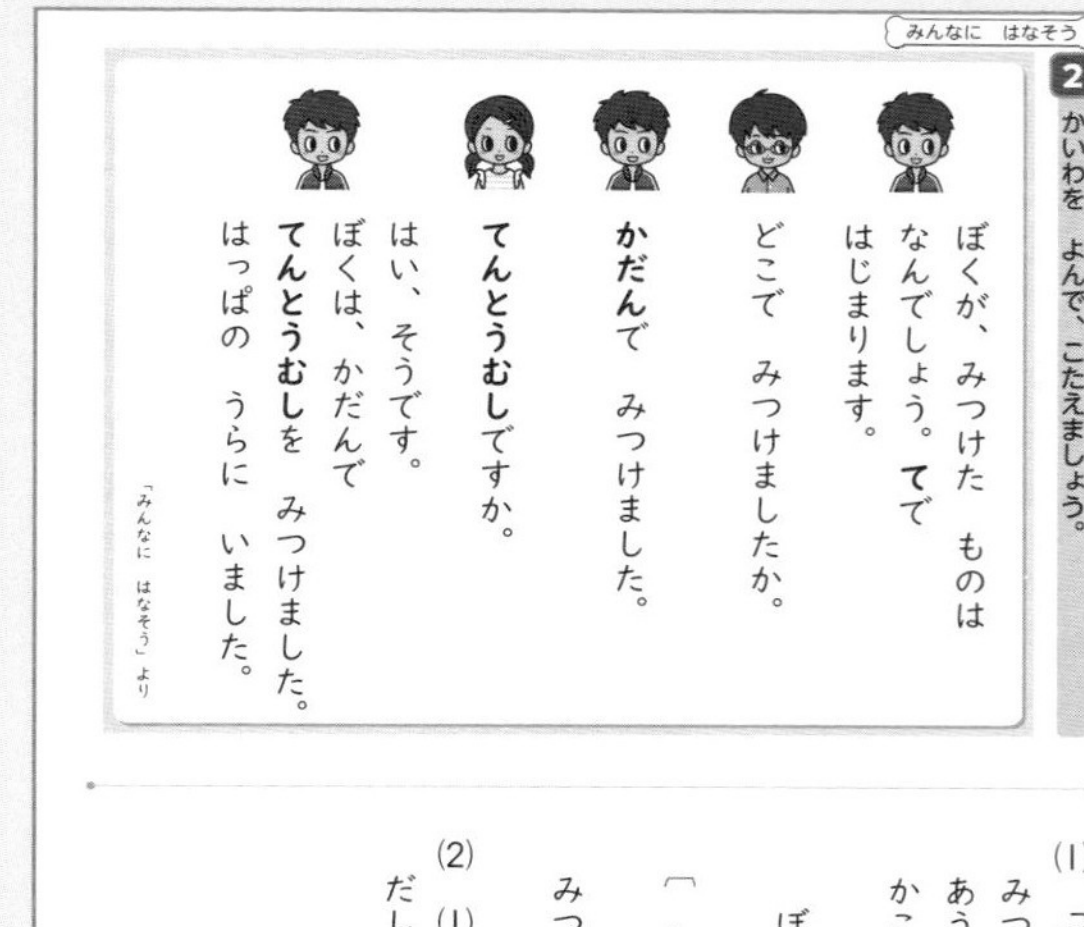
ぼくが、みつけた ものは なんでしょう。てで はじまります。

どこで みつけましたか。

かだんで みつけました。

てんとうむしですか。

はい、そうです。ぼくは、かだんで てんとうむしを みつけました。はっぱの うらに いました。

「みんなに はなそう」より

(1) 「ぼく」は、どこで なにを みつけましたか。［　］の なかの あう ほうの ことばを ○で かこみましょう。

ぼくは、［ (かだん) ・ いけ ］で ［ とんぼ ・ (てんとうむし) ］を みつけました。

(2) (1)の こたえの ぶんを こえに だして よみましょう。

おおきな こえで よめたかな。

じゅんび 16~17ページ

ぶんを つくろう／とん こと とん

1 えに あう ぶんに なるように、うえと したを むすびましょう。

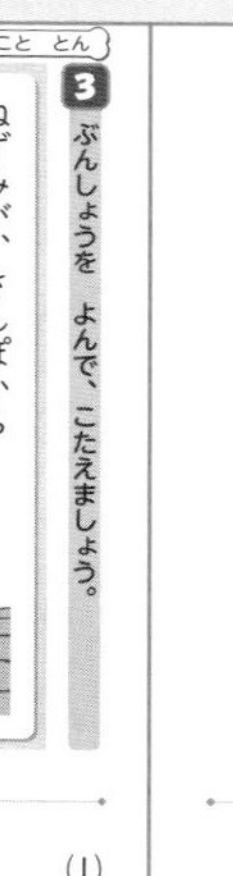

ねこが ― あるく。
いぬが ― すわる。
かえるが ― はねる。
さかなが ― およぐ。

2 えに あう ひらがなを なぞり、こえに だして よみましょう。

まんが　ようふく　えを かく。

ぶんの おわりの「。」は、ますの みぎうえに かこう。

3 ぶんしょうを よんで、こたえましょう。

ねずみが、さんぽから かえって きました。ゆかの したから、がたがた おとが きこえます。

「おかしいな。なんだろう。」

また、おとが きこえます。ねずみは、ゆかを たたきました。とん こと とん。

へんじが ありません。だれかが、とびらを たたきました。

ぶしか えつこ「とん こと とん」より

(1) だれが さんぽから かえって きましたか。○を つけましょう。

あ（　）もぐら　い（○）ねずみ　う（　）りす

(2) ゆかの したから どのような おとが きこえて きましたか。かきぬきましょう。

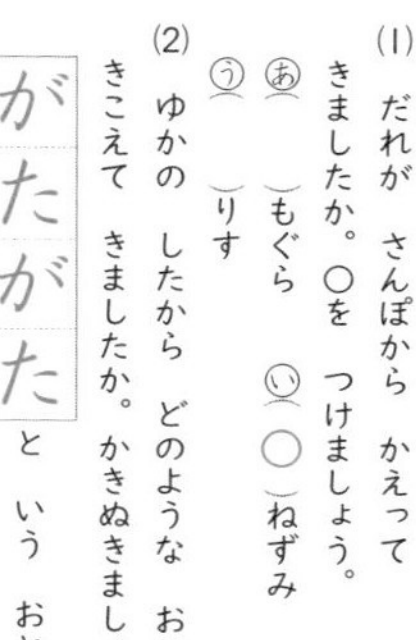

がたがた と いう おと。

(3) ゆかの したから また おとが きこえた あと、ねずみは なにを しましたか。

ゆか を たたいた。

(4) (3)のように した とき、どのような おとが なりましたか。あう ものに ○を つけましょう。

あ（　）とん とこ とん。
い（　）とこ とん とん。
う（○）とん こと とん。

---

1 「゛（濁点）」や「゜（半濁点）」が字の右上にあることに気付けるようにしましょう。また、濁音と半濁音が正しく発音できているかも確認してください。半濁音があるのはパ行だけであることも説明してあげてください。（パ・ピ・プ・ペ・ポと、これから習うピャ・ピュ・ピョです。）

2 (1)「ぼく」が、「てで はじまります。」と言っていること、「どこで みつけましたか。」という質問に対して「かだんで みつけました。」と答えていることから考えます。あるいは、最後の「はい、そうです。ぼくは、かだんで てんとうむしを みつけました。」から答えを導くこともできます。

1 イラストを見て、「何がどうする。」の文を正しく作れているかを確認しましょう。わからなかった場合は、イラストを見ながら「犬がどうしているかな」「泳いでいるのは何かな」などと問いかけ、動作を含む正しい文を作れるように促してください。

2 「えを かく。」は、文の終わりの「。（句点）」を、ますの右上に書いているか確かめてください。

3 (1)冒頭の部分に「ねずみが、さんぽから かえって きました。」とあります。また、引用されている部分の登場人物は、ねずみしかいません。

(2)「ゆかの したから、がたがた おとが きこえます。」とあります。問題文に「かきぬきましょう」という指示があるときは、文章の中にある言葉をそのまま書きます。

(3)散歩から帰ってきたときに聞こえたがたがたという音が、また聞こえたので、その音が何の音かを確かめるために、ねずみは床をたたいたのです。そして、返事を待ちました。

(4)選択肢が少しずつ違っているので、文章に出てくる言葉と同じものを注意して選びます。「とん こと とん」は、この文章の題名でもあります。

じゅんび　18~19ページ

ⓗを　つかおう／さとうと　しお／ⓞⓗを　つかおう

（はを　つかおう）

1 えに　あう　ひらがなを　なぞり、こえに　だして　よみましょう。

にんじん

ほうき

やまを

みる。

（はを　つかおう）

2 「は」と「わ」の　うち、□に　あう　ほうを　かきましょう。

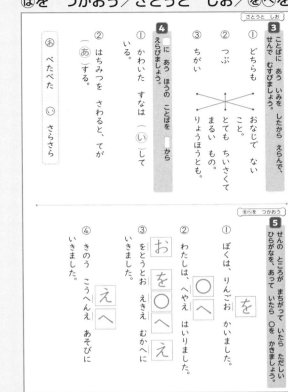

ぞう［は］、おおきい。

がっこう［は］、たのしい。

な［わ］とび［は］、おもしろい。

［わ］に［は］、こ［わ］い。

（さとうと　しお）

3 ことばに　あう　いみを　したから　えらんで、せんで　むすびましょう。

① どちらも　　② つぶ　　③ ちがい

おなじで　ない　こと。／とても　ちいさくて　まるい　もの。／りょうほうとも。

4 □に　あう　ほうの　ことばを　□から　えらびましょう。

① かわいた　すなは　（い）して　いる。

② はちみつを　さわると、てが　（あ）する。

あ　べたべた　　い　さらさら

（をへを　つかおう）

5 せんの　ところが　まちがって　いたら　ただしい　ひらがなを、あって　いたら　○を　かきましょう。

① ぼくは、りんごお［を］　かいました。

② わたしは、へや［○］え［へ］　はいりました。

③ をとうと［お］お［を］　えき［○］え［へ］　むかへ［え］に　いきました。

④ きのう　こうへん［え］え［へ］　あそびに　いきました。

れんしゅう　20~21ページ

さとうと　しお

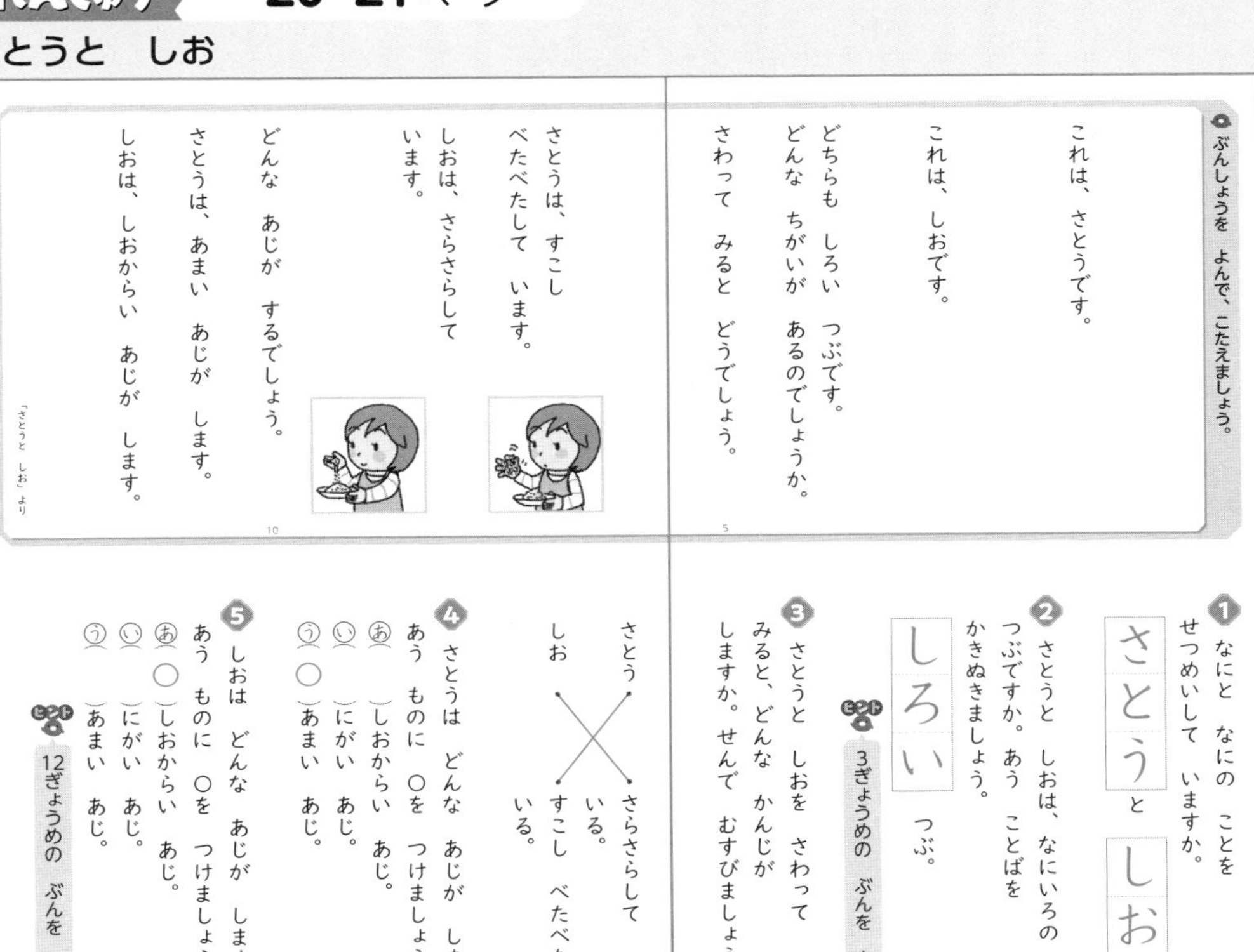

ぶんしょうを　よんで、こたえましょう。

これは、さとうです。

これは、しおです。

どちらも　しろい　つぶです。どんな　ちがいが　あるのでしょうか。

さわって　みると　どうでしょう。

さとうは、すこし　べたべたして　います。しおは、さらさらして　います。

どんな　あじが　するでしょう。

さとうは、あまい　あじが　します。しおは、しおからい　あじが　します。

「さとうと　しお」より

1 なにと　なにの　ことを　せつめいして　いますか。

［さとう］と［しお］

2 さとうと　しおは、なにいろの　つぶですか。あう　ことばを　かきぬきましょう。

［しろい］つぶ。

3 さとうと　しおを　さわって　みると、どんな　かんじが　しますか。せんで　むすびましょう。

ヒント　3ぎょうめの　ぶんを　よもう。

さとう　　しお

さらさらして　いる。／すこし　べたべたして　いる。

4 さとうは　どんな　あじが　しますか。あう　ものに　○を　つけましょう。

あ（　）しおからい　あじ。
い（　）にがい　あじ。
う（○）あまい　あじ。

5 しおは　どんな　あじが　しますか。あう　ものに　○を　つけましょう。

あ（○）しおからい　あじ。
い（　）にがい　あじ。
う（　）あまい　あじ。

ヒント　12ぎょうめの　ぶんを　よもう。

2 助詞の「は」は、言葉と言葉をつなぐはたらきをすることをおさえましょう。同じように「ワ」と発音しても、「なわとび」「わに」「こわい」など一つの言葉の中では「わ」、言葉の下について、言葉と言葉をつなぐときは「は」と書くことに気が付けるようにしましょう。

4 「べたべた」「さらさら」という、様子を表す言葉の使い方を確認します。「べたべた」は粘り気が感じられる様子、「さらさら」は細かいものや細いものなどがよく乾いていて、粘ったりくっついたりしない様子を表します。

5 助詞の「を」と「へ」は、言葉と言葉をつなぐはたらきをします。助詞の「を」は「オ」と発音し、助詞の「へ」は「エ」と発音します。

①「りんご」が一つの言葉なので、その下につくのは「を」です。

②「へや」は一つの言葉なので正しく、その下につくのは「へ」です。

③「おとうと」は一つの言葉なので、「をとうと」は誤りです。その下につくのは「を」です。「えき」は一つの言葉なので正しく、その下につくのは「へ」です。「むかえ」は一つの言葉なので、「むかへ」は誤りです。

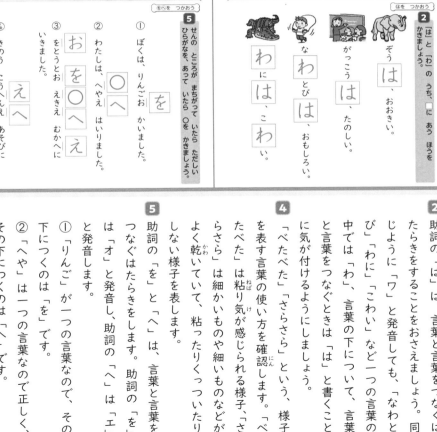

④「こうえん」は一つの言葉なので、「こうへん」は誤りです。その下につくのは「へ」です。

1 最初の二行で、これから説明するものについて挙げています。

2 3行目に「どちらも　しろい　つぶです。」と書かれています。つまり、砂糖と塩には、「しろい　つぶ」であるという共通点があります。

3 「さわって　みると　どうでしょう。」という問いかけの文のあとに、「さとうは、……」「しおは、……」の形で答えが書かれていることに注目しましょう。

4 **5** **3**と同様に、「どんな　あじが　するでしょう。」という問いかけの文のあとに、砂糖と塩の味が書かれています。説明する文章では、問いかけのあとに答えが書かれている場合が多いことをおさえておくと、読み取りに役立ちます。

じゅんび 22～23ページ

きいて　つたえよう／ねこと　ねっこ／ことばあそび

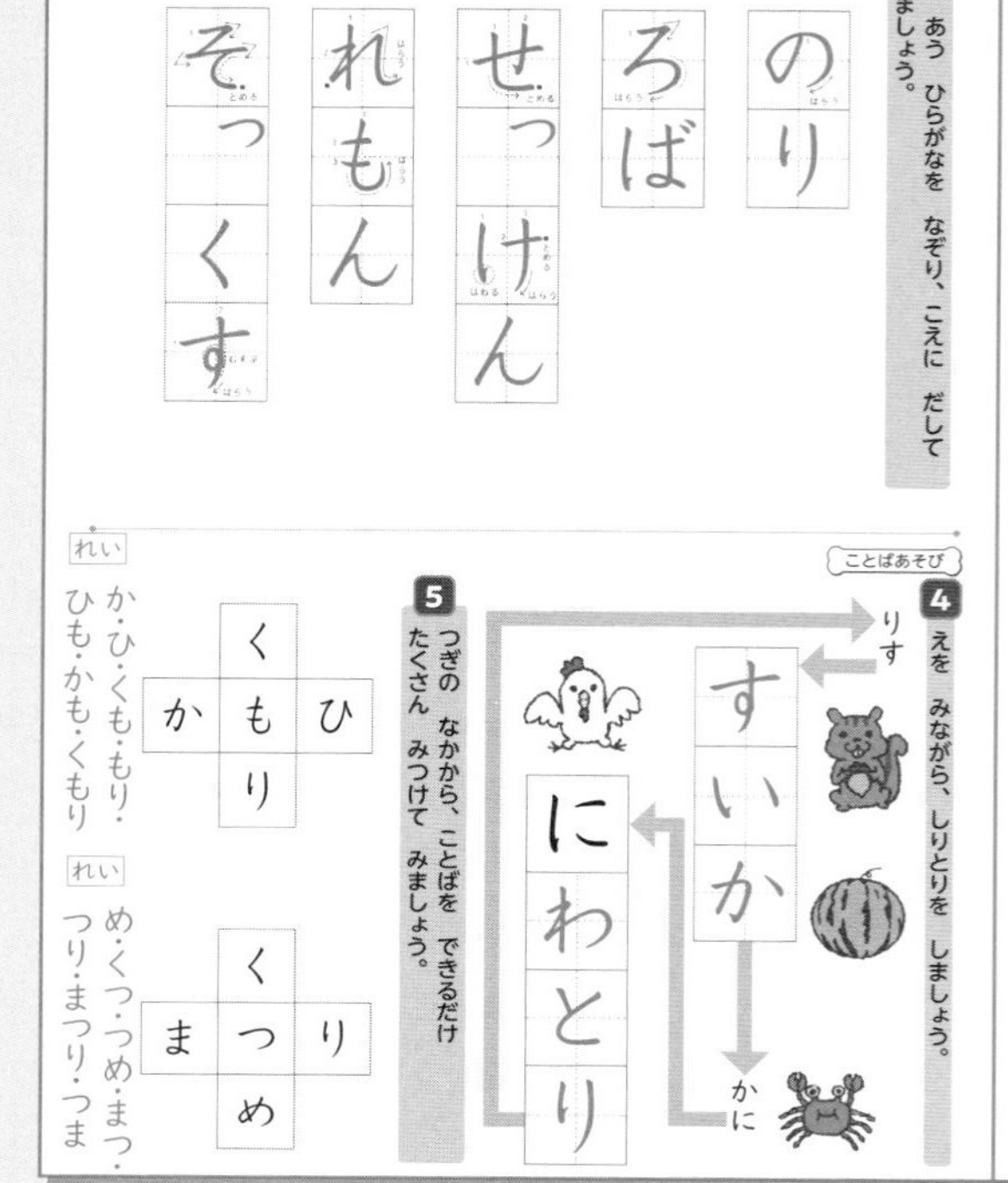

きいて　つたえよう

1 ぶんしょうを　よんで、こたえましょう。

なかがわさん「かが　つく　ことばを　みつけました。かおと　かいと　かびんです。」

・きいた　ことを　みんなに　つたえます。あう　ほうを　○で　かこみましょう。

なかがわさんが　みつけた（かお・ことば）を　つたえます。（ふたつ・みっつ）あります。それは、かおと（かい・かさ）と　かびんです。

ねこと　ねっこ

2 えに　あう　ひらがなを　なぞり、ちがう　ところに　きを　つけて　よみましょう。

ねこ　ねっこ

よこに　かく　ときは、ちいさい「っ」は　ますの　ひだりしたに　かくよ。

ちいさい「っ」は　ますの　みぎうえに　かくよ。

3 えに　あう　ひらがなを　なぞり、こえに　だして　よみましょう。

のり　ろば　せっけん　れもん　そっくす

ことばあそび

4 えを　みながら、しりとりを　しましょう。

りす　すいか　かに　にわとり

5 つぎの　なかから、ことばを　できるだけ　たくさん　みつけて　みましょう。

れい　か・ひ・くも・もり・ひも・かも・くもり・

れい　め・くつ・つめ・まつ・つり・まつり・つま・

じゅんび 24～25ページ

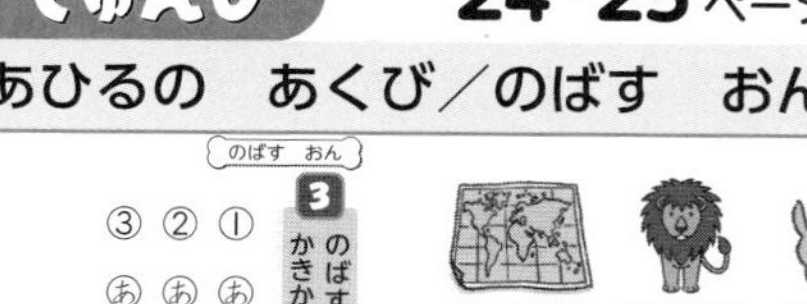

あひるの　あくび／のばす　おん

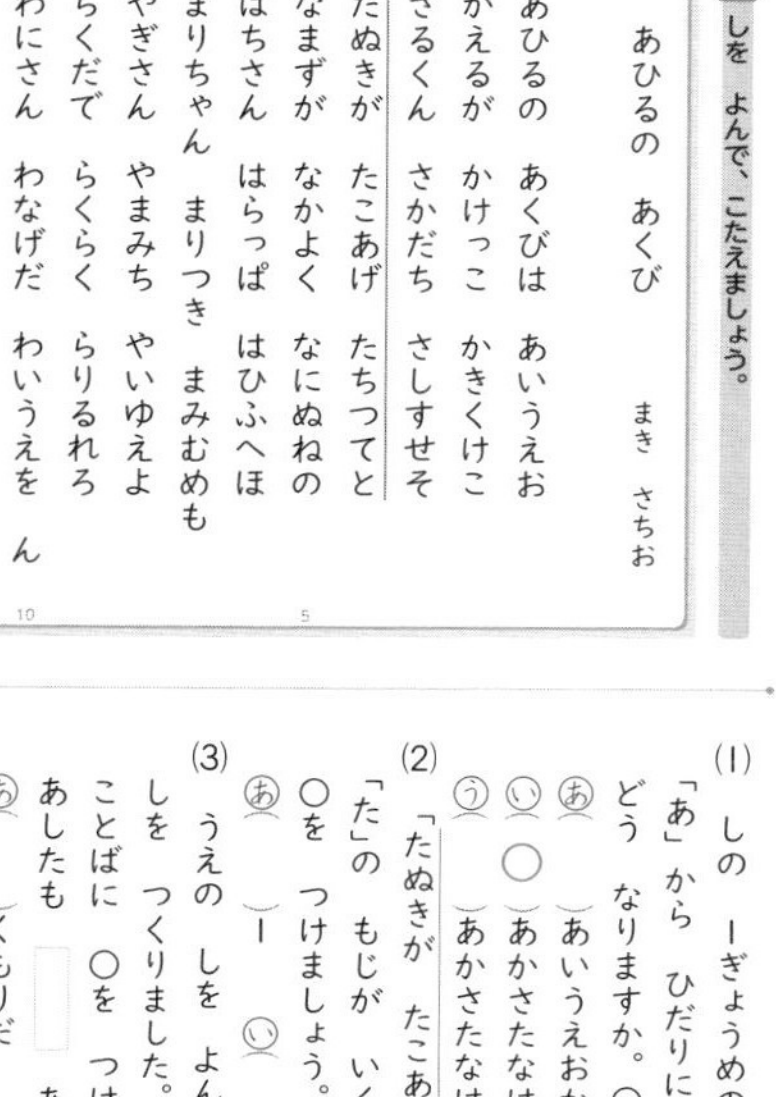

あひるの　あくび

1 しを　よんで、こたえましょう。

あひるの　あくび　　まき　さちお

あひるの　あくびは　あいうえお
かえるが　かけっこ　かきくけこ
さるくん　さかだち　さしすせそ
たぬきが　たこあげ　たちつてと
なまずが　なかよく　なにぬねの
はちさん　はらっぱ　はひふへほ
まりちゃん　まりつき　まみむめも
やぎさん　やまみち　やいゆえよ
らくだで　らくらく　らりるれろ
わにさん　わなげだ　わいうえを　ん

(1) しの　一ぎょうめの　いちばん　うえの「あ」から　ひだりに　よんで　いくと、どう　なりますか。○を　つけましょう。
あ（　）あいうえおかきくけこ
い（○）あかさたなはまやらわ
う（　）あかさたなはひふへほ

(2)「たぬきが　たこあげ　たちつてと」には、「た」の　もじが　いくつ　でて　きますか。○を　つけましょう。
あ（　）1　い（　）2　う（○）3

(3) うえの　しを　よんで、「あいうえお」の　しを　つくりました。□に　あう　ことばに　○を　つけましょう。
あしたも　□　あいうえお
あ（　）くもりだ　い（　）はれの　ひ　う（○）あおぞら

のばす　おん

2 えに　あう　ひらがなを　なぞり、こえに　だして　よみましょう。

いぬ　らいおん　ちず

3 のばす　おんが　ある　つぎの　ことばの　うち、かきかたの　ただしい　ほうに　○を　つけましょう。
① あ（○）ほうき　い（　）ほおき
② あ（○）おおかみ　い（　）おうかみ
③ あ（　）せんせえ　い（○）せんせい

4 のばす　おんを　つかって、おうちの　ひとの　よびかたを　かき、こえに　だして　よみましょう。
① おかあさん　② おとうさん　③ おじいさん　④ おとうと　⑤ いもうと

---

1 話を聞き、それをほかの人たちに伝える方法を学びます。「かが　つく　ことばを　みつけました。」という文に対応させて、「○○さんが　みつけた　ことばを　つたえます。」のように始めます。「かおと　かいと　かびんです。」という文に対応させ、「みっつ　あります。」と伝え、「それは、……です。」と続けます。

2 促音の「っ」は、縦書きのときはます目の右上に、横書きのときはます目の左下に書きます。「ねこ」と「ねっこ」の発音の違いを確認してください。

4 イラストを見ながら、「す」で始まり「か」で終わる言葉、「に」で始まり「り」で終わる言葉を考えます。言葉が書けたら、しりとりになっているか、声に出して読みながら確認してみるとよいでしょう。ここでは、「りす→すいか→かに→にわとり→りす」と、ループしています。

5 上下左右、どの方向に読んでもかまわないこと、一字、二字、三字のいずれでもよいことを説明してあげてください。

1 (1)詩の各行の一字目を、右から左に順に読んで確かめましょう。
(2)「た」に○をつけるなどして、数えるとよいでしょう。
(3)各行の一つ目、二つ目、三つ目の言葉のまとまりがすべて同じ文字で始まっているという、この詩の特徴をおさえます。

3 ひらがなの伸ばす音（長音）は、原則として、「おかあさん」のように前の文字の母音を添えます。ただし、エ列の長音には、「せんせい」のように「い」を添える例外が多いです。また、オ列の長音だけは、「ほうき」のように「う」を添えるのが原則ですが、「お」を添える言葉も多く、一つ一つを覚えていく必要があります。
「お」を添える例…こおり・とおり・おおきい・おおい・ほおずき
「う」を添える例…おうさま・こうじ・ひこうき・そうじ・たいよう

4 家族の呼び方には、長音を含むものがたくさんあります。このほか、「おばあさん」「おねえさん」「おにいさん」などの言葉も書いてみましょう。

じゅんび　26～27ページ

どう　やって　みを　まもるのかな／いしやと　いしゃ／こんな　こと　したよ

どう　やって　みを　まもるのかな

1 ただしい　いみを　□から　えらびましょう。

① みを　まもる。（う）
② ゆびに　とげが　ささる。（お）
③ かにの　こうら。（い）
④ さかだちを　れんしゅうする。（あ）
⑤ うしろから　おどかす。（え）

あ てで　からだを　ささえ、あしを　うえに　あげて　たつ　こと。
い からだを　つつむ　かたい　から。
う からだ。
え こわがらせる。
お はりのように　ほそく　とがった　もの。

いしやと　いしゃ

2 えに　あう　ひらがなを　かいて、こえに　だして　よみましょう。

きしゃ　／　にんぎょ　／　きゅうり　／　しょっき

ちいさい「ゃ」「ゅ」「ょ」「っ」は、ますの　みぎうえに　かくよ。

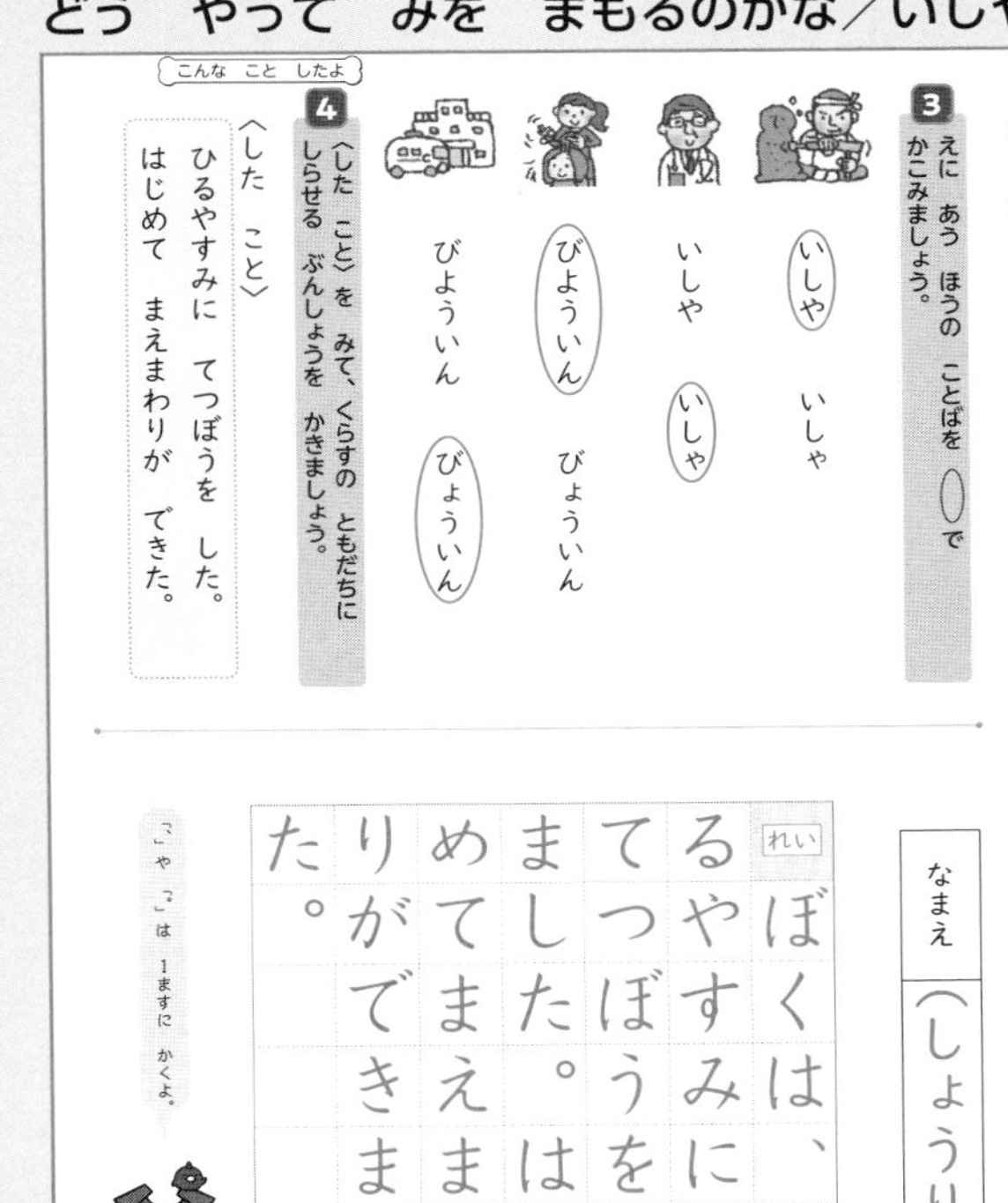

3 えに　あう　ほうの　ことばを　◯で　かこみましょう。

（いしや）　いしゃ
いしや　（いしゃ）
（びよういん）　びょういん
びよういん　（びょういん）

こんな　こと　したよ

4 〈した　こと〉を　みて、くらすの　ともだちに　しらせる　ぶんしょうを　かきましょう。

〈した　こと〉
ひるやすみに　てつぼうを　した。
はじめて　まえまわりが　できた。

なまえ（しょうりゃく）

れい　ぼくは、ひるやすみに、てつぼうをしました。はじめてまえまわりができました。

「、」や「。」は　1ますに　かくよ。

たしかめのテスト　28～29ページ

どう　やって　みを　まもるのかな　～　こんな　こと　したよ

ぶんしょうを　よんで、こたえましょう。思考・判断・表現

これは、あるまじろです。あるまじろの　からだの　そとがわは、こうらに　なって　います。どのように　して　みを　まもるのでしょう。あるまじろは、からだを　まるめて、みを　まもります。てきが　きたら、こうらだけを　みせて、じっと　して　います。

これは、すかんくです。すかんくの　おしりからは、くさい　しるが　でます。どのように　して　みを　まもるのでしょう。すかんくは、しるを　とばして、みを　まもります。てきが　きたら、さかだちを　して、おどかします。てきが　にげないと、さかだちを　やめて、くさい　しるを　とばします。

（「どう　やって　みを　まもるのかな」より）

1 あるまじろの　からだの　そとがわは、どう　なって　いますか。　15てん

かたい（こうら）に　なって　いる。

2 よく出る　あるまじろは、どのように　して　てきから　みを　まもりますか。ひとつに　○を　つけましょう。　10てん

あ（　）たちあがる。
い（○）からだを　まるめる。
う（　）こうらを　なげる。

3 すかんくの　おしりからは　なにが　でますか。　15てん

（くさい　しる）

4 すかんくは、てきが　きた　とき、はじめに　どう　しますか。ひとつに　○を　つけましょう。　10てん

あ（　）くさい　しるを　とばす。
い（○）さかだちを　して、おどかす。
う（　）さかだちを　しながら、くさい　しるを　とばす。

5 できたらスゴイ！　**4**のように　して、てきが　にげないと、すかんくは　どう　しますか。　ひとつ15てん（30てん）

（さかだち）を　やめて、（くさい　しる）を　とばす。

6 かんがえをかこう　この　ぶんしょうは　なにに　ついて　かかれて　いますか。　20てん

どうぶつが　どのように　して（みを　まもる）のか。

---

1 ③カニやアルマジロのほか、甲羅を持つ代表的な生き物の一つはカメであることも教えてあげてください。

2 「しゃ」「きゅ」「ぎょ」など、拗音の書き方を確認します。「ゃ・ゅ・ょ」が、ます目の右上の部分に書けているかに注意してください。「きゅうり」「しょっき」のように、拗音と長音（伸ばす音）、拗音と促音（つまる音）が重なっている場合の発音や表記は、練習を重ねて確実に身につけられるようにしてください。

3 イラストが表す内容がわからなければ、おうちのかたが説明してあげてください。それぞれの言葉を発音し、イラストに合うほうの言葉を選べるとよいでしょう。

4 書き出しは一ます空けているか、文末を丁寧な言い方にしているか、句読点の書き方や位置は正しいか、字を書き損なっていないかなどを確かめます。書き出しは「わたしは」でもかまいません。

1 **2** 二文目に注目して答えます。「どのように　して　みを　まもるのでしょう。」という問いかけのあとに、答えが書かれています。

3 「しる」だけでも誤答ではありませんが、どのようなものかがわかる「くさいしる」と答えるように指導してあげてください。

4 **5** スカンクの身の守り方には二段階あることをとらえます。敵が来たら、まず第一段階として逆立ちをして脅かします。それでも敵が逃げなければ、逆立ちをやめ、第二段階として臭い汁を飛ばすのです。説明の順序に気を付けて読み取りましょう。

6 アルマジロとスカンクの身の守り方について書かれているので、「みをまもる」の部分を抜き出します。

おうちのかたへ

教科書の文章では、「これは、〇〇です。」と動物名を挙げたあと、体の特徴を述べ、どのように身を守るのかを問いかけ、それに対して説明するという形が繰り返されています。複数の事例を説明する文章では、その型に気付くことで、内容が読み取りやすくなります。

じゅんび 30~31ページ

おおきな かぶ

1 おはなしに でて くる ひとや どうぶつを かくにんしましょう。

おじいさん　おばあさん　まご　いぬ　ねこ　ねずみ

2 おじいさんは、なにを まきましたか。

かぶの　たね

3 かぶを ひっぱる ときに いった かけごえに ○を つけましょう。

あ（　）よいしょ、こらしょ。

い（　）がんばるぞ、ひきぬくぞ。

う（○）うんとこしょ、どっこいしょ。

4 ただしい いみに ○を つけましょう。

① とてつもなく おおきい いわ。
あ（○）とても おおきい。

い（　）それほど おおきく ない。

② やっと いえに ついた。
あ（　）すぐに。

い（○）ようやく。

5 おはなしの じゅんじょに そって、それぞれの ときに かぶを いっしょに ひっぱった ひとや どうぶつを ○で かこみましょう。「ぬけた。」か「ぬけない。」かも ○で かこみましょう。

おおきな かぶが できた。

	おじいさん	おばあさん	まご	いぬ	ねこ	ねずみ	かぶは
1かいめ	○						ぬけた。／（ぬけない。）
2かいめ	○	○					ぬけた。／（ぬけない。）
3かいめ	○	○	○				ぬけた。／（ぬけない。）
4かいめ	○	○	○	○			ぬけた。／（ぬけない。）
5かいめ	○	○	○	○	○		ぬけた。／（ぬけない。）
6かいめ	○	○	○	○	○	○	（ぬけた。）／ぬけない。

れんしゅう 32~33ページ

おおきな かぶ

ぶんしょうを よんで、こたえましょう。

おじいさんは、かぶを ぬこうと しました。

「うんとこしょ、どっこいしょ。」

ところが、かぶは ぬけません。

おじいさんは、おばあさんを よんで きました。

おばあさんが おじいさんを ひっぱって、おじいさんが かぶを ひっぱって、

「うんとこしょ、どっこいしょ。」

それでも、かぶは ぬけません。

おばあさんは、まごを よんで きました。

まごが おばあさんを ひっぱって、おばあさんが おじいさんを ひっぱって、おじいさんが かぶを ひっぱって、

「うんとこしょ、どっこいしょ。」

まだ まだ、かぶは ぬけません。

ろしあの みんわ／うちだりさこ やく「おおきな かぶ」（ロシア民話／A・トルストイ 再話／内田莉莎子 訳「おおきなかぶ」福音館書店刊より）

1 おじいさんが かぶを ぬこうと した ときに いった ことばを かきましょう。

「うんとこしょ、どっこいしょ。」

2 おじいさんが ひとりで ひっぱった とき、かぶは ぬけましたか。あう ほうに ○を つけましょう。

あ（　）かぶは ぬけた。

い（○）かぶは ぬけなかった。

3 おじいさんが よんで きたのは、だれですか。

おばあさん

4 おばあさんは、だれを ひっぱりましたか。

おじいさん

5 おじいさんと おばあさんの ふたりで ひっぱった とき、かぶは ぬけましたか。あう ほうに ○を つけましょう。

あ（　）かぶは ぬけた。

い（○）かぶは ぬけなかった。

ヒント 13ぎょうめを よもう。

6 おばあさんが よんで きたのは、だれですか。

まご

ヒント 14・15ぎょうめを よもう。

---

1 三人と三びきの登場人物を、声に出して確認してみましょう。

2 おじいさんがかぶの種をまいたところから、お話が始まります。

3 「うんとこしょ、どっこいしょ。」は、かぶを抜こうとして引っ張るたびに繰り返し出てくるかけ声です。

5 「おおきなかぶ（内田莉莎子訳 ㈱福音館書店より）」で、登場人物がどんな順番で加わり、かぶを引っ張ったかを確認します。場面ごとに、誰が誰を呼び、何をしたかに注目します。最終的にかぶが抜けたのは、「ねこ」が「ねずみ」を呼んできて、三人と三びきでかぶを引っ張ったときでした。全員で協力してかぶが抜けたときのみんなの気持ちを想像したり、演じてみたりすることは、物語の読み取りの助けにもなります。

1 「うんとこしょ、どっこいしょ。」はかぶを抜こうとして力いっぱい引っ張っているときのかけ声です。お話を音読するときには、その様子が伝わるよう工夫して読むように促してあげてください。

2 4行目に「ところが、かぶは ぬけません。」とあります。

3 「おじいさんは、おばあさんを よんで きました。」とあります。

4 7~10行目に「おばあさんが おじいさんを ひっぱって、おじいさんが かぶを ひっぱって」とあります。おばあさんはかぶを直接には引っ張っていないことがわかります。この場面の「うんとこしょ、どっこいしょ。」は、おじいさんとおばあさん二人のかけ声だと考えられます。

5 13行目に「それでも、かぶは ぬけません。」とあります。

6 「おばあさんは、まごを よんで きました。」とあります。三人で引っ張りましたが、「まだ まだ、かぶは ぬけません。」とあります。おじいさんが種をまいたかぶは、それほどまでにとてつもない大きさに育ったのです。この場面の「うんとこしょ、どっこいしょ。」のかけ声も、おじいさん、おばあさん、孫の三人のものだと考えられます。

じゅんび　34~35ページ

としょかんは　どんな　ところ／ことばあそびうたを　つくろう

としょかんは　どんな　ところ

1 がっこうの　としょかんの　つかいかたで、ただしい　ほうに　○を　つけましょう。

① ほんを　つかった　とき。
あ（○）ただしい　ばしょに　もどす。
い（　）つかって　いた　ばしょに　おいて　おく。

② はなしを　する　とき。
あ（○）ちいさい　こえで　はなす。
い（　）おおきな　こえで　はなす。

③ かりた　ほんを　かえす　とき。
あ（　）かえす　ひより　まえに　かえしては　いけない。
い（○）かえす　ひか、それより　まえに　かえす。

ことばあそびうたを　つくろう

2 □に　あう　ことばを　□から　えらびましょう。

① すずめが（う）なく。
② あかちゃんが（い）あるく。
③ あめが（お）ふる。
④ すけえとで（あ）すべる。
⑤ けむりが（か）たちのぼる。
⑥ はちが（え）とびまわる。

あ　すいすい　い　よちよち
う　ちゅんちゅん　え　ぶんぶん
お　ざあざあ　か　もくもく

3 ことばあそびうたを　よんで、こたえましょう。

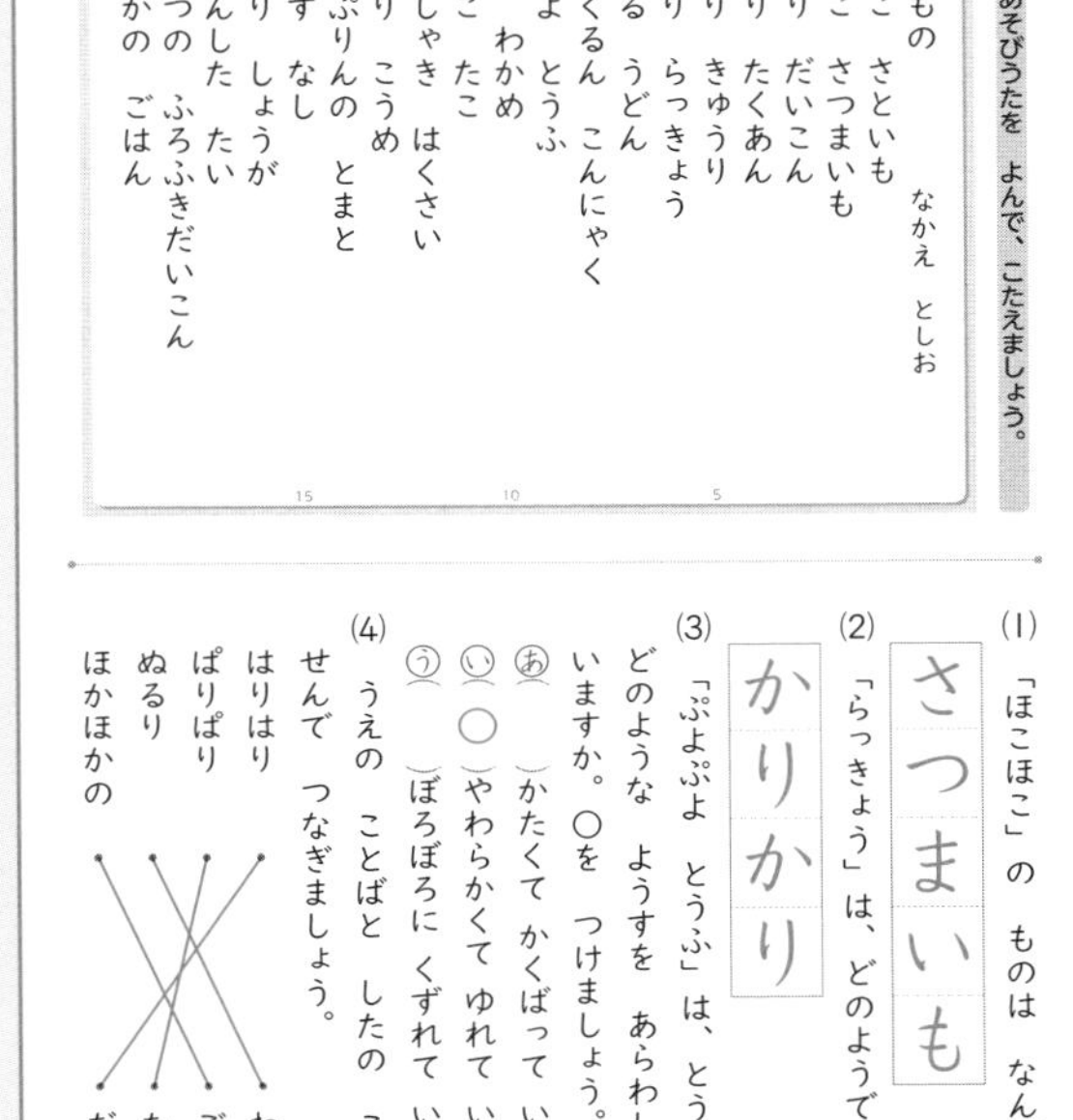
たべもの　なかえ　としお

もこもこ　さといも
ほこほこ　さつまいも
はりはり　だいこん
ぱりぱり　たくあん
ぽりぽり　きゅうり
かりかり　らっきょう
つるつる　うどん
くるんくるん　こんにゃく
ぷよぷよ　とうふ
ぬるり　わかめ
しこしこ　たこ
しゃきしゃき　はくさい
こりこり　こうめ
ぷりんぷりん　とまと
がすがす　なし
ひりひり　しょうが
ぴんぴんした　たい
あつあつの　ふろふきだいこん
ほかほかの　ごはん

(1)「ほこほこ」の　ものは　なんですか。
さつまいも

(2)「らっきょう」は、どのようですか。
かりかり

(3)「ぷよぷよ　とうふ」は、とうふの　どのような　ようすを　あらわして　いますか。○を　つけましょう。
あ（　）かたくて　かくばって　いる　ようす。
い（○）やわらかくて　ゆれて　いる　ようす。
う（　）ぼろぼろに　くずれて　いる　ようす。

(4) うえの　ことばと　したの　ことばを、せんで　つなぎましょう。
はりはり ― だいこん
ぱりぱり ― たくあん
ぬるり ― わかめ
ほかほかの ― ごはん

じゅんび　36~37ページ

かたかなを　みつけよう／えにっきを　かこう

かたかなを　みつけよう

1 かたかなで　かく　ことばを　みっつ　さがして、○を　つけましょう。

れいぞうこ　（てれび）　でんわ
だいどころ　くるま　（らいと）
（ばすけっと）　つくえ　ほんだな

2 かきかたが　ただしい　ほうに、○を　つけましょう。

①（えんぴつ）　エンピツ
② のうと　（ノート）
③（ものさし）　モノサシ
④ けしごむ　（ケシゴム）

えにっきを　かこう

3 えにっきの　かきかたを　たしかめましょう。

(1) えにっきを　よみましょう。

7がつ　15にち　なまえ　なかの　ゆい
わたしは、うみへ　いきました。おとうさんと、およぐれんしゅうをしました。うみのみずがしょっぱくて、びっくりしました。

え　えにっきの　ひづけ　しらせたい　こと

(2) えにっきの　なかで、うみで　した　ことが　かかれて　いる　ところに　――を　ひきましょう。

4 えにっきを　よんで　こたえましょう。

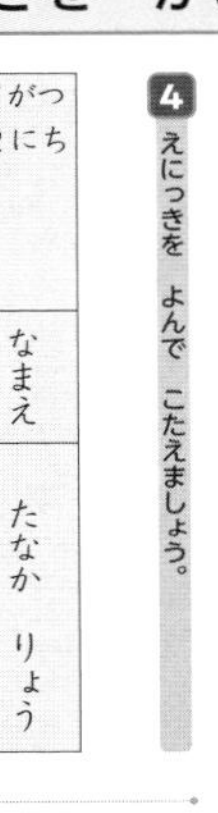
7がつ　12にち　なまえ　たなか　りょう
きょう、ぼくは、すいぞくかんへいきました。おおきなさかながおよいでいました。いかもいました。みんな、たのしそうでした。

(1) りょうさんは　どこへ　いきましたか。
すいぞくかん

(2) どのような　さかなが　およいで　いましたか。
おおきな　さかな。

(3) さかなの　ほかに、なにが　いましたか。
いか

(4) おもった　ことを　まとめて　かいて　いる　ところに、――を　ひきましょう。

---

1 ①使った本は、必ず正しい場所に返すようにしましょう。本はみんなの共用のものなので、汚したり破いたりしないように気を付けます。
②図書館では、静かに過ごします。
③借りた本は、期日までに返すようにします。延長したいときには、その手続きをします。

2 ものの様子を表す擬態語や、ものの音や動物の鳴き声などを表す擬声語を使うと、様子が伝わりやすくなります。すずめの鳴き声（ちゅんちゅん）や蜂が飛び回る様子（ぶんぶん）などは、慣用的な表現です。このような言い回しに多く触れることでも、語彙が増えていきます。

3 (1)2行目に「ほこほこ　さつまいも」とあります。「ほこほこ」は、熱々のさつまいもの様子を表現しています。
(2)6行目に「かりかり　らっきょう」とあります。「かりかり」は、らっきょうを食べたときの音を表現しています。
(3)「ぷよぷよ」は、弾力があり、やわらかく揺れ動く様子を表す擬態語です。「ぷよぷよ　とうふ」は、絹ごし豆腐のようなやわらかい豆腐を触ったときの弾力のある様子を表しています。「ぷよぷよ」に似た言葉に「ぷるぷる」もあります。
(4)「はりはり　だいこん」「ぬるり　わかめ」などを詩から探し、線で結びます。

1 外来語は、かたかなで書くのが基本であることを確かめましょう。

2 ④言葉の成り立ちから、「けしゴム」のほかに「だんボール」なども、ひらがなとかたかなを交ぜて表記するのがふつうです。

3 (2)この絵日記では、一文目に行ったところ、二文目に行ったところ（海）でしたこと、三文目に思ったこと（海の水についての感想）が書かれています。最後の句点まで線を引いていなくても、正解とします。

4 (2)見たものや経験したことの様子を入れて書くことで、より伝わりやすい絵日記になります。
(4)最後に感想を書いてまとめると、読む人も共感しやすい絵日記になります。

たしかめのテスト 38~39ページ
おおきな かぶ ～ えにっきを かこう

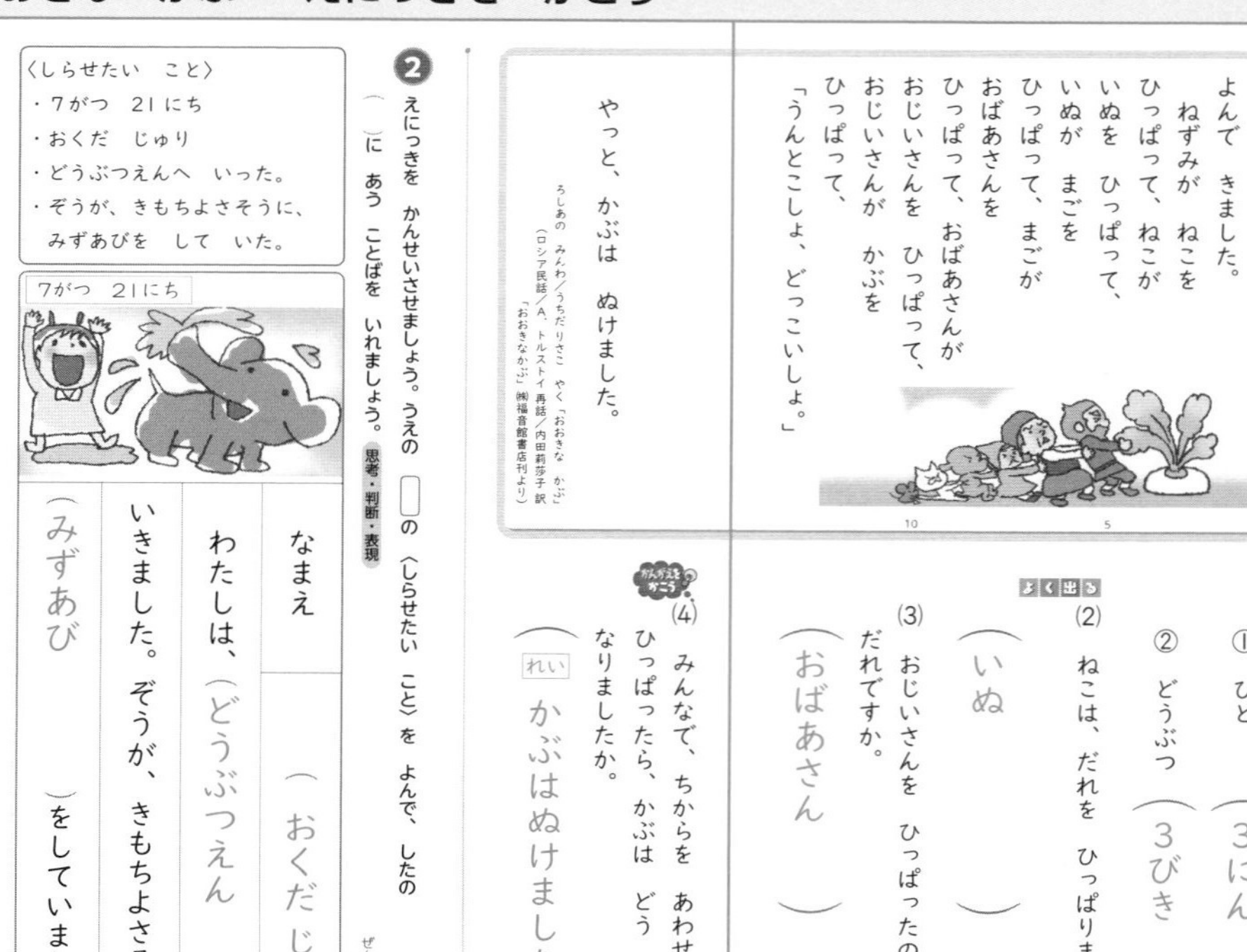

1 ぶんしょうを よんで、こたえましょう。 思考・判断・表現

ねこは、ねずみを
よんで きました。
ねずみが ねこを
ひっぱって、ねこが
いぬを ひっぱって、
いぬが まごを
ひっぱって、まごが
おばあさんを
ひっぱって、おばあさんが
おじいさんを ひっぱって、
おじいさんが かぶを
ひっぱって、
「うんとこしょ、どっこいしょ。」
やっと、かぶは ぬけました。

（ロシア民話／A．トルストイ 再話／内田莉莎子 訳「おおきなかぶ」㈱福音館書店刊より）

(1) ひとは なんにん、どうぶつは なんびき、でて きましたか。 一つ15てん（30てん）

① ひと （3にん）

② どうぶつ （3びき）

(2) ねこは、だれを ひっぱりましたか。 15てん

（いぬ）

(3) おじいさんを ひっぱったのは だれですか。 15てん

（おばあさん）

(4) みんなで、ちからを あわせて ひっぱったら、かぶは どう なりましたか。 15てん

（れい かぶはぬけました。）

2 えにっきを かんせいさせましょう。うえの □の 〈しらせたい こと〉を よんで、したの （ ）に あう ことばを いれましょう。 思考・判断・表現 ぜんぶ できて 25てん

〈しらせたい こと〉
・7がつ 21にち
・おくだ じゅり
・どうぶつえんへ いった。
・ぞうが、きもちよさそうに、みずあびを して いた。

7がつ 21にち

なまえ （おくだじゅり）

わたしは、（どうぶつえん）へ いきました。ぞうが、きもちよさそうに、（みずあび）を して いました。

1 (1)この場面には、「おじいさん」「おばあさん」「まご」の三人の人と、「いぬ」「ねこ」「ねずみ」の三びきの動物が登場します。

① れい2 さんにん
② れい2 さんびき

(2)誰が誰を引っ張ったのかを、丁寧に整理しながら読み取っていきます。「ねこが いぬを ひっぱって」とあります。

(3)「おばあさんが おじいさんを ひっぱって」とあります。

(4)「(かぶが) ぬけた」という内容が書けていれば、正解です。

れい2 やっと、かぶは ぬけた。

おうちのかたへ

物語の読解では、どんな登場人物がいるか、人物どうしはどのように関わっているかをとらえることが必要です。登場人物の心情を想像する場合は、物語の展開に沿って考えることができるよう、アドバイスしてあげてください。

2 〈しらせたい こと〉に書かれているのは、絵日記を書いた日付、書いた人の名前、その日の出来事についてです。横書きの部分と縦書きの部分を照らし合わせ、当てはまる言葉を正しく書きます。

じゅんび 40~41ページ
あるけ あるけ／き

1 つぎの ことばに あう えは どれですか。せんで むすびましょう。

① ちきゅう
② たいこ
③ あし

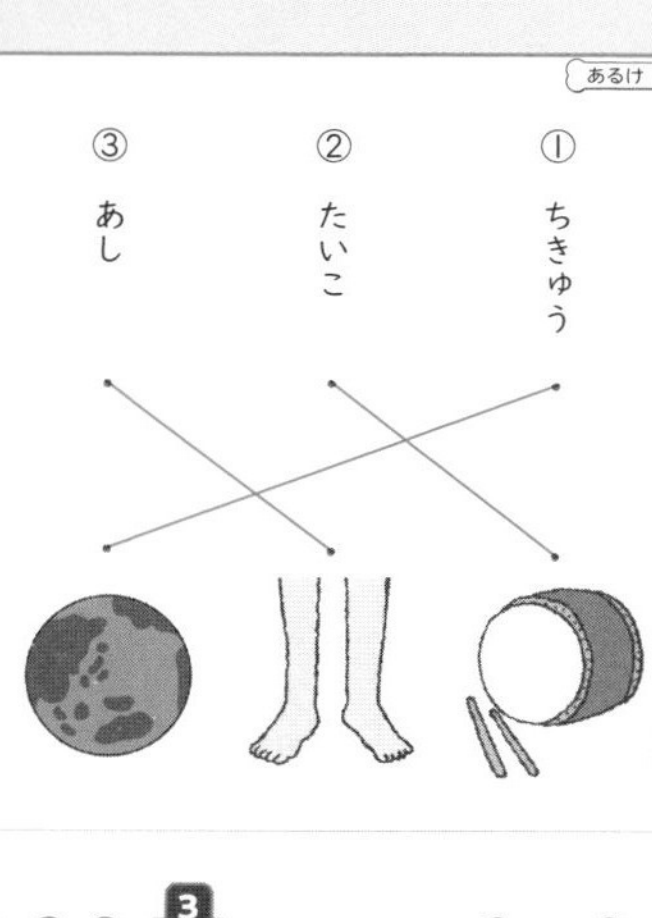

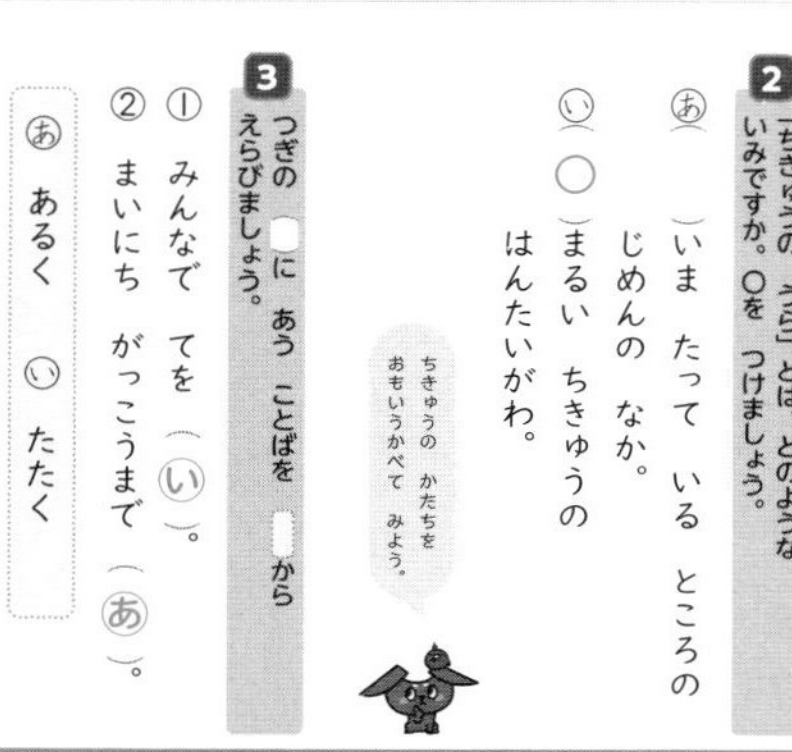

2 「ちきゅうの うら」とは、どのような いみですか。○を つけましょう。

あ（ ）いま たって いる ところの じめんの なか。

い（○）まるい ちきゅうの はんたいがわ。

ちきゅうの かたちを おもいうかべて みよう。

3 つぎの □に あう ことばを □から えらびましょう。

① みんなで てを （い）。

② まいにち がっこうまで （あ）。

あ あるく　い たたく

4 つぎの しを よんで、こたえましょう。

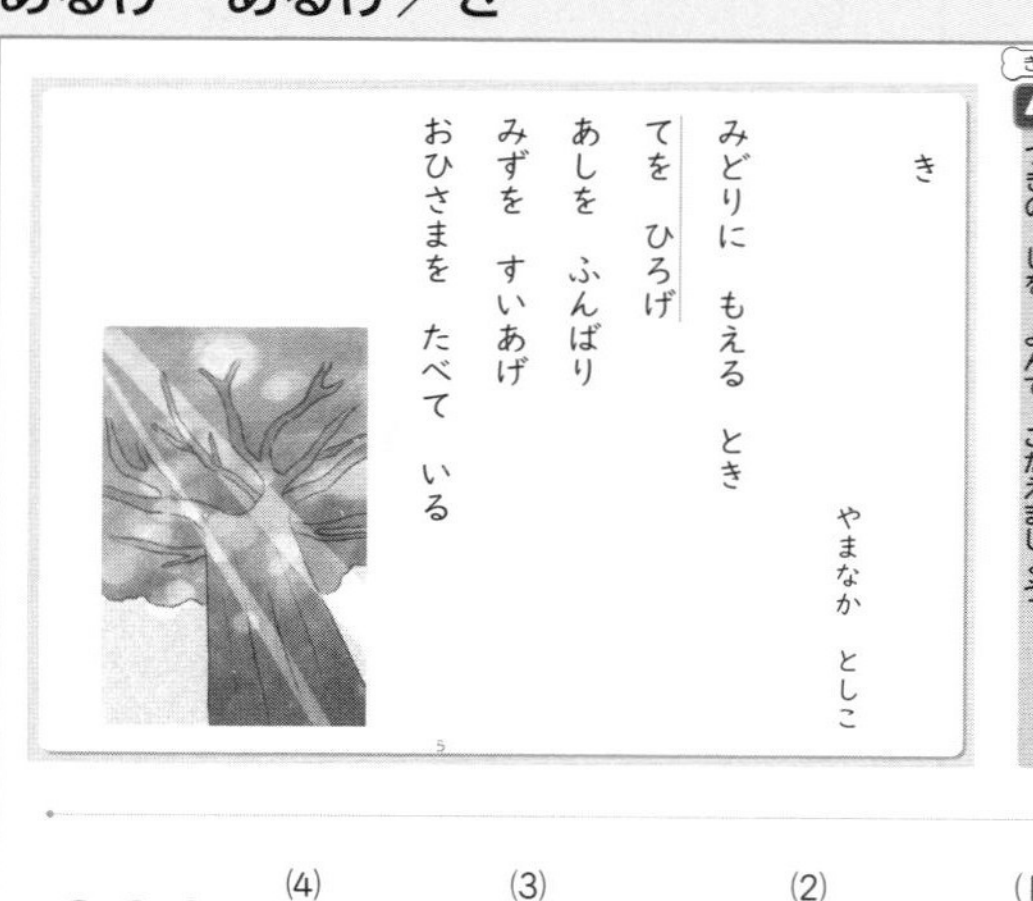

き　やまなか としこ

みどりに もえる とき
てを ひろげ
あしを ふんばり
みずを すいあげ
おひさまを たべて いる

(1) この しに かかれて いるのは、いつですか。○を つけましょう。

あ（ ）よるが あける ころ。

い（○）ひざしが つよい ころ。

(2) この しに かかれて いる きは、どんな きですか。○を つけましょう。

あ（○）いきいきと した げんきな き。

い（ ）まだ わかい、よわよわしい き。

う（ ）かれそうな、としを とった き。

(3) 「てを ひろげ」とは、どう いう ことですか。○を つけましょう。

あ（○）えだや はを のばして いる。

い（ ）ねを しっかり はって いる。

(4) この しは どのように よめば よいですか。○を つけましょう。

あ（ ）ちいさな こえで しずかに。

い（ ）たかい こえで すばやく。

う（○）おおきな こえで ちからづよく。

2 ここでの「うら」とは、一枚の紙の表に対する裏、というような意味ではありません。球体である地球の、自分が立っているところのちょうど反対側を指しているのです。

4 (1)「みどりに もえる とき」や「おひさまを たべて いる」という表現から、夜が明ける頃ではなく、日差しが強い頃の木を描写している詩であることが読み取れます。

(2)一行ずつの表現からも、詩全体の様子からも、この木のエネルギッシュな様子が伝わってきます。弱々しさや枯れそうなイメージは、この詩からは伝わってきません。

(3)「てを ひろげ」「あしを ふんばり」「おひさまを たべて いる」は擬人法です。木の「て」ですから、木の上部、枝や葉の描写だと考えられます。

(4)力強い詩です。消去法で正解を導き出してもよいでしょう。

はなしたいな　ききたいな／かぞえうた

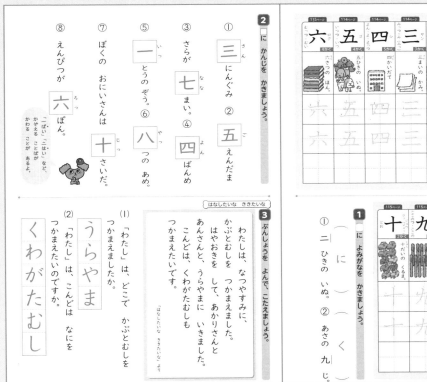

あたらしい かんじ

一（一ねんせい）　二（二がっき）　三（三まいの かみ）　四（四かいだて）　五（五ひきの いぬ）　六（六さつの ほん。）

七（七五三）　八（八じに ねる。）　九（九ほんの ペン）　十（十だいの くるま。）

1 □に よみがなを かきましょう。

① 二（に）ひきの いぬ。　② あさの 九（く）じ。

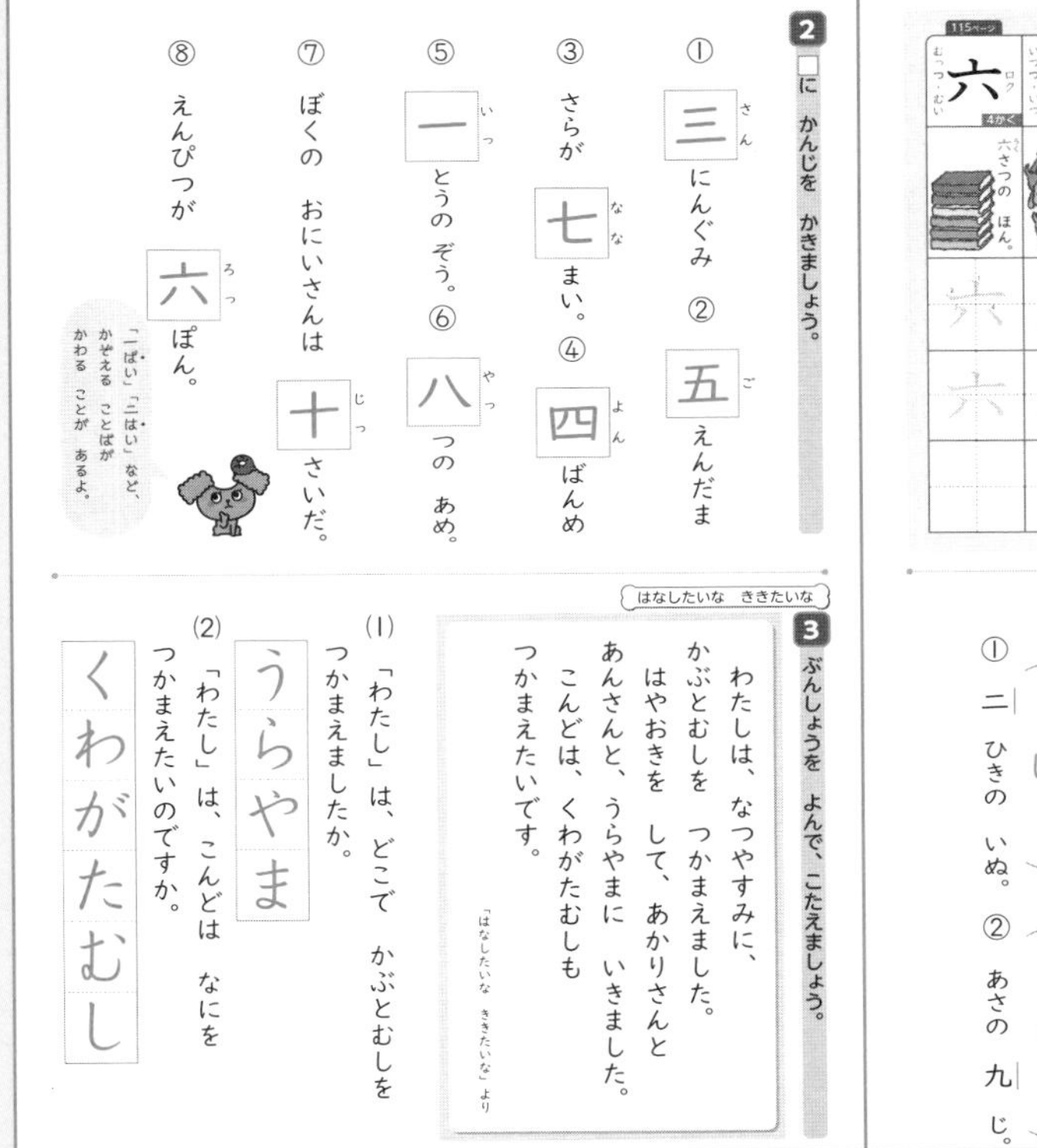

2 □に かんじを かきましょう。

① 三（さん）にんぐみ　② 五（ご）えんだま

③ さらが 七（なな）まい。　④ 四（よん）ばんめ

⑤ 一（いっ）とうの ぞう。　⑥ 八（やっ）つの あめ。

⑦ ぼくの おにいさんは 十（じっ）さいだ。

⑧ えんぴつが 六（ろっ）ぽん。

「一ぱい」「二はい」など、かぞえる ことばが かわる ことが あるよ。

3 ぶんしょうを よんで、こたえましょう。

わたしは、なつやすみに、かぶとむしを つかまえました。はやおきを して、あかりさんと あんさんと、うらやまに いきました。こんどは、くわがたむしも つかまえたいです。

（「はなしたいな　ききたいな」より）

(1)「わたし」は、どこで かぶとむしを つかまえましたか。　うらやま

(2)「わたし」は、こんどは なにを つかまえたいのですか。　くわがたむし

かいがら／かんじの　はなし

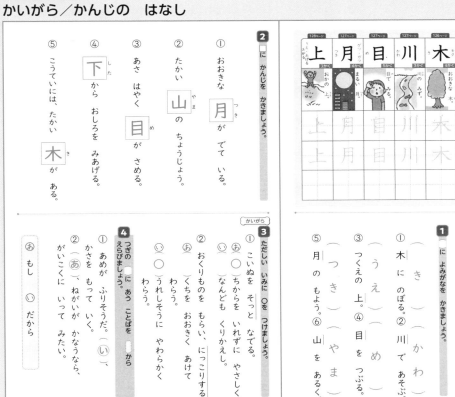

あたらしい かんじ

山（山みち）　木（おおきな 木。）　川（川の みず。）　目（目で みる。）　月（まるい 月。）　上（おかの 上。）

下（いすの 下。）

1 □に よみがなを かきましょう。

① 木（き）に のぼる。② 川（かわ）で あそぶ。

③ つくえの 上（うえ）。④ 目（め）を つぶる。

⑤ 月（つき）の もよう。⑥ 山（やま）を あるく。

2 □に かんじを かきましょう。

① おおきな 月（つき）が でて いる。

② たかい 山（やま）の ちょうじょう。

③ あさ はやく 目（め）が さめる。

④ 下（した）から おしろを みあげる。

⑤ こうていには、たかい 木（き）が ある。

3 ただしい いみに ○を つけましょう。（かいがら）

① こいぬを そっと なでる。

あ（○）ちからを いれずに やさしく。

い（　）なんども くりかえし。

② おくりものを もらい、にっこりする。

あ（　）くちを おおきく あけて わらう。

い（○）うれしそうに やわらかく わらう。

4 つぎの □に あう ことばを □から えらびましょう。

① あめが ふりそうだ。（い）、かさを もって いく。

② （あ）、ねがいが かなうなら、がいこくに いって みたい。

あ もし　い だから

---

1 いよいよ漢字の学習が始まります。ここでは一から十までの漢数字を学びます。かなと同様、筆順に気を付けながらバランスよく丁寧に書くよう、指導してあげてください。

数を表す漢字と、ものを数える言葉は、その組み合わせによって、さまざまに読み方が変わります。②の「九じ」は「きゅうじ」ではなく「くじ」です。数を表す漢字は、「本」「枚」「個」などの助数詞ごとに、複数の読み方を使い分ける必要があります。まちがえて覚えている場合は訂正するなどして、日常生活の中で自然に身につくようにしてあげてください。

2 それぞれの文を音読してみて、数と助数詞の結び付きに慣れるようにするとよいでしょう。

3 (1)「どこ」と場所を問われているので、場所について書かれた部分を探します。

(2)「こんどは、くわがたむしも　つかまえたいです。」とあります。

1 **2** 一年生で習う漢字は八十字あります。漢字に親しみ、漢字を正しく読んで正しく書くことは、自分の世界を広げたり、考えなどを自在に表現したりすることの助けになります。

読めなかった漢字や書けなかった漢字はそのままにせず、折を見て復習することで、着実に覚えるように指導してあげてください。

3 「そっと」や「にっこりする」という言葉の意味をおさえておくことが、お話の登場人物の様子や気持ちを正しく読み取ることにつながります。

4 ①「だから」は、前に書かれていることが理由となって、あとのことが起こることを表す言葉です。「雨が降りそう」であることを理由として、「傘を持っていく」ことにする、という流れです。

②「もし」は、あることが起こることを仮定して述べるときに使う言葉です。「願いがかなう」と仮定して、「外国に行ってみたい」という願いを述べる流れです。

たしかめのテスト① 46~47ページ

あるけ　あるけ ～ かんじの　はなし

ぶんしょうを　よんで、こたえましょう。　思考・判断・表現

つぎの　ひ、くまの　こは、しまもようの　かいがらを　もって、うさぎの　この　ところへ　いきました。

「うさぎちゃん、あげるよ。」

「だって、それは、いちばん　すきな　ものでしょう。」

「うん。そうだよ。だから、あげるんだ。」

くまの　こは、だいすきな　ともだちには、いちばん　いい　ものを　あげようと　きめたのでした。

「ありがとう。ほんとうに　ありがとう。」

うさぎの　こは、くまの　こに　いいました。

それから、かいがらを　みみに　あてて、

「なみの　おとが　きこえて　きそう。」

と、にっこりしました。

もりやま　みやこ「かいがら」より

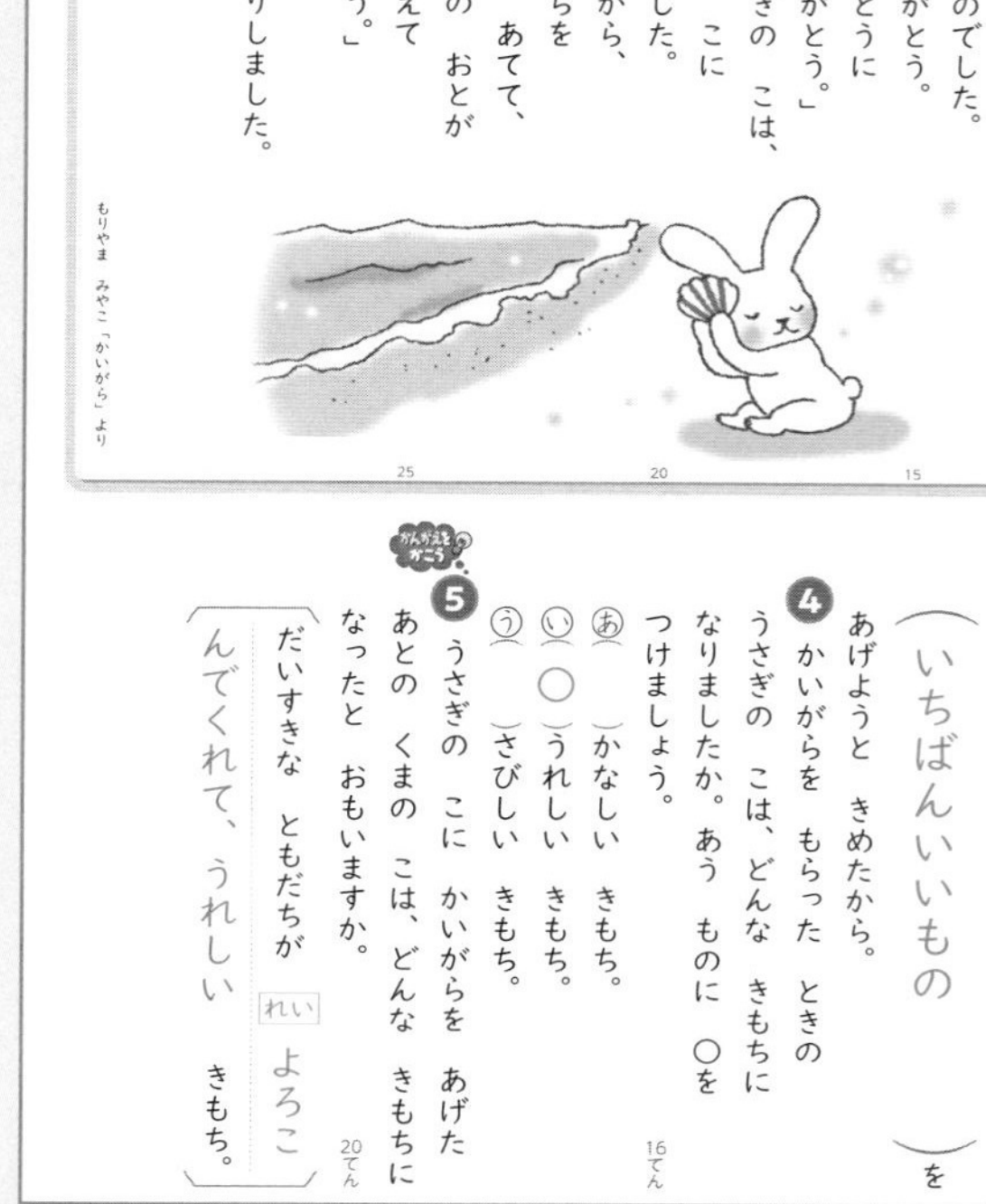

よく出る

1 くまの　こは、うさぎの　こに　どんな　かいがらを　あげましたか。　16てん

（しまもよう）の　かいがら。

2 1の　かいがらは、くまの　こに　とって、どんな　ものでしたか。あう　ものに　○を　つけましょう。　16てん

あ（　）いちばん　きらいな　もの。

い（○）いちばん　すきな　もの。

う（　）二ばんめに　すきな　もの。


できたらスゴイ！

3 くまの　こは、なぜ　1の　かいがらを　うさぎの　こに　あげたのですか。　一つ16てん（32てん）

（だいすきな）ともだちには、（いちばん　いい　もの）を　あげようと　きめたから。

4 かいがらを　もらった　ときの　うさぎの　こは、どんな　きもちに　なりましたか。あう　ものに　○を　つけましょう。　16てん

あ（　）かなしい　きもち。

い（○）うれしい　きもち。

う（　）さびしい　きもち。

かんがえをかこう

5 うさぎの　こに　かいがらを　あげた　あとの　くまの　こは、どんな　きもちに　なったと　おもいますか。　20てん

（れい　だいすきな　ともだちが　よろこんでくれて、うれしい　きもち。）

たしかめのテスト② 48~49ページ

あるけ　あるけ ～ かんじの　はなし

1 （　）に　よみがなを　かきましょう。　一つ5てん（25てん）

① 川（かわ）ぞいの　みち。
② 目（め）を　とじる。
③ 山（やま）から　おりる。
④ まるい　月（つき）が　でる。
⑤ ほんを　たなから　下（した）へ　おろす。

2 □に　かんじを　かきましょう。　一つ5てん（25てん）

① すなの　山（やま）。
② 月（つき）が　しずむ。
③ つみ木（き）で　あそぶ。
④ 目（め）じるし
⑤ だいの　上（うえ）に　のる。

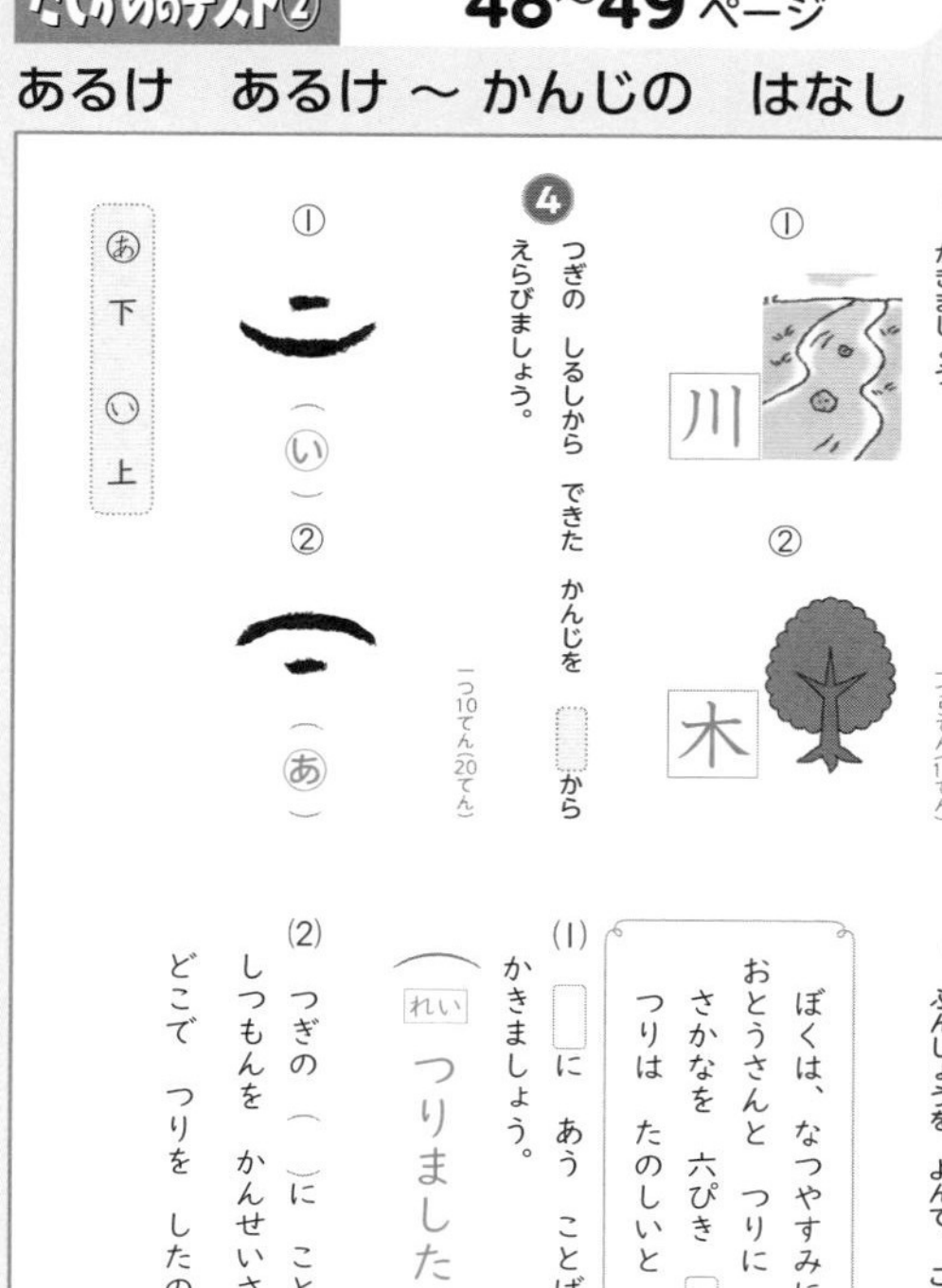

3 つぎの　かたちから　できた　かんじを　かきましょう。　一つ5てん（10てん）

① 川　② 木

4 つぎの　しるしから　できた　かんじを　□から　えらびましょう。　一つ10てん（20てん）

①（い）　②（あ）

あ 下　い 上

5 ぶんしょうを　よんで、こたえましょう。　思考・判断・表現　一つ10てん（20てん）

ぼくは、なつやすみに　おとうさんと　つりに　いきました。さかなを　六ぴき　□。つりは　たのしいと　おもいました。

(1) □に　あう　ことばを　かんがえて　かきましょう。

（れい　つりました）

(2) つぎの（　）に　ことばを　いれて、しつもんを　かんせいさせましょう。

どこで　つりを　したの（れい　ですか）。

1 「しまもようの　かいがらを　もって」とあることに注目します。くまのこが「うさぎちゃん、あげるよ。」と言っていることも手がかりになります。

2 うさぎのこに「それは、いちばん　すきな　ものでしょう」と聞かれたくまのこが、「うん。そうだよ。」と答えていることに注目します。「それ」は、くまのこがうさぎのこにあげたしま模様の貝殻を指していることを確かめましょう。

3 くまのこが「だから、あげるんだ。」と言ったあとに、自分がいちばん好きなものをあげた理由が書かれています。

4 「ありがとう。ほんとうに　ありがとう。」と言っていることや、貝殻を耳に当ててにっこりしている様子から、うさぎのこのうれしい気持ちを読み取ります。

5 大好きな友達であるうさぎのこが喜んでくれたことは、くまのこにどんな気持ちをもたらしたかを考えます。うれしい気持ちや満足する気持ちという内容が書いてあれば正解です。

おうちのかたへ

物語の読解において、登場人物の心情は、「うれしい」「悲しい」などのように感情を直接表す言葉がなくても、会話の内容や登場人物の表情や様子から、とらえることが可能です。情景の描写が登場人物の心情を表すこともあります。

「かいがら」では、うさぎのこととのやりとりを通して、くまのこがどのような気持ちだったか、最終的にどのような思いになったかをとらえることが、読解のポイントになります。お子さまと一緒に、深く味わってみてください。

3 「川」や「木」は、ものの形をかたどって作られた漢字（象形文字）です。

4 「上」や「下」は、形に表しにくい事柄を、点や線などの印を使って示した漢字（指事文字）です。

5 (1)つりに行った話であることをおさえ、空欄に合う言葉を考えます。文末は丁寧な言い方にします。

(2) れい2 つかまえました

相手に質問するときは、「～ですか」のように、丁寧な言葉遣いにします。

じゅんび 50~51ページ
サラダで げんき／かたかなを かこう

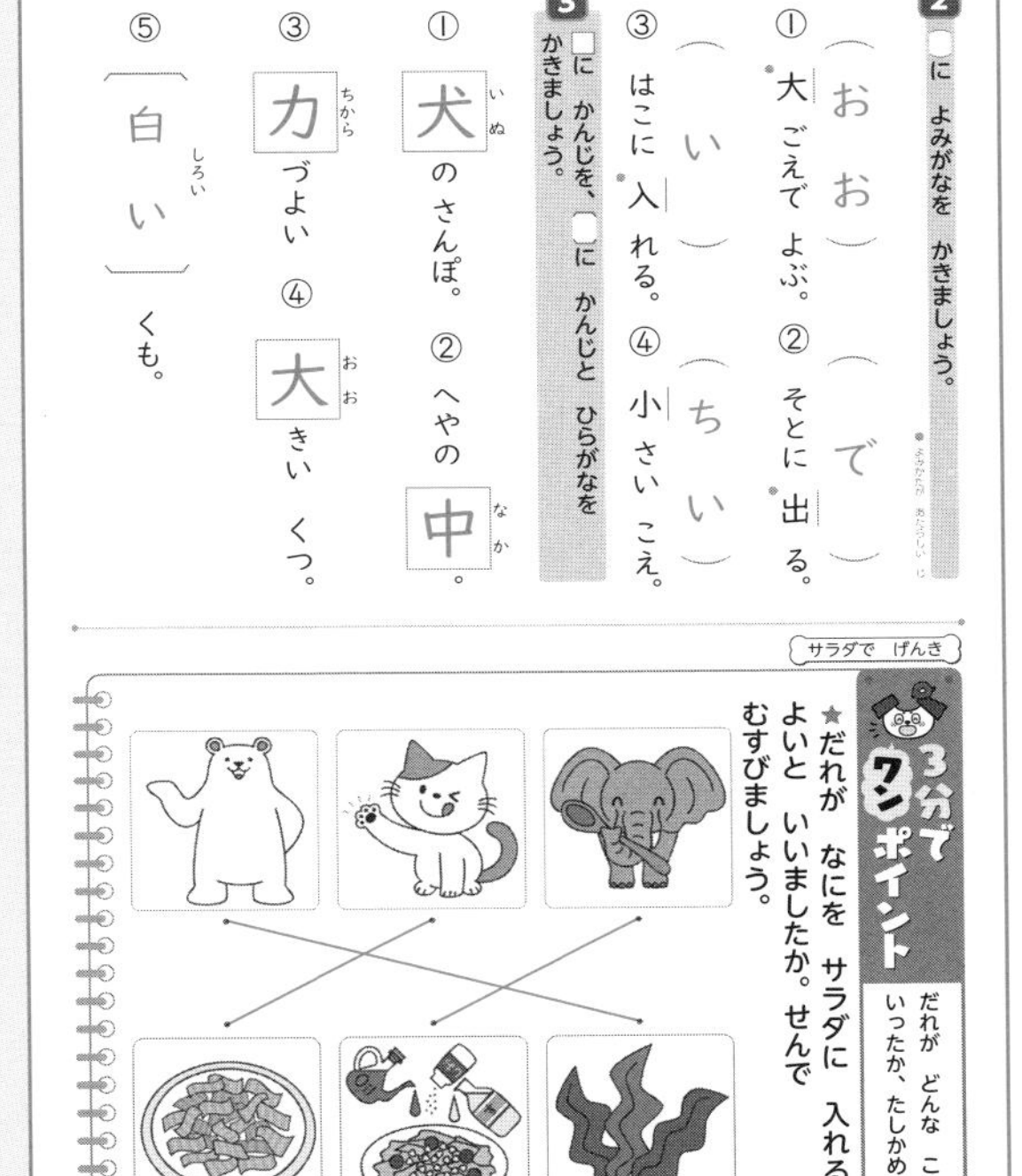

2 □に よみがなを かきましょう。

① 大(おお)ごえで よぶ。 ② そとに 出(で)る。
③ はこに 入(い)れる。 ④ 小(ちい)さい こえ。

3 □に かんじを、□に かんじと ひらがなを かきましょう。

① 犬(いぬ)の さんぽ。 ② へやの 中(なか)。
③ 力(ちから)づよい ④ 大(おお)きい くつ。
⑤ 白い(しろい) くも。

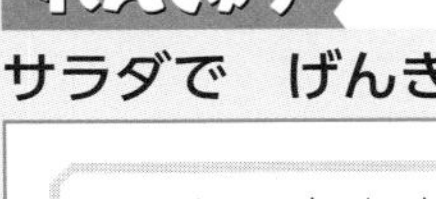

れんしゅう 52~53ページ
サラダで げんき

ぶんしょうを よんで、こたえましょう。

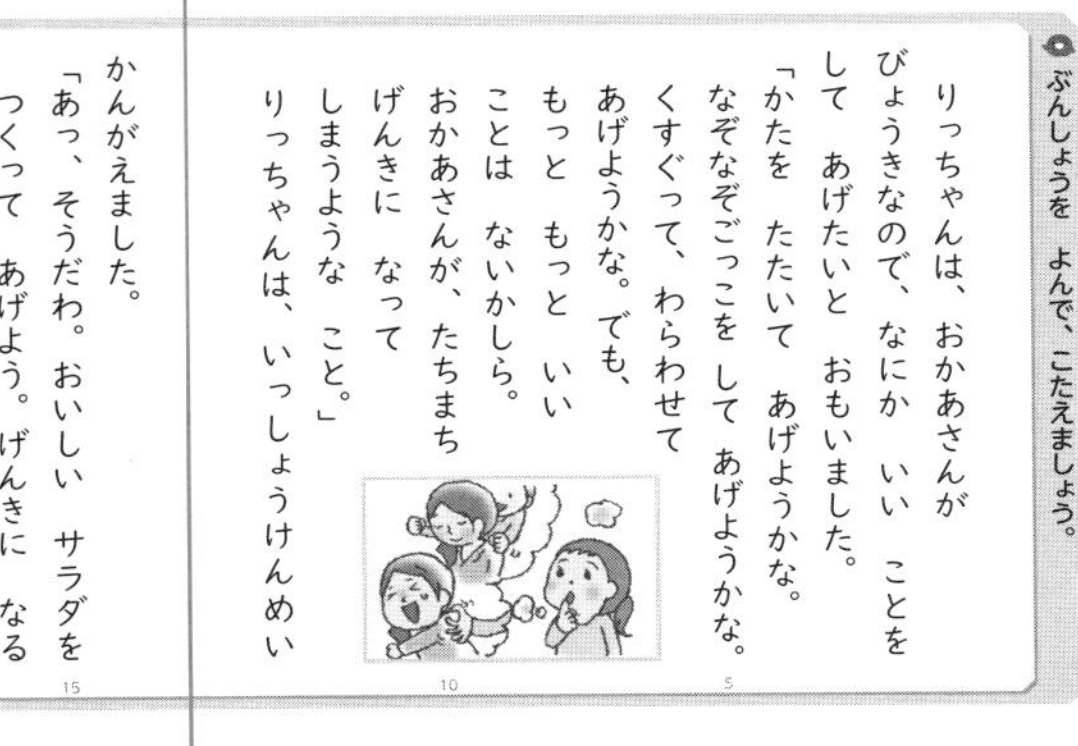

りっちゃんは、おかあさんが びょうきなので、なにか いい ことを して あげたいと おもいました。

「かたを たたいて あげようかな。なぞなぞごっこを して あげようかな。くすぐって、わらわせて あげようかな。でも、もっと もっと いい ことは ないかしら。おかあさんが、たちまち げんきに なって しまうような こと。」

りっちゃんは、いっしょうけんめい かんがえました。

「あっ、そうだわ。おいしい サラダを つくって あげよう。げんきに なる サラダを つくって あげよう。」

りっちゃんは、れいぞうこを あけて 中を のぞきました。

りっちゃんは、サラダを つくりはじめました。

きゅうりを トン トン トン、キャベツは シャ シャ シャキ、トマトも ストン トン トンと きって、大きな おさらに のせました。

すると、のらねこが、のっそり 入って きて いいました。

かどの えいこ「サラダで げんき」より

1 この ばめんには、だれが 出て きますか。二つに ○を つけましょう。

ア(○)りっちゃん イ( )おとうさん
ウ( )すずめ エ(○)のらねこ

2 おかあさんの ようすは どうでしたか。一つに ○を つけましょう。

ア( )げんきだった。
イ(○)びょうきだった。
ウ( )けがを して いた。

3 りっちゃんは、おかあさんに どんな ことを して あげようと かんがえましたか。かんがえた こと すべてに ○を つけましょう。

ア(○)くすぐって わらわせる こと。
イ(○)サラダを つくる こと。
ウ(○)なぞなぞごっこ。
エ( )じゃんけん。
オ(○)かたを たたく こと。

ヒント 「 」の 中の ことばに きを つけよう。

4 りっちゃんは、サラダを つくる ために、なにの 中を のぞきましたか。五じで かきぬきましょう。

れいぞうこ

5 トマトを きる おとは どれですか。一つに ○を つけましょう。

ア( )トン トン トン
イ( )シャ シャ シャキ
ウ(○)ストン トン トン

ヒント やさいを きる おとが 三しゅるい あるね。

---

1 かたかなを書くときも、「はらう」「とめる」などに注意します。「゛(濁点)」や「゜(半濁点)」は、ひらがなと同じように、文字の右上に書くことを確かめてください。小さい「ッ・ャ・ュ・ョ」も、ます目の右上の部分に書きます。伸ばす音(長音)は、ひらがなとは異なり、「ー」で表します。

3分でワンポイント

「サラダでげんき(角野栄子)」で、りっちゃんが、病気のお母さんのためにサラダを作っているとき、いろいろな動物が、サラダに入れるとよいものをアドバイスしてくれました。それぞれの動物が、その動物と結び付きがありそうなアドバイスをしているので、とらえやすいと思います。のらねこはかつおぶし、犬はハム、すずめはとうもろこし、ありは砂糖、馬はにんじん、白くまは海のこんぶ、という具合です。ただし、アフリカ象は例外で、油・塩・酢とは結び付きがイメージできません。アフリカ象はそれらをサラダにかけ、鼻で握ったスプーンで力強くまぜた、という描写があります。その印象が残っているはずなので、あまり迷わずに解けたことでしょう。

1 物語を読む際には、登場人物をまずしっかりつかむことが重要です。引用されている部分には「おかあさん」という言葉も出てきます。ただし、地の文(会話文以外の文)とりっちゃんの言葉の中に出てきているだけで、実際には登場していないことを確認しましょう。設問文に「二つに ○を」つけるとあることにも注意します。

2 冒頭の部分に、「おかあさんが びょうきなので」とあります。

3 「かたを たたいて」から始まるりっちゃんの言葉の中に、「じゃんけん」だけが出てきません。

4 「りっちゃんは、れいぞうこを あけて 中を のぞきました。」とあります。

5 「トン トン トン」はきゅうりを切る音、「シャ シャ シャキ」はキャベツを切る音です。

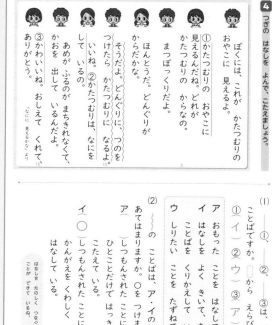

じゅんび　54～55ページ

一ねんせいの　ほんだな／なにに　見えるかな

かきトリ！　あたらしい　かんじ

見	先	生	気
7かく	6かく	5かく	6かく
えを　見る。	先生	生ぶつ	げん気

1　□に　よみがなを　かきましょう。

① 先生（せんせい）に　あいさつを　する。

2　□に　かんじを、（　）に　かんじと　ひらがなを　かきましょう。

① ともだちに　えを　（見せる）。

② わすれものに　（気）を　つける。

3　ただしい　いみに　○を　つけましょう。

① 川かみの　ほうに　あるいて　いく。

ア（○）川が　ながれて　くる　ほう。

イ（　）川が　ながれて　いく　ほう。

② ますます　かぜが　つよく　なる。

ア（　）ほんの　すこしずつ。

イ（○）まえよりも　いっそう。

4　つぎの　はなしを　よんで、こたえましょう。

ぼくには、これが　かたつむりの　おやこに　見えるよ。

①かたつむりの　おやこに　見えるんだね。どれが　かたつむりの　からなの。

まつぼっくりだよ。

ほんとうだ。どんぐりが　からだかな。

そうだよ。どんぐりに、つのを　つけたら　かたつむりに　なるよ。

いいね。②かたつむりは、なにを　して　いるの。

あめが　ふるのが　まちきれなくて、かおを　出して　いるんだよ。

③かわいいね。おしえて　くれて　ありがとう。

（「なにに　見えるかな」より）

(1)　——①、——②、——③は、どのような　ことばですか。□から　えらびましょう。

①（イ）②（ウ）③（ア）

ア　おもった　ことを　はなして　いる。

イ　はなしを　よく　きいて、きいた　ことばを　くりかえして　いる。

ウ　しりたい　ことを　たずねて　いる。

(2)　〰の　ことばは、ア・イの　どちらに　あてはまりますか。○を　つけましょう。

ア（　）しつもんされた　ことに　たいして、ひとことだけで　はっきり　こたえて　いる。

イ（○）しつもんされた　ことに　たいして、かんがえを　くわしく　はなして　いる。

はなしを　たのしく　つなぐ　ことが　できて　いるね。

3　①「川上」は、川の上流のことです。反対語は「川下」です。一緒に覚えるようにしましょう。

②「ますます」は、程度がしだいに増える様子を表す言葉です。「ますます風が強くなる」は、元々風が強い状態だったのが、さらに強くなる、ということを表しています。

4　(1)三人の会話が、テンポよく楽しそうにつながっていることをおさえましょう。その理由として、次のような点が挙げられます。相づちを打ったり、①のように相手の言葉を繰り返して確認したり、②のように知りたいことについて質問したり、③のように感想を伝えたりしながら会話を進めています。

(2)質問されたことに対して、肯定や否定だけで返答するのがふさわしい場合もあります。いっぽうで、返答をさらに詳しく説明することで、話が広がったり、会話することがより楽しくなったりするということを確かめましょう。

じゅんび　56～57ページ

よう日と　日づけ／はっけんしたよ

かきトリ！　あたらしい　かん字

日	火	水	金	土	花
4かく	4かく	4かく	8かく	3かく	7かく
日が　のぼる。	火を　けす。	水を　のむ。	金ぎょを　かう。	土を　ふむ。	きれいな　花。

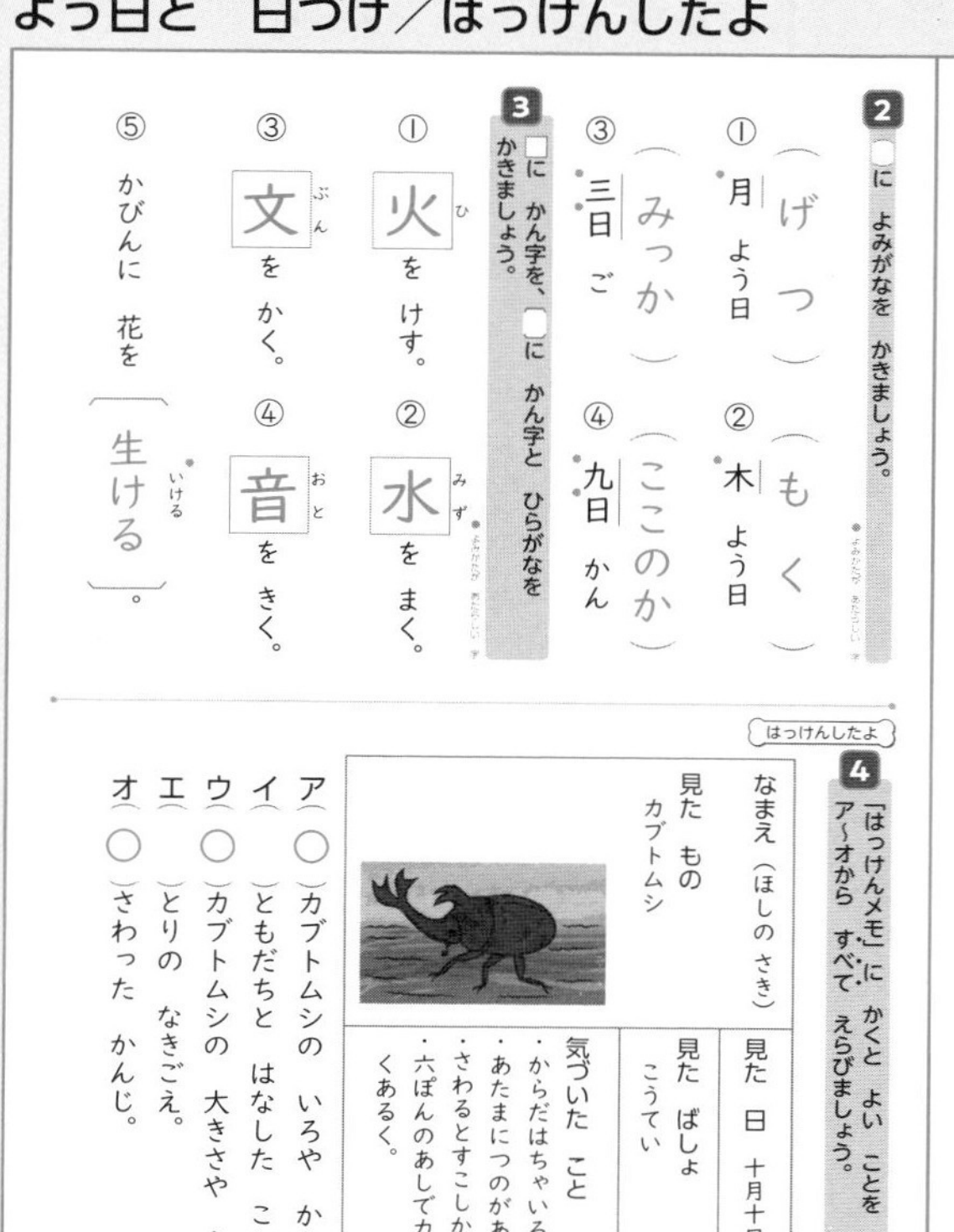

2　□に　よみがなを　かきましょう。

① 月（げつ）よう日　② 木（もく）よう日

③ 三日（みっか）　④ 九日（ここのか）かん

3　□に　かん字を、（　）に　かん字と　ひらがなを　かきましょう。

① 火を　けす。　② 水を　まく。

③ 文を　かく。　④ 音を　きく。

⑤ かびんに　花を　（生ける）。

文	音	町	字
4かく	9かく	7かく	6かく
文を　かく。	音を　きく。	町に　出かける。	字を　かく。

1　つぎの　日づけの　よみかたを　かきましょう。

① 一日（ついたち）　② 二日（ふつか）

③ 二十日（はつか）

4　「はっけんメモ」に　かくと　よい　ことを　ア～オから　すべて　えらびましょう。

なまえ（ほしの　さき）
見た　もの　カブトムシ
見た　日　十月十日
見た　ばしょ　こうてい
気づいた　こと
・からだは　ちゃいろ。
・あたまに　つのが　ある。
・さわるとすこしかたい。
・六ぽんのあしで力づよくあるく。

ア（○）カブトムシの　いろや　かたち。

イ（　）ともだちと　はなした　こと。

ウ（○）カブトムシの　大きさや　うごき。

エ（　）とりの　なきごえ。

オ（○）さわった　かんじ。

1　①「一日（ついたち）」②「二日（ふつか）」③「二十日（はつか）」はそれぞれ、漢字一字ずつを読まないで、その言葉全体に当てられた訓で読む熟字訓という読み方です。「一日」は、「あと一日で」などという場合は「いちにち」と読み、「四月一日」などの場合は「ついたち」と読みます。日付の呼び方には決まりがあります。日常生活で日付の正しいいい方を身につけていくようにしてください。

2　③・④日付の場合も、「六月三日（みっか）」や「十月九日（ここのか）」のようにいいます。

4　カブトムシに関する「はっけんメモ」なので、カブトムシを観察した結果である体の色、形、大きさ、動きなどを書きます。カブトムシに触ったのなら、その感じも書きます。カブトムシが音を出していたら、それについても書きます。観察中に友達と話したことや、そのときに聞こえた鳥の鳴き声は、「はっけんメモ」に書くこととしてはふさわしくありません。

たしかめのテスト① 58～59ページ

サラダで　げんき　～　はっけんしたよ

文しょうを　よんで、こたえましょう。思考・判断・表現

「おかあさん、サラダが　できましたよ。いっしょに　いただきましょう。」

りっちゃんは、大きな　こえで　いいました。

とつぜん、キューン、ゴー　ゴー、キューと　いう　おとが　して、ひこうきが　とまると、アフリカぞうが　せかせかと　おりて　きました。

「まにあって　よかった　よかった。ひとつ　おてつだいしましょう。」

「ありがとう。でも、もう　できあがったの。」

りっちゃんは　いいました。

「いや　いや、これからが　ぼくの　しごと。」

アフリカぞうは、サラダに　あぶらと　しおと　すを　かけると、スプーンを　はなで　にぎって、カづよく　くりん　くりんと　まぜました。

「おかあさん、さあ、いっしょに　サラダを　いただきましょう。」

と、りっちゃんは　いいました。

りっちゃんの　おかあさんは、サラダを　たべて、たちまち　げんきに　なりました。

かどの　えいこ「サラダで　げんき」より

1 よく出る　アフリカぞうは　なにに　のって　きましたか。10てん
（ひこうき）

2 「できあがったの。」と　ありますが、なにが　できあがったのですか。10てん
（サラダ）

3 できたらスゴイ　「ぼく」とは、だれの　ことですか。15てん
（アフリカぞう）

4 「しごと」とは、どんな　ことですか。一つに　○を　つけましょう。15てん
ア（　）サラダを　いっしょに　たべる　こと。

イ（　）サラダに　やさいを　たす　こと。

ウ（○）サラダに　あじを　つけて　まぜる　こと。

5 「ぼく」は、サラダに　なにを　かけましたか。すべて　かきましょう。ぜんぶ　できて20てん
（あぶら　しお　す）
※順番はちがっていてもよい。

6 「ぼく」は、スプーンを　はなで　にぎって、どのように　まぜましたか。15てん
カづよく（くりんくりんと）まぜた。

7 かんがえをかこう　サラダを　たべた　おかあさんは、どう　なりましたか。15てん
たちまち（げんき）に　なった。

たしかめのテスト② 60～61ページ

サラダで　げんき　～　はっけんしたよ

1 （　）に　よみがなを　かきましょう。一つ4てん（32てん）
① 火よう日（か）　② ねん土（ど）　③ 水どう（すい）　④ 八日かん（ようか）
⑤ そとを　見る。（み）　⑥ 九月に　なる。（くがつ）　⑦ 花の　たね。（はな）　⑧ 生きもの（い）

2 □に　かんじを、（　）に　かんじと　ひらがなを　かきましょう。一つ4てん（28てん）
① となり町　② 字を　かく。　③ 力を　出す。　④ 七日ご
⑤ 金メダル　⑥ 先しゅう　⑦ いえに（入る）。

3 文しょうを　よんで、こたえましょう。思考・判断・表現　一つ10てん（20てん）

十月十九日に、わたしは、こうていで、ショウリョウバッタを　見つけました。からだは　みどりいろでした。うしろの　あしは、ながくて　まがっていました。さわると、すこし　かたかったです。とぶ　ときに　チキチキと　いう　音が　しました。チキチキと　いう　音が　ふしぎだなと　おもいました。

「はっけんしたよ」より

(1) きづいた　ことが　かかれて　いる　ところに　――を　ひきましょう。
(2) 「わたし」は　ショウリョウバッタに　ついて　どんな　ことを　おもいましたか。
チキチキと　いう　音が　ふしぎだな　と　おもった。

4 えの　なまえを　かたかなで　かきましょう。一つ4てん（20てん）
①（バケツ）　②（シーソー）　③（ポケット）　④（オレンジ）ジュース　⑤（トマト）ケチャップ

---

1 「ひこうきが　とまると、アフリカぞうが　せかせかと　おりて　きました」とあります。

2 冒頭に「おかあさん、サラダが　できましたよ。」とあることから、りっちゃんがサラダを作っていたことがわかります。

3 りっちゃんは飛行機から降りてきたアフリカ象と話しているので、「ぼく」は、アフリカ象が自分を指している言葉です。

4 「これからが　ぼくの　しごと。」と言ったあと、アフリカ象が、サラダに油などをかけ、スプーンを鼻で握り、力強くまぜたことから考えます。

5 れい2 あぶらとしおとす

6 実際に、象の鼻は筋肉でできていて、いろいろなことを器用にこなします。

7 「りっちゃんの　おかあさんは、サラダを　たべて、たちまち　げんきに　なりました。」とあります。

おうちのかたへ

「サラダで　げんき」の物語では、病気のお母さんのためにサラダを作っているりっちゃんのところへ、いろいろな動物たちがやって来ます。電報を送ってくれた動物もいます。りっちゃんは動物たちのくれたアドバイスのとおり、サラダにいろいろなものを加えていき、最後にはおいしいサラダが完成し、それを食べたお母さんは元気になりました。

場面ごとに、どんな動物がどんなアドバイスをしてくれたかをノートなどに整理してみると、展開をとらえやすくなります。長い物語を読む場合には、場面の変化を意識しながら読む習慣をつけるようにしましょう。

3 (1)目で見てわかった体の色や形、触ったときの感じ、耳で聞いた音が、ショウリョウバッタを観察して気付いたこととして書かれています。
(2)最後の文に「チキチキと　いう　音が　ふしぎだなと　おもいました。」とあります。

4 形の似ているかたかなをしっかり書き分けているか、「ッ」などの小さい字は小さく書けているかなど、一つ一つ確認してあげてください。

じゅんび 62~63ページ

いろいろな　ふね／「のりものカード」を　つくろう

かきトリ あたらしい かん字

人	休	車	本
ジン・ニン ひと 2かく	やすむ・やすまる・やすめる 6かく	シャ くるま 7かく	ホン 5かく
たくさんの 人。	なつ休み	じどう車	本を よむ。

「休」の かん字の あとに つづけて かく かなに 気を つけて かこう。

1 □に よみがなを かきましょう。

① 車（くるま）に のる。　② 本（ほん）を よむ。

③ 人（ひと）が たくさん いる。

2 □に かん字を、□に かん字と ひらがなを かきましょう。

① でん 車（しゃ）から おりる。

② ゆっくり （休む）。

「のりものカード」を　つくろう

3 のりものに ついて しらべる とき、どんな 本で しらべると よいですか。□から えらびましょう。

（イ）

ア　むかしばなしの 本
イ　のりものの ずかん
ウ　どうぶつの ずかん

いろいろな　ふね

4 ただしい いみに ○を つけましょう。

① にもつを いえに はこぶ。
ア（○）うつす。
イ（　）しまう。

② どうぶつの むれ。
ア（　）はしって いる もの。
イ（○）あつまって いる もの。

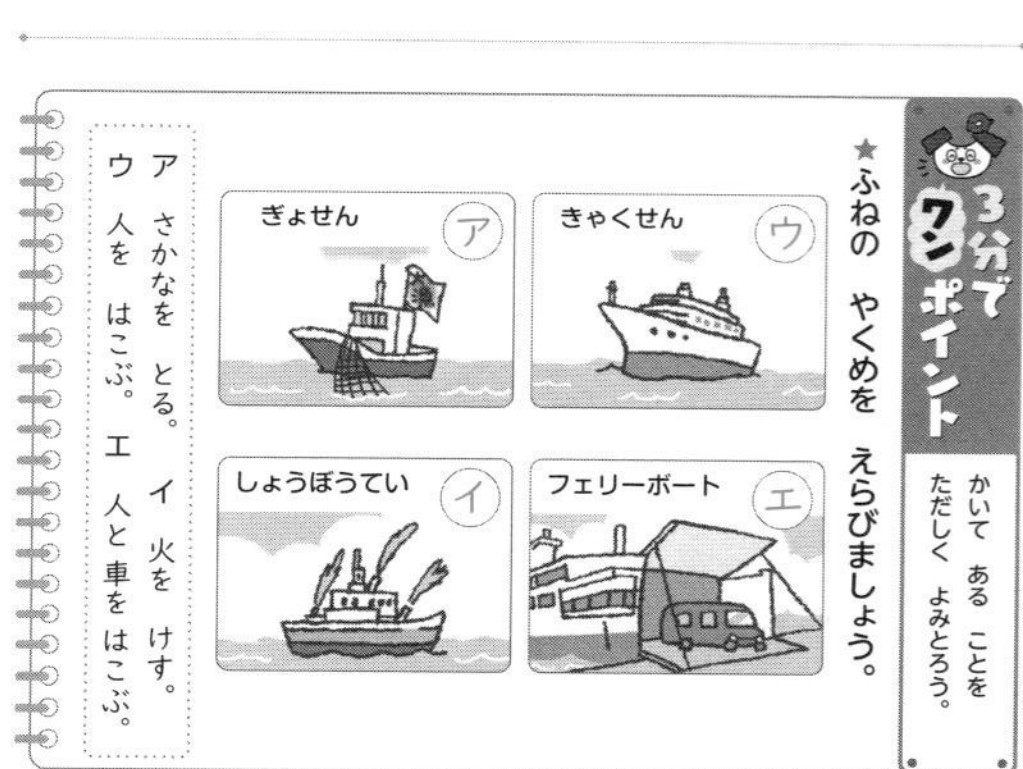
3分で ワンポイント

かいて ある ことを ただしく よみとろう。

★ふねの やくめを えらびましょう。

ア　さかなを とる。　イ　火を けす。
ウ　人を はこぶ。　エ　人と 車を はこぶ。

れんしゅう 64~65ページ

いろいろな　ふね

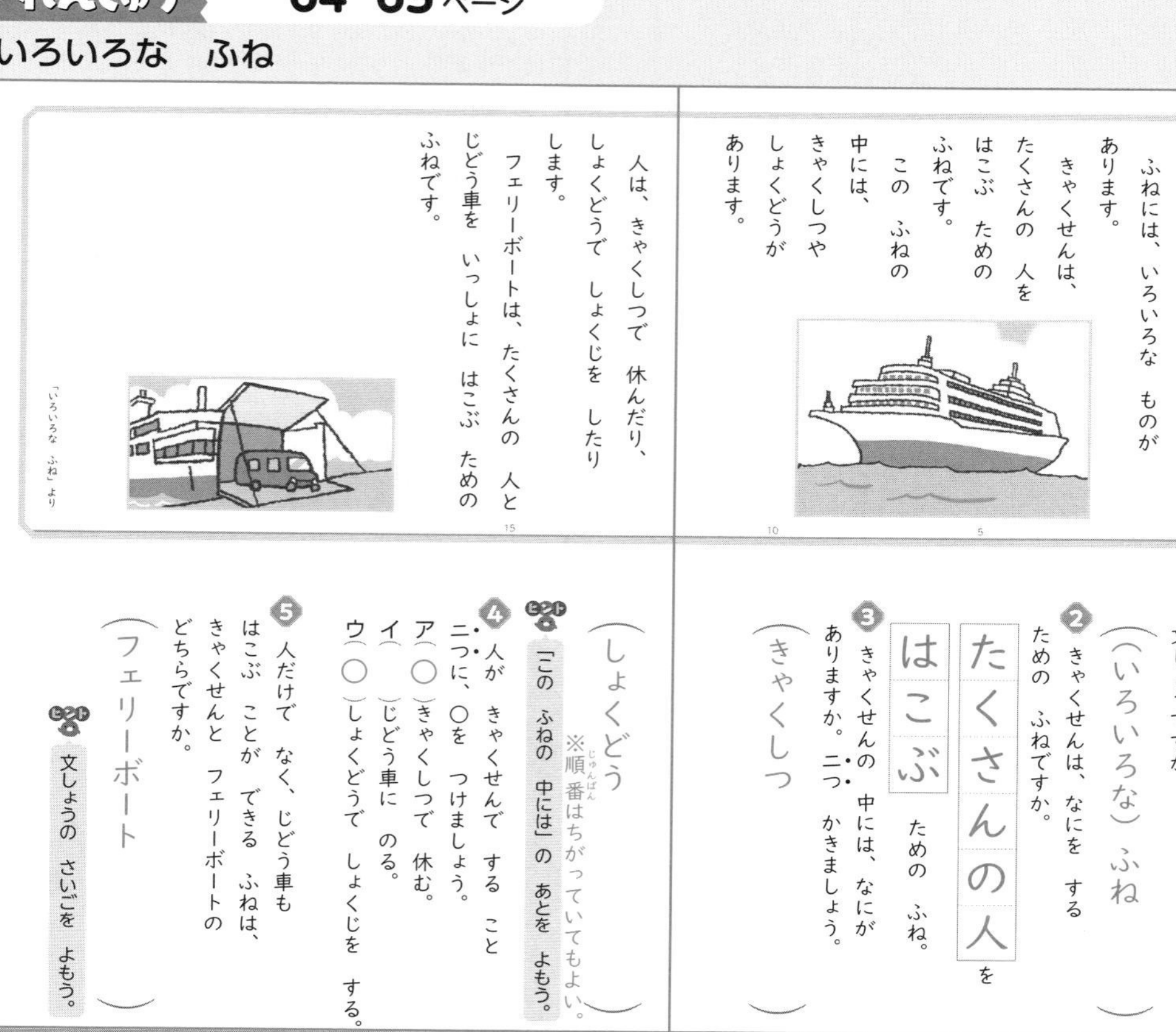

文しょうを よんで、こたえましょう。

ふねには、いろいろな ものが あります。

きゃくせんは、たくさんの 人を はこぶ ための ふねです。

この ふねの 中には、きゃくしつや しょくどうが あります。

人は、きゃくしつで 休んだり、しょくどうで しょくじを したり します。

フェリーボートは、たくさんの 人と じどう車を いっしょに はこぶ ための ふねです。

「いろいろな ふね」より

1 なにに ついて せつめいした 文しょうですか。

（いろいろな）ふね

2 きゃくせんは、なにを する ための ふねですか。

たくさんの人 を はこぶ ための ふね。

3 きゃくせんの 中には、なにが ありますか。二つ かきましょう。

（きゃくしつ）

（しょくどう）

※順番はちがっていてもよい。

ヒント 「この ふねの 中には」の あとを よもう。

4 人が きゃくせんで する こと 二つに、○を つけましょう。

ア（○）きゃくしつで 休む。
イ（　）じどう車に のる。
ウ（○）しょくどうで しょくじを する。

5 人だけで なく、じどう車も はこぶ ことが できる ふねは、きゃくせんと フェリーボートの どちらですか。

（フェリーボート）

ヒント 文しょうの さいごを よもう。

---

3 乗り物の図鑑には、さまざまなタイプの乗り物の情報が、写真や図入りで載っています。

4 ①答えがすぐにわからない場合は、「はこぶ」「うつす（移す）」「しまう」というそれぞれの言葉が、どういう動作を表すか、イメージして考えてみるのもよいでしょう。

3分でワンポイント

船を表すそれぞれの言葉がまだ定着していなくても、イラストを頼りに正解にたどり着くことはできるはずです。

「きゃくせん（客船）」は、「客」であるたくさんの人を運ぶ船です。「フェリーボート」は、たくさんの人と自動車を一緒に運ぶことができます。「ぎょせん（漁船）」は、イラストに網が描かれていることからもわかるように、魚をとるための船です。「しょうぼうてい（消防艇）」は、船の火事を消します。「消防車」からも類推できるでしょう。それぞれの船が、役割に合うように造られていることをおさえます。

1 冒頭に、「ふねには、いろいろな　ものが　あります。」とあります。客船とフェリーボートについての文章が続き、どちらも船なので、船について説明した文章であるとわかります。

2 「きゃくせんは、たくさんの　人を　はこぶ　ための　ふねです。」とあります。

3 7行目の「この　ふね」とは、「きゃくせん」のことです。「この」という言葉は、直前に書いてある内容を指すことが多いです。「この　ふねの　中には、きゃくしつや　しょくどうが　あります。」とあります。

4 「きゃくしつで　休んだり、しょくどうで　しょくじを　したり　します。」とあります。

5 「フェリーボートは、たくさんの　人と　じどう車を　いっしょに　はこぶ　ための　ふねです。」とあります。フェリーボートは自動車も運べる船ですが、客船は人だけを運ぶ船です。

じゅんび 66~67ページ

まとめて よぶ ことば／すきな きょうかを はなそう

かきトリ あたらしい かん字

学（ガク）8かく　しょう学生　きょうかしょ58ページ

校（コウ）10かく　校てい　58ページ

「学」の「⺍」の むきに ちゅういしましょう。

1 □に よみがなを かきましょう。

① あかるい 音（おん）がくを きく。

② あれが ぼくたちの 学校（がっこう）だ。

2 □に かん字を かきましょう。

① あたらしい 字を 学（がく）しゅうする。

② 校（こう）ていに あつまる。

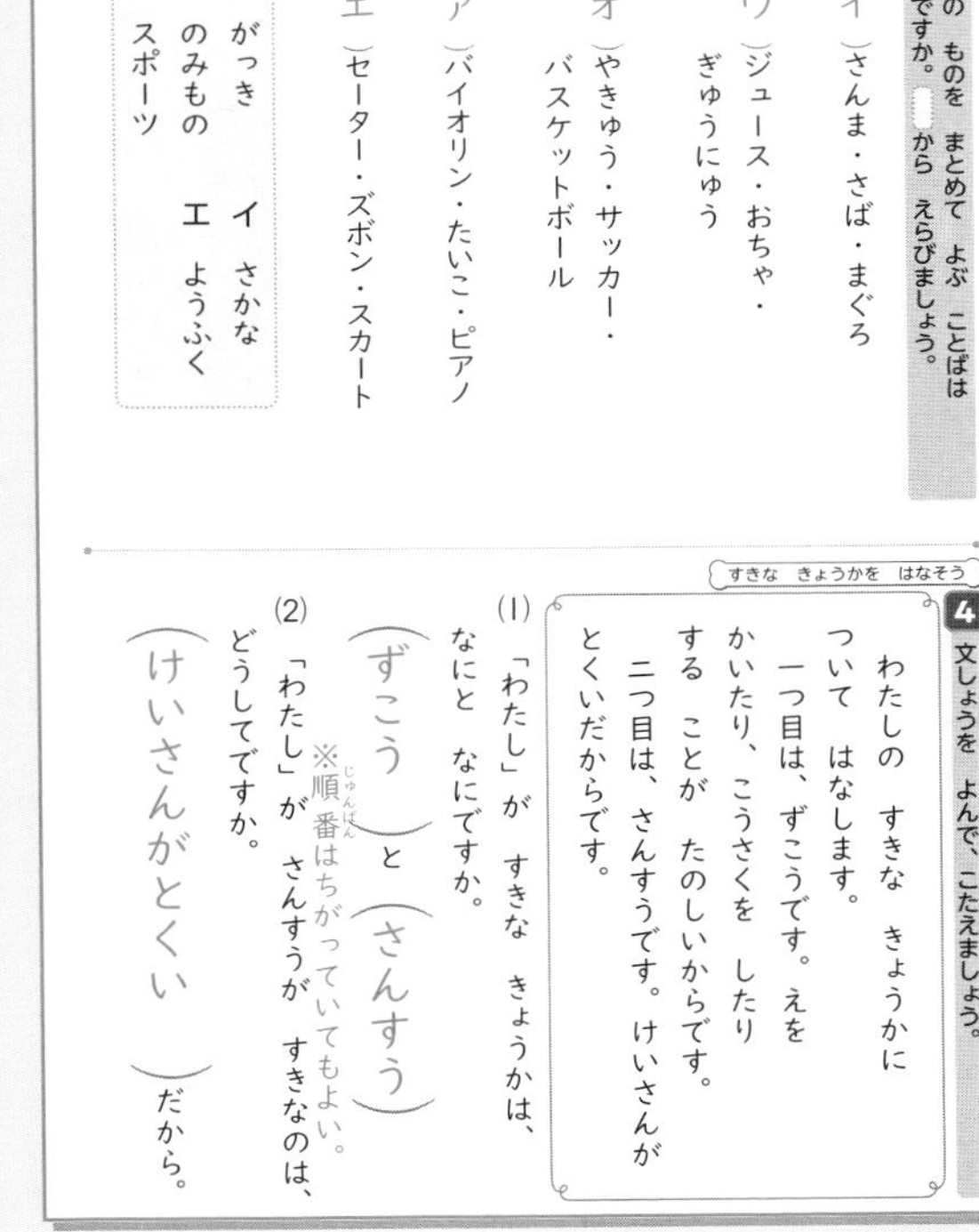

まとめて よぶ ことば

3 つぎの ものを まとめて よぶ ことばは なんですか。□から えらびましょう。

① （イ）さんま・さば・まぐろ

② （ウ）ジュース・おちゃ・ぎゅうにゅう

③ （オ）やきゅう・サッカー・バスケットボール

④ （ア）バイオリン・たいこ・ピアノ

⑤ （エ）セーター・ズボン・スカート

ア がっき　イ さかな　ウ のみもの　エ ようふく　オ スポーツ

すきな きょうかを はなそう

4 文しょうを よんで、こたえましょう。

わたしの すきな きょうかに ついて はなします。一つ目は、ずこうです。えを かいたり、こうさくを したり する ことが たのしいからです。二つ目は、さんすうです。けいさんが とくいだからです。

(1) 「わたし」が すきな きょうかは、なにと なにですか。

（ずこう）と（さんすう）

※順番はちがっていてもよい。

(2) 「わたし」が さんすうが すきなのは、どうしてですか。

（けいさんが とくい）だから。

じゅんび 68~69ページ

ことばで あそぼう／おもい出して かこう

ことばで あそぼう

1 「しんぶんし」のように、さかさまに よんでも おなじに なる ことばを つくりましょう。

① るすになに［する］

② たけやぶ［やけた］

③ たいやき［やいた］

④ ［わたし］かしたわ

2 さかさまに よむと おなじ ことばに なる ものを、一つ えらびましょう。

ア（　）わたしのたわし

イ（○）ダンスがすんだ

ウ（　）ねつきがいいキツネ

3 さかさまに よんだら おなじ ことばに ならない ものを、一つ えらびましょう。

ア（　）わたしまちましたわ

イ（　）わたしまけましたわ

ウ（○）わたしかちましたわ

4 「ねこがねこんだ」のような だじゃれを つくりましょう。

① くりが（びっくり）

② バッタが（れい いばった）

③ （れい ふとんが）ふっとんだ

④ （れい らくだは）らくだ

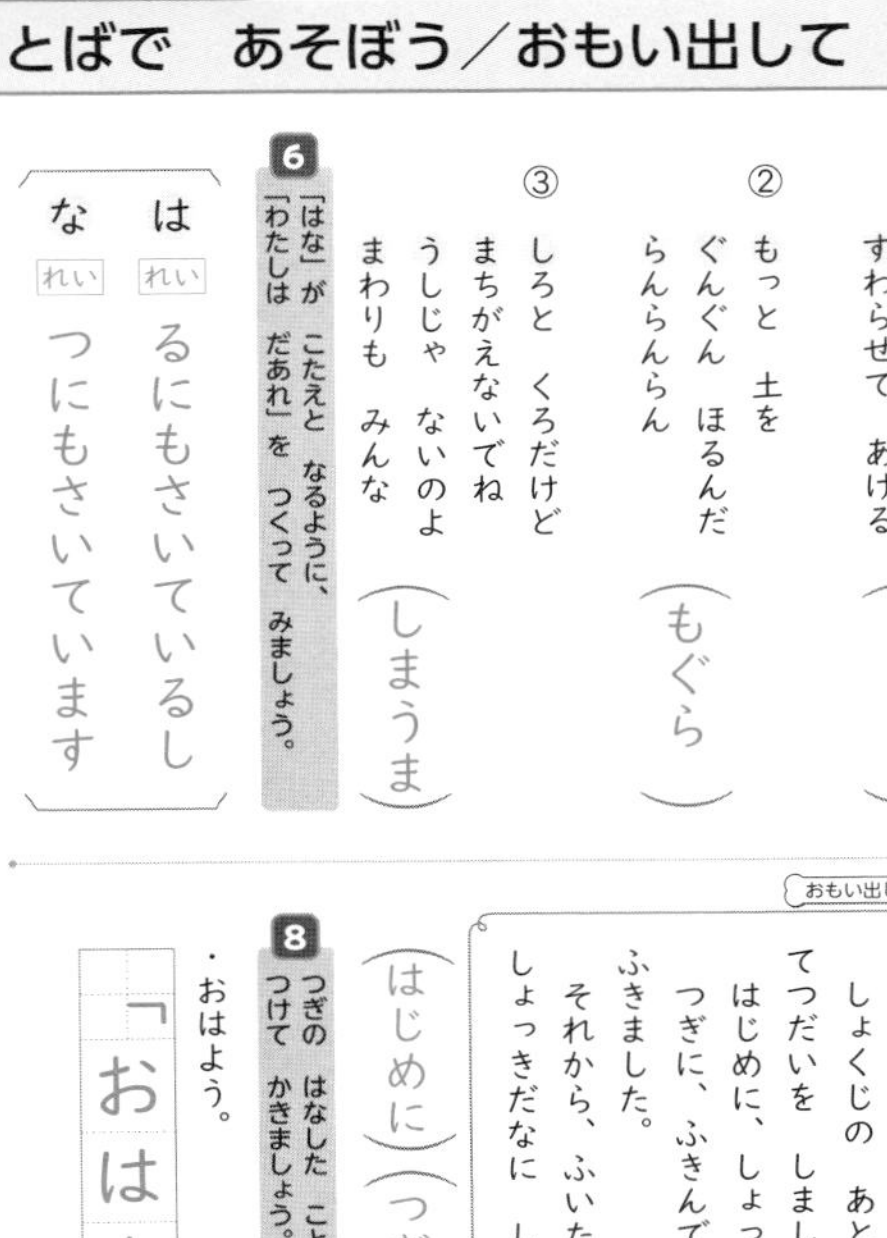

5 わたしは だれでしょう。

① いつも みんなを すわらせて あげる（いす）

② もっと 土を ぐんぐん ほるんだ らんらんらん（もぐら）

③ しろと くろだけど まちがえないでね うしじゃ ないのよ まわりも みんな（しまうま）

6 「はな」が こたえと なるように、「わたしは だあれ」を つくって みましょう。

は（れい）るにもさいているし

な（れい）つにもさいています

おもい出して かこう

7 つぎの 文しょうから、じゅんじょを あらわす ことばを、じゅんばんどおりに 三つ かきましょう。

しょくじの あとかたづけの てつだいを しました。はじめに、しょっきを あらいました。つぎに、ふきんで ていねいに ふきました。それから、ふいた しょっきを、しょっきだなに しまいました。

（はじめに）（つぎに）（それから）

8 つぎの はなした ことばを、かぎ（「　」）を つけて かきましょう。

・おはよう。

「おはよう。」

---

1 ②「学」の音読みは「ガク」ですが、学校は「がくこう」ではなく「がっこう」と読みます。「学科、学期、学区」なども同様に、「がっか、がっき、がっく」と読みます。

3 「さんま・さば・まぐろ」は同じ仲間の言葉、「さかな」は同じ仲間のものをまとめて呼ぶ言葉です。楽器、魚、飲み物、洋服、スポーツには、問題で挙げられている言葉のほかにどんな仲間の言葉があるか、書き出してみましょう。語彙力を鍛えることにも役立ちます。

4 (1)好きな教科について、「一つ目は、～です。」「二つ目は、～です。」のように、一つずつ紹介していることを確かめましょう。

(2)「～からです。」という表現で、それぞれの教科について好きな理由を説明しています。解答欄に合う形で解答できているか、確認してください。

1 上から読んでも下から読んでも同じ読み方になる「回文」を作る問題です。字数の分だけ、上や下の文字を引っくり返せば解答できます。

2 **3** 一文字ずつ読んで、確認しましょう。

4 解答例以外でも、だじゃれとして成立していれば正解です。意味が通じるかどうかより、同じ音を使っているかなど、いわゆるだじゃれの要素をここでは重視してください。

5 それぞれの行の一文字目をつなげて読むと、答えになります。

6 解答例は植物の「花」で作った「わたしはだあれ」ですが、「鼻」で解答していても正解です。

れい2 はのうえにあって なんのにおいでもかぐよ

7 したことを順番に書くときには、「はじめに」「つぎに」「それから」「さいごに」などの順序を表す言葉を使うと、読む人にその出来事や様子がわかりやすく伝わります。

8 原稿用紙などのます目に会話文を書くときは、〈「〉はます目の右下に、〈。〉と〈」〉はます目の右上と左上に書くようにします。

たしかめのテスト① 70～71ページ
いろいろな ふね ～ おもい出して かこう

文しょうを よんで、こたえましょう。 思考・判断・表現

フェリーボートは、たくさんの 人と じどう車を いっしょに はこぶ ための ふねです。
この ふねの 中には、きゃくしつや 車を とめて おく ところが あります。
人は、車を ふねに 入れてから、きゃくしつで 休みます。
ぎょせんは、さかなを とる ための ふねです。
この ふねは、さかなの むれを 見つける きかいや、あみを つんで います。
見つけた さかなを あみで とります。
しょうぼうていは、ふねの 火じを けす ための ふねです。
この ふねは、ポンプや ホースを つんで います。
火じが あると、水や くすりを かけて、火を けします。
いろいろな ふねが、それぞれの やく目に あうように つくられて います。

「いろいろな ふね」より

1 いくつの ふねが 出て きますか。かん字で かきましょう。 10てん
（三）つ

2 フェリーボートは、どんな つくりに なって いますか。 20てん
（れい ふねの中に、きゃくしつや車をとめておくところがある。）

3 フェリーボートに のる 人は、なにを してから きゃくしつで 休みますか。 20てん
（れい 車をふねに入れてから。）

4 ぎょせんは、どのように して さかなを とりますか。 一つ10てん（30てん）
（さかなのむれ）を 見つける（きかい）や、（あみ）を つかって とる。

5 しょうぼうていの やく目と つくりを、それぞれ かきましょう。 一つ10てん（20てん）
・やく目（れい ふねの火じをけす。）
・つくり（れい ポンプやホースをつんでいる。）

たしかめのテスト② 72～73ページ
いろいろな ふね ～ おもい出して かこう

1 （ ）に よみがなを かきましょう。 一つ5てん（20てん）
① 三にんの しょう学生。（がくせい）
② しょうぼう車が とおる。（しゃ）
③ あたらしい 校しゃ。（こう）
④ よつばの クローバーを 見つける。（み）

2 □に かん字を、（ ）に かん字と ひらがなを かきましょう。 一つ5てん（25てん）
① 車（くるま）で いく。 ② 音（おん）がく
③ えんぴつを 二本（にほん） かう。
④ こうえんに 人（ひと）が あつまる。
⑤ からだを（休める）（やすめる）。

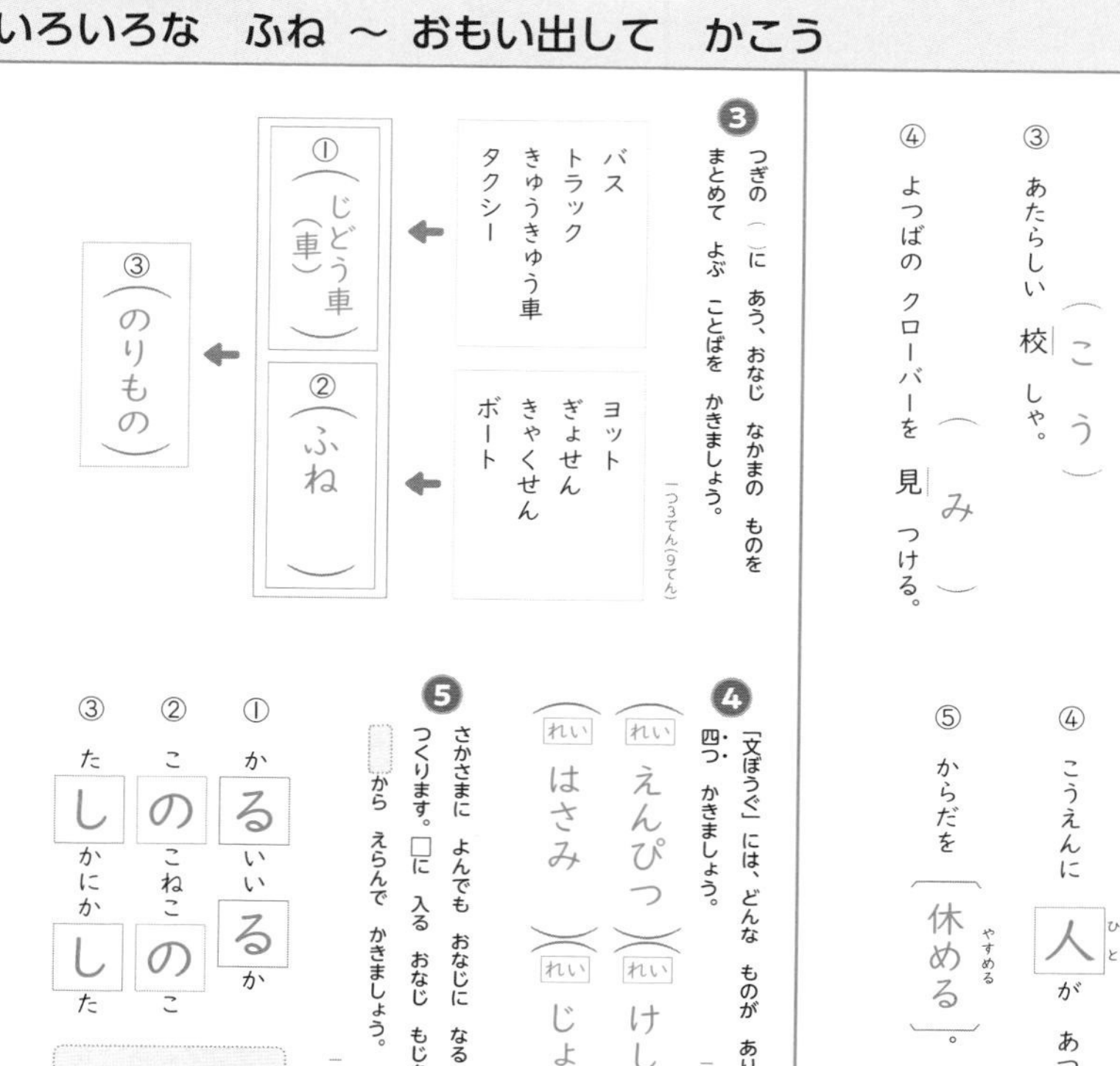

3 つぎの（ ）に あう、おなじ なかまの ものを まとめて よぶ ことばを かきましょう。 一つ3てん（9てん）
バス トラック きゅうきゅう車 タクシー → ①（じどう車（車））
ヨット ぎょせん きゃくせん ボート → ②（ふね）
→ ③（のりもの）

4 「文ぼうぐ」には、どんな ものが ありますか。四つ かきましょう。 一つ7てん（28てん）
（れい えんぴつ）（れい けしゴム）（れい はさみ）（れい じょうぎ）

5 さかさまに よんでも おなじに なる ことばを つくります。□に 入る おなじ もじを □から えらんで かきましょう。 一つ6てん（18てん）
① か る い い る か
② こ の こ ね こ の こ
③ た し か に か し た

あ ぬ の し ま る

---

1 ここでは、「フェリーボート」「ぎょせん」「しょうぼうてい」の三つの船が紹介されています。

2 「たくさんの 人と じどう車を いっしょに はこぶ」ために、船の中がどんなつくりになっているのかをとらえます。

3 「人は、車を ふねに 入れてから、きゃくしつで 休みます。」とあります。

4 漁船については、11行目から説明されています。13行目の「この ふねは」は、「ぎょせん」を指していることをおさえて、魚をとる方法を読み取り、空欄に合うように答えます。

5 この文章では、それぞれの船について、まず「○○は、～ための ふねです」と「役目」を述べ、次に「つくり」「できること」を説明しています。消防艇についてもこの形式で書かれているので、よく確かめながら読んでみましょう。

おうちのかたへ

「いろいろな ふね」は、さまざまな用途の船を取り上げて、その役目（何をするための船か）、つくり（何があるか）、できること（何ができるか）について説明している文章です。どの船についても、項目ごとに同じ形式で説明を進めているので、カードや表を用いて、それぞれの船ごとに「役目」「つくり」「できること」を整理する活動を取り入れてみましょう。内容をより的確にとらえることができます。

3 「バス」「トラック」「きゅうきゅう車」「タクシー」をまとめて呼ぶ言葉は「じどう車（車）」です。同様に、「ヨット」「ぎょせん」「きゃくせん」「ボート」をまとめて呼ぶ言葉は「ふね」です。そして、それらをまとめて呼ぶ言葉は「のりもの」となります。

4 身の回りにある文房具の名前を確認しましょう。
れい2 ノート／ボールペン／のり など

5 空欄には同じ文字が入ることに気を付けて、回文を作りましょう。

おとうとねずみ　チロ／すきな　おはなしは　なにかな

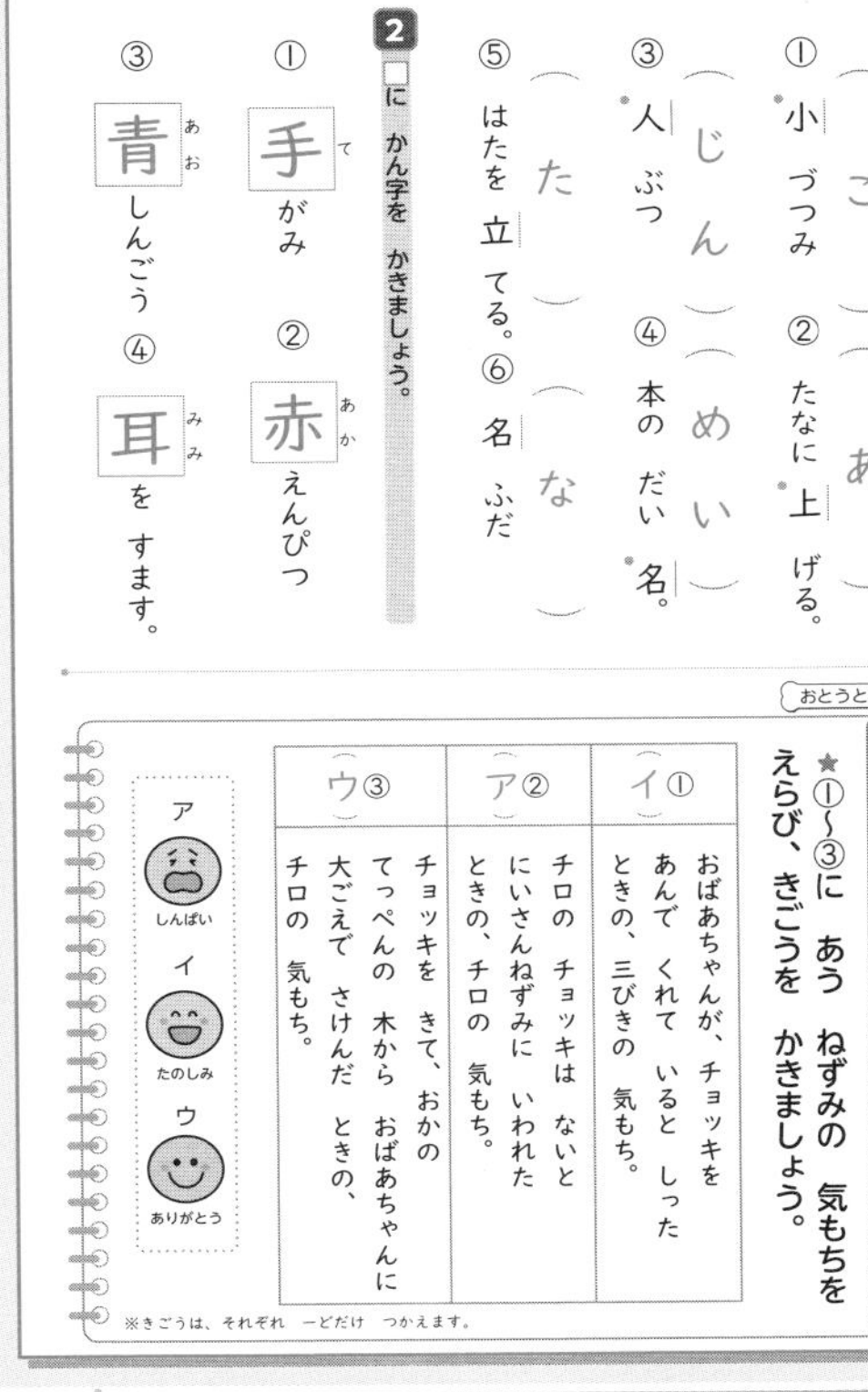
1 □に　よみがなを　かきましょう。

①（こ）小づつみ　②たなに（あ）上げる。
③（じん）人ぶつ　④本の　だい（めい）名。
⑤はたを（た）立てる。⑥（な）名ふだ

※よみかたが　あたらしい　字

2 □に　かん字を　かきましょう。

①〔手〕がみ　②〔赤〕えんぴつ
③〔青〕しんごう　④〔耳〕を　すます。

おとうとねずみ チロ

3分でワンポイント

人ぶつの　した　ことや　ようすを　よみとろう。

★①～③に　あう　ねずみの　気もちを　えらび、きごうを　かきましょう。

（イ）①	（ア）②	（ウ）③
おばあちゃんが、チョッキを　あんで　くれて　いると　しった　ときの、三びきの　気もち。	チロの　チョッキは　ないと　にいさんねずみに　いわれた　ときの、チロの　気もち。	チョッキを　きて、おかの　てっぺんの　木から　おばあちゃんに　大ごえで　さけんだ　ときの、チロの　気もち。

ア　しんぱい
イ　たのしみ
ウ　ありがとう

※きごうは、それぞれ　一どだけ　つかえます。

かきトリ　あたらしい　かん字

きょうかしょ70ページ	71ページ	71ページ	72ページ	74ページ	76ページ
手（シュ・て）4かく	赤（あか・あかい・あからむ・あからめる）7かく	青（あお・あおい）8かく	名（メイ・な）6かく	立（たつ・たてる）5かく	口（くち）3かく
手を　あげる。	赤い　花。	青ぞら	名ふだ	立ちあがる	口を　ひらく。

77ページ	83ページ	83ページ	83ページ	85ページ
耳（みみ）6かく	女（おんな）3かく	子（シ・こ）3かく	男（おとこ）7かく	年（ネン）6かく
耳が　ながい。	女の　子。	子どもたち	男の　子。	一年生

おとうとねずみ　チロ

文しょうを　よんで、こたえましょう。

　ある　日、三びきの　ねずみの　きょうだいの　ところへ、おばあちゃんから　手がみが　とどきました。
　それには、こんな　ことが　かいて　ありました。

> 　あたらしい　けいとで、おまえたちの　チョッキを　あんで　います。けいとの　いろは、赤と　青です。もう　すぐ　あみあがります。たのしみに　まって　いて　ください。

　さあ、三びきは　大よろこび。

「ぼくは　赤が　いいな。」

にいさんねずみが　いいました。

「わたしは　青が　すき。」

ねえさんねずみが　いいました。

「ぼくは　赤と　青。」

おとうとねずみが　いいました。

「チロのは　ないよ。」

にいさんねずみが　いいました。

チロと　いうのは、おとうとねずみの　名まえです。

「そうよ。青いのと　赤いのだけよ。」

ねえさんねずみが　いいました。

「そんな　こと　ないよ。ぼくのも　あるよ。」

チロは、あわてて　いいかえしましたが、ほんとうは、とても　しんぱいでした。

もりやま　みやこ「おとうとねずみ　チロ」より

1 だれから　手がみが　とどきましたか。一つに　○を　つけましょう。
ア（○）おばあちゃん
イ（　）おじいちゃん
ウ（　）おかあさん

2 手がみには、どんな　ことが　かいて　ありましたか。
〔赤〕と〔青〕の　けいとで、〔チョッキ〕を　あんで　いると　いう　こと。
※順番はちがっていてもよい。

3 にいさんねずみは　なにいろが　いいと　いって　いますか。
〔赤〕

4 「そんな　こと　ないよ。」と　チロが　いって　いますが、にいさんねずみの　どの　ことばに　たいして　いって　いるのですか。
「〔チロのは〕ないよ。」

ヒント　にいさんねずみの　ことばに　ちゅうい。

5 「そんな　こと　ないよ。」と　いった　ときの　チロは、どんな　気もちですか。一つに　○を　つけましょう。
ア（　）くやしい　気もち。

イ（○）しんぱいする　気もち。

ウ（　）たのしい　気もち。

ヒント　29・30ぎょう目を　よく　よもう。

3分でワンポイント

　「おとうとねずみチロ」（森山京）に出てくる人物は、「にいさんねずみ」「ねえさんねずみ」「おとうとねずみ」の「チロ」です。ほかにも、場面に登場はしませんが、「おばあちゃん」がいます。どの人物がどの場面で登場するかをおさえておきましょう。

　ねずみたちの気持ちを考えるために、場面ごとの出来事から、もし自分だったらどんな気持ちになるかを想像させるとよいでしょう。
①おばあちゃんの手紙を読んで、三びきが大喜びしている場面です。チョッキが届くのを楽しみにしています。
②にいさんねずみの言葉にチロは不安になり、自分のチョッキも編んでくれているかどうか心配になっています。
③届いたチョッキを着て木に登り、おばあちゃんに向けて「ありがとう」の気持ちを大きな声で伝えています。

1 文章の冒頭に、「おばあちゃんから　手がみが　とどきました」とあります。

2 文章中の□の部分が、おばあちゃんからの手紙の内容なので、そこから読み取ります。「おまえたち」とは、チロ、チロのにいさんねずみ、チロのねえさんねずみの三びきのきょうだいを指していることを確かめましょう。

3 「『ぼくは　赤が　いいな。』／にいさんねずみが　いいました。」とあります。会話文のあとに、誰がその言葉を言ったかが書かれていることに注意しましょう。物語を読むときには、それぞれの言葉が誰の発言であるかをしっかりとらえながら読み進めることが大切です。

4 直前で、ねえさんねずみも「そうよ。青いのと　赤いのだけよ。」と言っていますが、設問文に「にいさんねずみの　どの　ことばに　たいして」とあるので、にいさんねずみの言葉から抜き出します。

5 チロの「そんな　こと　ないよ。」を含む言葉のあとに、「チロは、……ほんとうは、とても　しんぱいでした。」と、チロの気持ちを表す言葉があります。

たしかめのテスト① 78～79ページ
おとうとねずみ　チロ／すきな　おはなしは　なにかな

文しょうを　よんで、こたえましょう。 思考・判断・表現

チロは、大きく　口を　あけ、いちばん　だいじな　ことを　いいました。

「ぼくにも　チョッキ、あんでね。」

チロは、「あんでね。」が　きこえて　しまうまで、じっと　耳を　すまして　いました。

なん日か　たって、おばあちゃんから　小づつみが　とどきました。

中には、けいとの　チョッキが、三まい　入って　いました。

いちばん　大きいのが、赤。つぎが、青。小さいのは、赤と　青の　よこじまでした。

「あ、しましまだ。だあいすき。」

チロは、さっそく　チョッキを　きると、おかの　てっぺんの　木へ　かけのぼりました。

「おばあちゃあん、ぼくは　チロだよう。しましまの　チョッキ、ありがとう。」

チロは、大ごえで　さけびました。

そして、「ありがとう。」が　きえるのを　まって、もう　一ど、こんどは　ゆっくり　いいました。

「あ、り、が、と、う。」

もりやま　みやこ「おとうとねずみ　チロ」より

1 「小づつみ」の　中には　なにが　入って　いましたか。（一つ10てん〈20てん〉）
（三）まいの　けいとの（チョッキ）。

2 よく出る　チロが　もらった　チョッキは　どれですか。一つに　○を　つけましょう。（20てん）
ア（　）いちばん　大きい、赤。

イ（　）二ばん目に　大きい、青。

ウ（○）小さい、赤と　青の　よこじま。

3 チロが　じぶんの　チョッキを　見た　ときの　気もちが　わかる　ことばを、五字で　かきぬきましょう。（20てん）
だあいすき

4 「ありがとう。」に　くらべて、「あ、り、が、と、う。」は、どのくらいの　こえの　大きさで　よむと　よいですか。（20てん）
ア（　）すこし　小さな　こえ。

イ（　）おなじくらいの　こえ。

ウ（○）さらに　大きな　こえ。

5 チロが　おかの　てっぺんの　木へ　かけのぼったのは　なんの　ためですか。（20てん）
チョッキを　くれた　おばあちゃんに、（れい　おれい）の　ことばを　つたえる　ため。

たしかめのテスト② 80～81ページ
おとうとねずみ　チロ／すきな　おはなしは　なにかな

1 （　）に　よみがなを　かきましょう。（一つ5てん〈35てん〉）
① 口（くち）を　あける。　② みぎ　手（て）
③ ねこの　耳（みみ）。　④ 二年生（にねんせい）
⑤ 男（おとこ）の　人。　⑥ 子（こ）どもたち
⑦ 小（こ）とりが　さえずる。

2 □に　かん字を、（　）に　かん字と　ひらがなを　かきましょう。（一つ5てん〈30てん〉）
① 女の　人。　② 青い　うみ。
③ 名まえ　④ いすから　立つ。
⑤ ほおを（赤らめる）。　⑥ あめが（上がる）。

3 ただしい　いみに　○を　つけましょう。（一つ5てん〈25てん〉）
① きゅうに　よばれて　あわてる。
ア（○）おどろいて　まごまごする。

イ（　）おちついて　こうどうする。
② べんきょうを　おしえてと　たのむ。
ア（　）しんぱいする。

イ（○）おねがいする。
③ 木の　てっぺんまで　のぼる。
ア（○）いちばん　上。

イ（　）まん中の　あたり。
④ トンネルの　中では　こえが　ひびく。
ア（○）音が　はねかえって　きこえる。

イ（　）音が　だんだん　小さく　なる。
⑤ こえを　はり上げる。
ア（　）こえを　ひくく　小さく　出す。

イ（○）こえを　たかく　つよく　出す。

4 すきな　本を　「しょうかいカード」に　かきます。□に　あう　ことを　えらびましょう。（一つ5てん〈10てん〉）

一年二くみ　やまの　こうた
①
ニひきの　ねこ
②
のらねこたちが、大きな　さかなを　つかまえる　ところが　すきです。さいごに、あっと　おどろく　できごとが　おきます。

①（ウ）　②（イ）
ア　本を　よんだ　日
イ　すきな　ところ
ウ　本の　だい名
エ　本を　かいた　人の　なまえ

1 文章中の、「小づつみ」を含む文の直後にある「中には」とは、「小づつみの中には」という意味であることを確認しましょう。

2 「あ、しましまだ。だあいすき。」と言ったのがチロであることをおさえます。どのようなしましまかは、その前に書かれています。チロのチョッキは、小さく、赤と青の横じまであることがわかります。

3 「ありがとう」も、チョッキをくれたおばあちゃんへのチロの気持ちを表しています。ただし、設問文に「じぶんの　チョッキを　見た　ときの　気もち」とあるので、小包の中のチョッキを見た直後に言った、「あ、しましまだ。だあいすき。」という言葉から抜き出します。

4 おばあちゃんの家は、チロが登った丘から、谷をはさんで見える高い山のずっと向こう側にあります。そこまで声を確実に届けるために、一度目の「ありがとう」よりも二度目の「あ、り、が、と、う」は、さらに大きな声でゆっくりと音読するのがよいでしょう。

5 チロが、丘のてっぺんの木の上から大声で叫んだ言葉から読み取ります。特に、「ありがとう」という言葉を繰り返していることに注目し、空欄に合う言葉を答えましょう。
れい2 かんしゃ　れい3 ありがとう

おうちのかたへ
まず、物語に出てくる人や動物のことを「人物」ということをおさえます。登場人物の気持ちをとらえるには、気持ちを直接表す表現（「うれしい」「心配」「こわい」など）や、人物の様子、行動、言葉が手がかりとなります。気持ちをとらえ、その人物になったつもりで音読をしてみましょう。気持ちが伝わるように読むことができたら、おうちのかたが褒めてあげてください。物語を読むことの楽しさが実感でき、自信をもつことにもつながります。

3 ⑤「はり上げる」は、「声を高く（大きく）強く出す」という意味です。

4 本の「しょうかいカード」には、本の題名と、その本の好きなところを書きます。

じゅんび　82~83ページ

みみずの　たいそう／むかしばなしを　たのしもう

1（むかしばなしを　たのしもう）つぎの　えと、むかしばなしの　名まえを、――で　むすびましょう。

① ② ③ ④

きんたろう
おむすび　ころりん
かぐやひめ
うさぎと　かめ

2（みみずの　たいそう）ただしい　いみに　○を　つけましょう。

① いとが　もつれる。
ア（○）からみあう。
イ（　）ばらばらに　なる。

② ゴムが　のびる。
ア（　）ほそく　なる。
イ（○）ながく　なる。

③ たいいくが　ドッジボールなので　はりきる。
ア（○）げん気いっぱいで　ある。
イ（　）ふざけて　いる。

④ うさぎが　はねる。
ア（　）はやく　はしる。
イ（○）とび上がる。

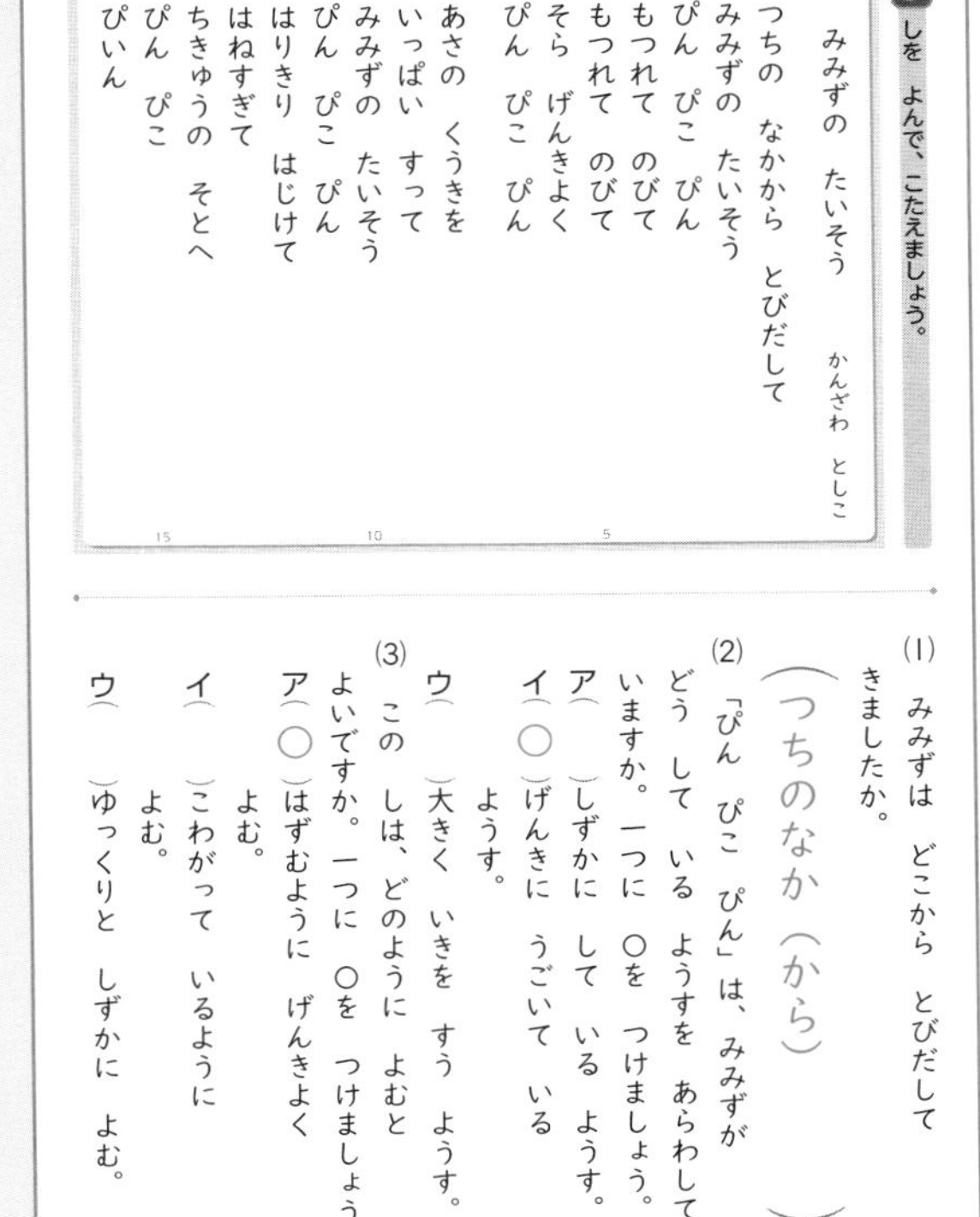

3 しを　よんで、こたえましょう。

みみずの　たいそう　　かんざわ　としこ

つちの　なかから　とびだして
みみずの　たいそう
ぴん　ぴこ　ぴん
もつれて　のびて
そら　げんきよく
ぴん　ぴこ　ぴん
あさの　くうきを
いっぱい　すって
みみずの　たいそう
ぴん　ぴこ　ぴん
はりきり　はじけて
はねすぎて
ちきゅうの　そとへ
ぴん　ぴこ
ぴいん

(1) みみずは　どこから　とびだして　きましたか。
（つちのなか（から））

(2) 「ぴん　ぴこ　ぴん」は、みみずが　どう　して　いる　ようすを　あらわして　いますか。一つに　○を　つけましょう。
ア（　）しずかに　して　いる　ようす。
イ（○）げんきに　うごいて　いる　ようす。
ウ（　）大きく　いきを　すう　ようす。

(3) この　しは、どのように　よむと　よいですか。一つに　○を　つけましょう。
ア（○）はずむように　げんきよく　よむ。
イ（　）こわがって　いるように　よむ。
ウ（　）ゆっくりと　しずかに　よむ。

じゅんび　84~85ページ

おはなしを　かこう／かたかなの　かたち

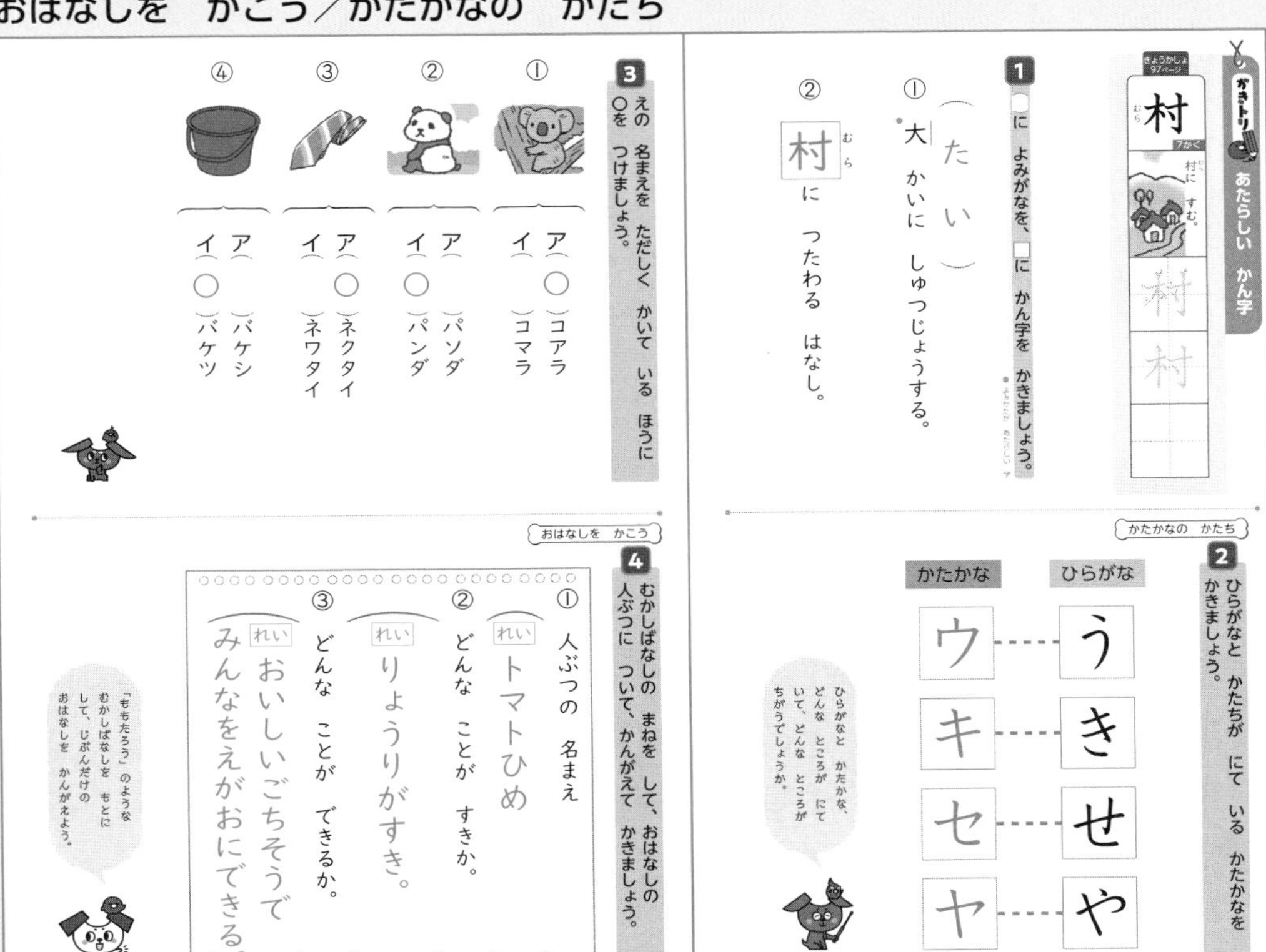

かきトリ　あたらしい　かん字
きょうかしょ97ページ
村　7かく
村に　すむ。

1 □に　よみがなを、□に　かん字を　かきましょう。

① 大（たい）かいに　しゅつじょうする。
② 村（むら）に　つたわる　はなし。

2（かたかなの　かたち）ひらがなと　かたちが　にて　いる　かたかなを　かきましょう。

ひらがな	かたかな
う	ウ
き	キ
せ	セ
や	ヤ

3 えの　名まえを　ただしく　かいて　いる　ほうに　○を　つけましょう。

① ア（○）コアラ　イ（　）コマラ
② ア（　）パソダ　イ（○）パンダ
③ ア（○）ネクタイ　イ（　）ネワタイ
④ ア（　）バケシ　イ（○）バケツ

4（おはなしを　かこう）むかしばなしの　まねを　して、おはなしの　人ぶつに　ついて、かんがえて　かきましょう。

① 人ぶつの　名まえ
（れい）トマトひめ

② どんな　ことが　すきか。
（れい）りょうりがすき。

③ どんな　ことが　できるか。
（れい）おいしいごちそうでみんなをえがおにできる。

---

1 「きんたろう」「ももたろう」「うらしまたろう」「かぐやひめ」「こぶとりじいさん」「おむすびころりん」などは、一度は聞いたり読んだりしたことがあるのではないでしょうか。いろいろな昔話を読み比べて、おもしろかった点や、共通している点を話し合ってみるのもよいでしょう。

3 (1)第一連（一つ目のまとまり）の最初に、「つちの　なかから　とびだして」とあります。

(2)繰り返される「ぴん　ぴこ　ぴん」の前後には、「みみずの　たいそう」「もつれて　のびて」「そら　げんきよく」「はりきり　はじけて」などの言葉があります。これらの言葉から、「ぴん　ぴこ　ぴん」は、みみずが体操するように、元気に動き回っている様子を表していると考えられます。

(3)(2)でとらえたみみずの様子を踏まえ、また、「ぴん　ぴこ　ぴん」という言葉の響きを考えて、詩全体を弾むような調子で読むのがふさわしいでしょう。最後だけ「ぴん　ぴこ／ぴいん」となっていることをおさえ、ここはいちだんと元気よく読むとよいでしょう。

2 ひらがなと形が似ているかたかなを書く問題です。「ウ・カ・キ・セ・モ・ヤ・リ」などのかたかなは、ひらがなと形が似ているので、注意が必要です。単にかたかなを書くだけでなく、ひらがなとどんなところが似ていて、どんなところが違うのか、気を付けながら書いてみるとよいでしょう。ひらがなには丸みがあり、かたかなは角ばっていること、線や曲げて書く部分の形の違い、点の有無などに気付くことができるとよいでしょう。

3 「ア」と「マ」、「ソ」と「ン」、「ク」と「ワ」、「シ」と「ツ」、「ス」と「ヌ」、「コ」と「ユ」などのかたかなは、字形が似ているので混同しないように、それぞれの形をしっかりと覚えるようにしましょう。

4 お子さまがなかなか思いつかない場合は、『ももたろう』の『もも』を別の果物や野菜に変えてみたら？」など、おうちのかたがアドバイスしてあげてください。

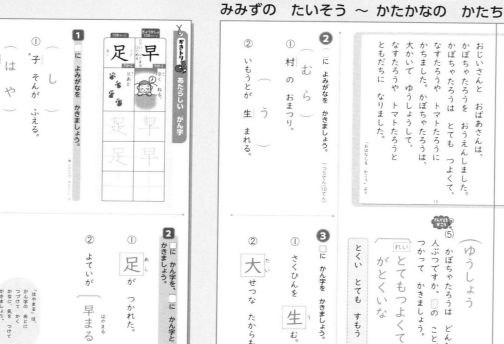

たしかめのテスト 86~87ページ
みみずの たいそう ～ かたかなの かたち

1 文しょうを よんで、こたえましょう。 思考・判断・表現

かぼちゃたろう

むかしむかし、ある ところに、おじいさんと おばあさんが すんで いました。

ある 日、おばあさんは、川で かぼちゃを ひろいました。その かぼちゃから 赤んぼうが 生まれました。ふたりは、かぼちゃたろうと 名まえを つけて、そだてる ことに しました。

かぼちゃたろうは、大きく なって、村の すもう大かいに 出ました。

おじいさんと おばあさんは、かぼちゃたろうを おうえんしました。なすたろうや トマトたろうは とても つよくて、かちました。かぼちゃたろうは、大かいで ゆうしょうして、なすたろうや トマトたろうと ともだちに なりました。

「おはなしを かこう」より

(1) この おはなしには なんにん 出て きますか。かん字で かきましょう。 15てん
（ 五 ）にん

(2) おばあさんは どこで かぼちゃを ひろいましたか。一字で かきましょう。 15てん
［川］で ひろった。

(3) かぼちゃたろうは、大きく なって、なにを しましたか。 15てん
村の ［すもう］ 大かいに 出た。

(4) かぼちゃたろうは、大かいで どう なりましたか。 15てん
（ゆうしょう）した。

(5) かぼちゃたろうは どんな 人ぶつですか。□の ことばを すべて つかって かきましょう。 20てん
［とくい　とても　すもう　つよくて］
（れい）とてもつよくて、すもうがとくいな 人ぶつ。

2 （　）に よみがなを かきましょう。 一つ5てん（10てん）
① 村（むら）の おまつり。
② いもうとが 生（う）まれる。

3 □に かん字を かきましょう。 一つ5てん（10てん）
① さくひんを ［生］む。
② ［大］せつな たからもの。

1 (1)「おじいさん」「おばあさん」「かぼちゃたろう」「なすたろう」「トマトたろう」の五人が出てきます。
(2)「おばあさんは、川で かぼちゃを ひろいました」とあります。
(3)「かぼちゃたろうは、大きく なって、村の すもう大かいに 出ました。」とあります。
(4)すもう大会に出たかぼちゃたろうは、とても強く、なすたろうやトマトたろうに勝って、優勝したことをおさえます。
(5)語順が違っていても、意味が通じる文になっていれば正解とします。
れい2 つよくて、すもうがとてもとくいな

3 ①「子どもを まもる どうぶつたち」の文章には、「とおざける」のほかに、「とおざかる」という語も出てきます。「とおざかる」は、「遠くへ離れていく」という意味の自動詞です。なお、「とおざける」は他動詞です。
④この「ひらける（開ける）」は、「周りに視界をさえぎるものがなく、遠くまでよく見渡せる」という意味です。

じゅんび 88~89ページ
子どもを まもる どうぶつたち

かきトリ あたらしい かん字
早（6かく） 足（7かく）

1 □に よみがなを かきましょう。
① 子（し）そんが ふえる。
② 早（はや）い じかんに おきる。

2 □に かん字を、（　）に かん字と ひらがなを かきましょう。
① ［足］が つかれた。
② よていが （早まる）。

「はやまる」は、かん字の あとに つづけて かく かなに、気を つけて かきましょう。

3 ただしい いみに ○を つけましょう。
① あぶない ものを とおざける。
ア（　）とおくから ひきよせる。
イ（○）とおくへ はなれさせる。
② じゃりの みちが つづいて いる。
ア（○）こまかい いしの あつまり。
イ（　）でこぼこした 大きな いわ。
③ こわくて 目を そらす。
ア（　）じっと 見つめる。
イ（○）べつの ほうに むける。
④ ひらけた ばしょに 出る。
ア（○）じゃまな ものが ない。
イ（　）人が まったく いない。
⑤ 子どもを まもる ための ちえ。
ア（○）ものごとを うまく おこなう ための あたまの はたらき。
イ（　）あたらしい かんがえ。

3分でワンポイント
どうぶつの 子どもの まもりかたの ちがいを たしかめよう。
★つぎの どうぶつの おやは、どのように して、てきから 子どもを まもりますか。せんで むすびましょう。

ライオン	子どもを くわえたり かかえたり して はこぶ。
オオアリクイ	子どもを せなかに のせて はこぶ。
コチドリ	じぶんが けがを して いるように 見せかける。

3分でワンポイント

「子どもを まもる どうぶつたち（成島悦雄）」では、オオアリクイとコチドリ、ライオンの、子どもの守り方の違いを確かめます。ライオンなどの肉食動物が子どもを守るときは、ふつう、子どもをくわえたり抱えたりして危険から遠ざけます。しかし、オオアリクイは口が細長く、くわえて運ぶことができないため、子どもを背中に乗せて運びます。コチドリも、ひなをくわえて運ぶことができないため、自分がけがをしているように見せかけて、敵の注意をひなからそらします。以上の三つの例から、体の特徴や子育てをする環境によって、それぞれの動物が、知恵を使って敵から子どもを守っていることをおさえましょう。

正しく線で結べなかった場合は、教科書の写真を見たり、文章を読み直したりしてみてください。そしてそれぞれの動物が、どのような知恵で子どもを守っているのかを確認するようにしましょう。

子どもを　まもる　どうぶつたち

文しょうを　よんで、こたえましょう。

ライオンなど、にくを　たべる　どうぶつが、子どもを　きけんから　とおざける　ときには、ふつう　くわえたり　かかえたり　して、はこびます。しかし、オオアリクイの　口は　ほそながいので、子どもを　くわえて　はこぶ　ことが　できません。

そこで、オオアリクイの　おやは、ちえを　つかいます。オオアリクイの　おやは、子どもを　せなかに　のせて　はこびます。

おやの　からだの　もようと、子どもの　からだの　もようが　つながって　見え、てきから　子どもが　目立たなく　なるのです。

なるしま　えつお「子どもを　まもる　どうぶつたち」より

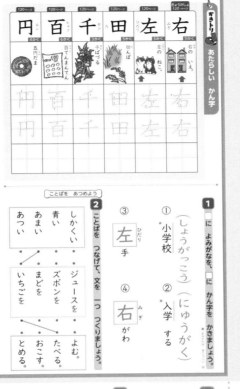

❶ にくを　たべる　どうぶつは、ふつう　どう　やって　子どもを　きけんから　とおざけますか。十字で　かきぬきましょう。

くわえたり　かかえたり　して　はこぶ。

❷ オオアリクイが、子どもを　くわえて　はこぶ　ことが　できないのは、なぜですか。

ア（　）子どもが　にげるから。
イ（○）口が　ほそながいから。
ウ（　）力が　よわいから。

ヒント　「～ので」は、わけを　あらわすよ。

❸ オオアリクイの　おやは、どう　やって　子どもを　はこびますか。

ア（○）せなかに　のせて　はこぶ。
イ（　）はなで　つかんで　はこぶ。
ウ（　）まえ足で　かかえて　はこぶ。

❹ ❸のように　して　子どもを　はこぶのは、どうしてですか。

ア（　）おやと　子どもの　からだが　あわさって、大きく　見えるから。
イ（　）おやが　子どもを　まもって　いる　ことが、てきに　つたわるから。
ウ（○）おや子の　もようが　つながって　見え、子どもが　目立たなく　なるから。

ヒント　19ぎょう目から　あとを　よもう。

❶ 「ライオンなど、……子どもを　きけんから　とおざける　ときには、ふつう　くわえたり　かかえたり　して、はこびます。」という一文から読み取ります。「ライオン」は、「にくを　たべる　どうぶつ」（＝肉食動物）の例です。

❷ 「子どもを　くわえて　はこぶ　ことが　できません」の直前に、「オオアリクイの　口は　ほそながいので」と、理由を説明している部分があることに気付かせましょう。

❸ 「子どもを　くわえて　はこぶ　ことが　できません」のあとに、「そこで」という言葉でつながれ、「オオアリクイの　おやは、ちえを……子どもを　せなかに　のせて　はこびます。」とあります。

❹ オオアリクイが、子どもを背中に乗せて運ぶことと、その理由をとらえたうえで、それがオオアリクイの親が子どもを敵から守るために使う知恵の内容であることを確かめましょう。オオアリクイの親子の模様がつながって見える様子は、教科書106ページの写真を見ながら確認すると、理解の助けになります。

ことばを　あつめよう／小学校の　ことを　しょうかいしよう

かきトリ　あたらしい　かん字

右	左	田	千	百	円
みぎ　5かく	ひだり　5かく	た　5かく	セン　3かく	ヒャク　6かく	エン　4かく
右の　いえ。	左の　ねこ。	田んぼ	千ばづる	百てんまんてん	五円だま

1 □に　よみがなを、□に　かん字を　かきましょう。

① 小学校（しょうがっこう）
② 入学（にゅうがく）する
③ 左（ひだり）手
④ 右（みぎ）がわ

ことばを　あつめよう

2 ことばを　つなげて、文を　一つ　つくりましょう。

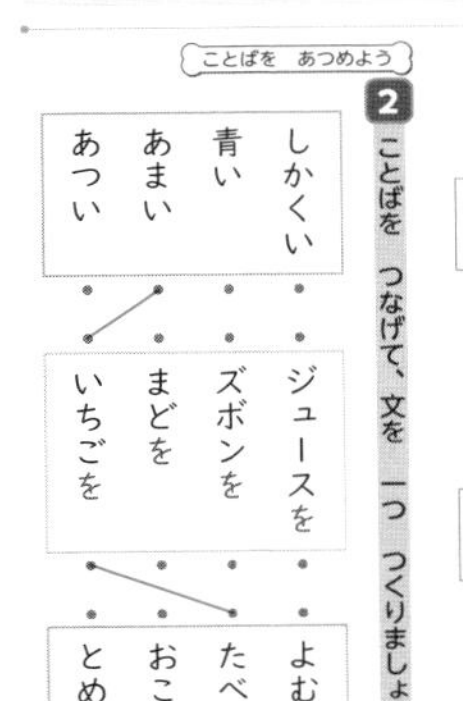
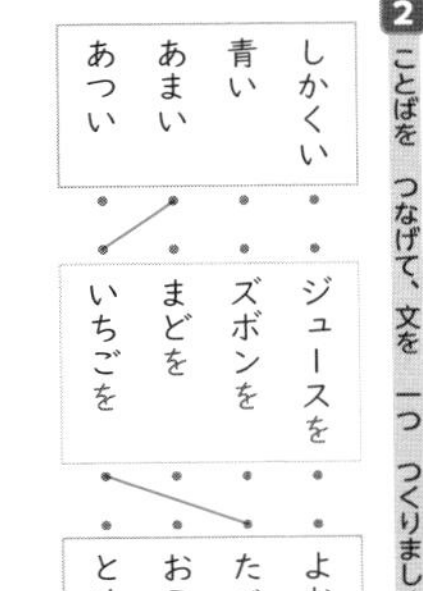

しかくい	ジュースを	よむ。
青い	ズボンを	たべる。
あまい	まどを	おこす。
あつい	いちごを	とめる。

小学校の　ことを　しょうかいしよう

3 文しょうを　よんで、こたえましょう。

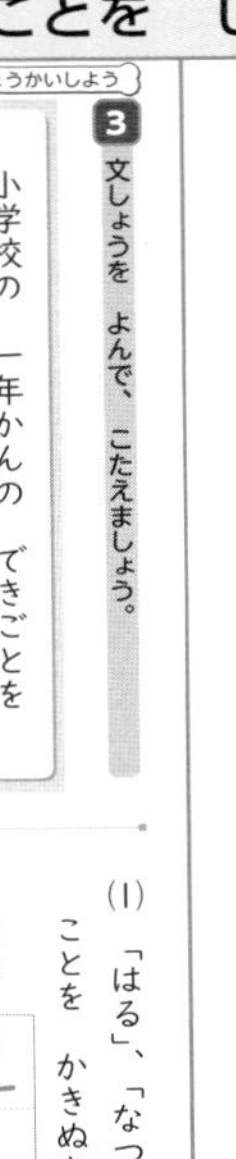

小学校の　一年かんの　できごとを　しょうかいします。

はるは、えん足で　どうぶつえんに　いきます。みんなと　おべんとうを　たべると、おいしいです。

なつは、プールに　入ります。小学校の　プールは　大きいので、おもいきり　およぐ　ことが　できます。

あきは、音がくかいで、けんばんハーモニカを　えんそうします。みんなが　はく手を　して　くれるので、うれしく　なります。

ふゆは、マラソン大かいを　します。たいへんだけど、はしりおわった　あとは　気ぶんが　すっきりします。

たのしみに　して　いて　ください。

「小学校の　ことを　しょうかいしよう」より

(1) 「はる」、「なつ」、「あき」に　する　ことを　かきぬきましょう。

はる　えん足
なつ　プールに　入る。
あき　音がくかい

(2) えん足で　どんな　ことを　かんじましたか。

みんなと　おべんとうを　たべると、おいしい。

(3) マラソン大かいで　はしりおわった　あと、どんな　気ぶんに　なりますか。一つに　○を　つけましょう。

ア（○）すっきりした　気ぶん。
イ（　）たのしい　気ぶん。

2 集めた言葉をつなげて、文を作る問題です。文の意味が通るようにつなげると、「あまい　いちごを　たべる。」となります。

3 (1)小学校に入学してからの一年間の出来事を、順序どおりに紹介している文章です。いつ、どんな出来事があるのかを、季節を表す言葉を手がかりに読み取りましょう。

(2)この文章には、新しい一年生に小学校で体験することを紹介し、入学を楽しみにしてもらえるようにするという目的があります。そのため、自分が感じたこと、思ったことを入れて話すと効果的です。ここでは、遠足でみんなとお弁当を食べて感じたことを述べています。

(3)13～15行目では、冬に行われるマラソン大会について紹介しています。「たいへんだけど、はしりおわった　あとは　気ぶんが　すっきりします。」とあることから、アの選択肢が適当です。

じゅんび 96~97ページ

スイミー

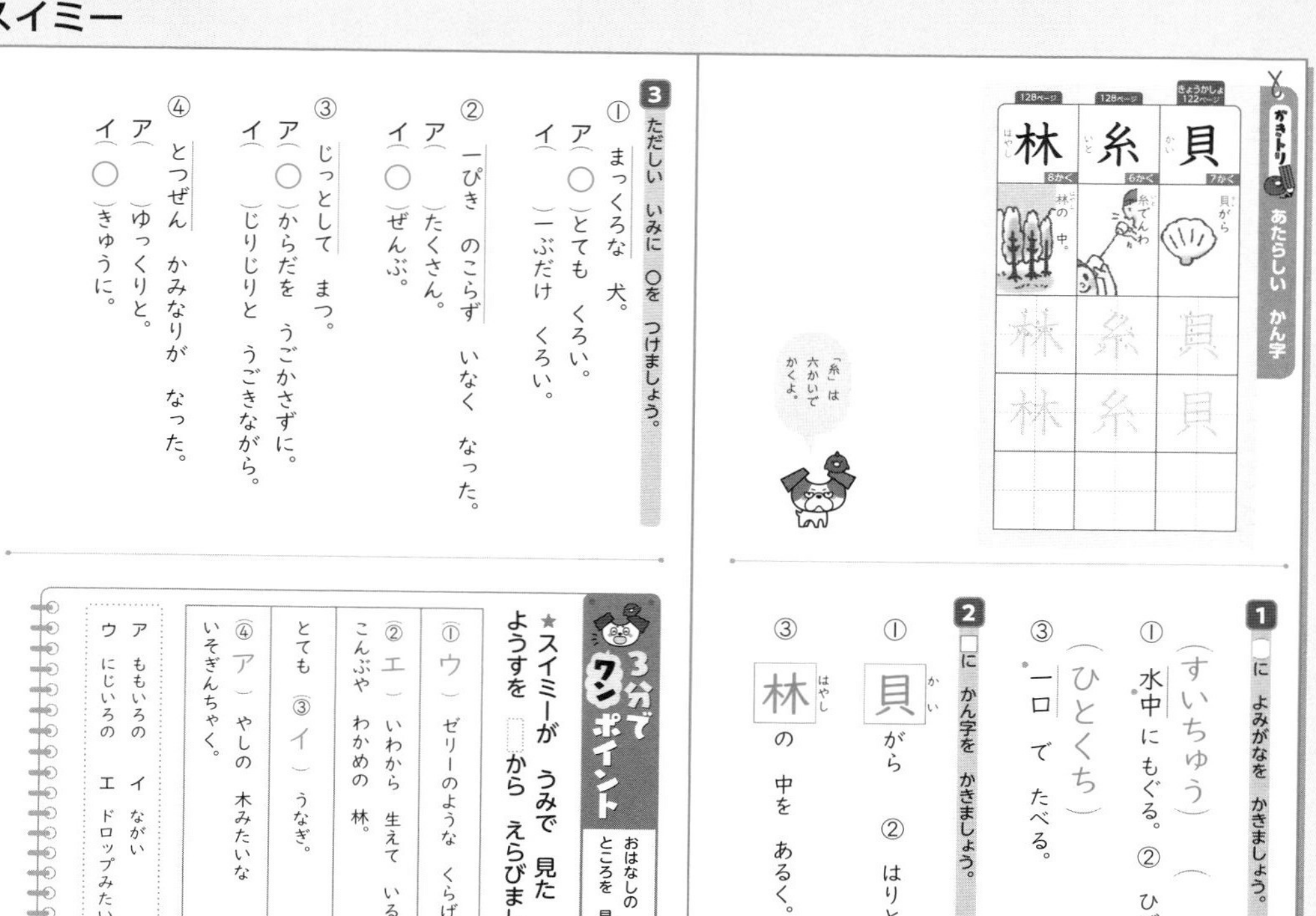
かきトリ あたらしい かん字

貝（かい） 7かく 貝がら

糸（いと） 6かく 糸でんわ

林（はやし） 8かく 林の 中。

「糸」は 六かいで かくよ。

3 ただしい いみに ○を つけましょう。

① まっくろな 犬。 ア（○）とても くろい。 イ（　）一ぶだけ くろい。

② 一ぴき のこらず いなく なった。 ア（　）たくさん。 イ（○）ぜんぶ。

③ じっとして まつ。 ア（○）からだを うごかさずに。 イ（　）じりじりと うごきながら。

④ とつぜん かみなりが なった。 ア（　）ゆっくりと。 イ（○）きゅうに。

1 □に よみがなを かきましょう。

① 水中（すいちゅう）に もぐる。 ② ひげを 生（は）やす。 ③ 一口（ひとくち）で たべる。

2 □に かん字を かきましょう。

① 貝（かい）がら ② はりと 糸（いと）。 ③ 林（はやし）の 中を あるく。

3分で ワンポイント おはなしの すきな ところを 見つけよう。

★スイミーが うみで 見た ものの ようすを □から えらびましょう。

①（ウ）ゼリーのような くらげ。

②（エ）いわから 生えて いる、こんぶや わかめの 林。

とても ③（イ）うなぎ。

④（ア）やしの 木みたいな いそぎんちゃく。

ア ももいろの イ ながい ウ にじいろの エ ドロップみたいな

たしかめのテスト 94~95ページ

子どもを まもる どうぶつたち ～ 小学校の ことを しょうかいしよう

1 文しょうを よんで、こたえましょう。 思考・判断・表現

コチドリは、子そだてを する すを、じゃりの じめんに つくります。その ため、ひなが てきから よく 見えて しまいます。とりは、ひなを くわえて はこぶ ことが できません。

そこで、コチドリの おやは、ちえを つかいます。コチドリの おやは、てきを 見つけると、早足で、すから とおざかります。そして、なきごえを 上げ、はねを バサバサと はばたかせます。さらに、はねを ひきずりながら よろよろと あるいて、すから とおく はなれます。

コチドリの おやは、じぶんが けがを して いると てきに 見せかけて、てきの ちゅういを ひなから そらすのです。

なるしま えつお「子どもを まもる どうぶつたち」より

(1) コチドリは、子そだてを する すを どこに つくりますか。 10てん

じゃり の じめん。

(2) (1)の ところに すを つくると、ひなは どう なって しまいますか。 15てん

れい（ひなが）てきからよく見えてしまう。

(3) コチドリの おやは、てきを 見つけると どう しますか。1～3を ただしい じゅんに、（　）に かきましょう。 ぜんぶ できて 20てん

（3）はねを ひきずり、よろよろと あるいて、すから とおく はなれる。

（1）早足で、すから とおざかる。

（2）なきごえを 上げ、はねを はばたかせる。

(4) コチドリの おやが 「ちえ」を つかうのは、なんの ためですか。 一つ10てん（20てん）

（てき）から（れい ひな）を まもる ため。

2 □に よみがなを かきましょう。 一つ5てん（20てん）

① 田（た）うえ ② 足音（あしおと）が する。 ③ 遠足（えんそく）に いく。 ④ はく手（しゅ）する

3 □に かん字を、（　）に かん字と ひらがなを かきましょう。 一つ5てん（15てん）

① 百（ひゃく）にん いる。 ② 千円（せんえん）さつ ③ とけいを 五ふん（早める）。

1 (1)「コチドリは、子そだてを する すを、じゃりの じめんに つくります。」とあります。

(2)「そのため」というのは、あとのことの理由が前に述べられていることを表します。ですから、じゃりの地面に巣を作ると、「そのため」のあとに書かれているようなことになるということを確かめましょう。

(3)「コチドリの おやは、……すから とおく はなれます。」の部分に書かれていることを、順序に気を付けて正しく読み取りましょう。まず、早足でひなのいる巣から遠ざかった場所に行き、そこで鳴き声や羽音で敵の注意を引きつけ、羽を引きずりながらさらに遠くへ歩いていくことで、敵を巣からできるだけ遠ざけようとするのです。

(4)最後の文に、コチドリの親が自分に敵の目を引き寄せて、ひなから敵の注意をそらすということが書かれています。つまり、敵からひなを守るために、(3)でとらえたような「ちえ」を使っているのです。

れい2 子ども　れい3 子

おうちのかたへ

説明文では、あることについて具体例を挙げて説明することがよくあります。この教材では、敵から子どもを守るため、ライオンなどのように口で子どもを運べないオオアリクイとコチドリが、どのような知恵を働かせているかについて説明されていました。二つの例を対比させ、似ている点、異なっている点を考えて整理すると、同じ目的に対しても、それぞれの特性に合わせてさまざまな方法で対処していることがわかります。対比に注目することで、説明の内容をより詳しく読み取ることができるとともに、考察を深め、より興味を広げることができます。

3分でワンポイント

「スイミー（レオ・レオニ作／谷川俊太郎訳）」で、スイミーが海中で見つけたすばらしいもの、おもしろいものの様子について選ぶ問題です。選択肢の、色や様子を表す言葉をイメージしてみましょう。

れんしゅう　98〜99ページ

スイミー

● 文しょうを よんで、こたえましょう。

ひろい うみの どこかに、小さな さかなの きょうだいたちが、たのしく くらして いた。

みんな 赤いのに、一ぴきだけは からす貝よりも まっくろ。およぐのは だれよりも はやかった。

名まえは スイミー。

ある 日、おそろしい まぐろが、おなかを すかせて、すごい はやさで ミサイルみたいに つっこんで きた。

一口で、まぐろは、小さな 赤い さかなたちを、一ぴき のこらず のみこんだ。

にげたのは スイミーだけ。

スイミーは およいだ、くらい うみの そこを。

こわかった。さびしかった。とても かなしかった。

レオ・レオニ 文・え／たにかわ しゅんたろう やく「スイミー」より

1 スイミーは どんな いろの さかなですか。

からす貝 よりも まっくろ な さかな。

2 スイミーの はやさは どのくらいですか。一つに ○を つけましょう。

ア（　）きょうだいたちの 中で 一ばん おそい。

イ（○）きょうだいたちの 中で 一ばん はやい。

ウ（　）きょうだいたちの 中で 二ばん目に はやい。

ヒント「およぐのは だれよりも はやかった。」よ。

3 まぐろが つっこんで きた ようすを どのように あらわして いますか。

ミサイル みたいに つっこんで きた。

4 まぐろが つっこんで きて、スイミーたちは どう なりましたか。一つに ○を つけましょう。

ア（　）スイミーも きょうだいたちも のこらず たべられた。

イ（　）スイミーと 一ぴきの きょうだいだけが にげる ことが できた。

ウ（○）スイミーだけが にげる ことが できた。

ヒント「にげたのは スイミーだけ。」と あるよ。

じゅんび　100〜101ページ

かたちの にて いる かん字／一年かんの おもいでブック

かきとり あたらしい かん字

石（いし）5かく　大きな 石。

玉（たま）5かく　玉入れ

王（おう）4かく　王子さま

正（ただ）5かく　正しい 字。

雨（あめ）8かく　雨が ふる。

草（くさ）9かく　草ぶえ

森（もり）12かく　ふかい 森。

天（てん）4かく　天じょう

竹（たけ）6かく　竹とんぼ

虫（むし）6かく　かぶと虫

夕（ゆう）3かく　夕日

空（そら）8かく　青い 空

1 □に よみがなを かきましょう。

① 十人（じゅうにん） あつまる。　② 雨（あめ） の 日。　③ 草（くさ） とり　④ 正（ただ）しい 字。

2 □に かん字を かきましょう。

① 虫 とり　② ふかい 森。　③ 竹 うま　④ はれた 空。　⑤ 子どもべやの 天 じょう。

3 かたちの にて いる かん字を かきましょう。

① 王 さま — 玉 入れ　② 右 — 石

4 一年かんの できごとを おもい出して、いちばん うれしかった ことを かきましょう。

れい　一年かんでいちばんうれしかったことは、なわとびで二じゅうとびができるようになったことです。二年生でもがんばりたいとおもいます。

1 「みんな 赤いのに、一ぴきだけは からす貝よりも まっくろ。……名まえは スイミー。」と、スイミーについて説明されていることをつかみます。その中でも特に「色」について書かれた部分に注目しましょう。

2 9〜11行目に「およぐのは だれよりも はやかった。」とあることから考えます。

3 「まぐろが、おなかを すかせて、すごい はやさで ミサイルみたいに つっこんで きた」とあります。「〜みたいに」は、たとえを表す表現です。「すごい はやさ」でつっこんできた様子を、「ミサイル」が飛ぶ様子にたとえていることをとらえましょう。

4 「一口で、まぐろは、小さな 赤い さかなたちを、一ぴき のこらず のみこんだ。」とあり、さらに、「にげたのは スイミーだけ。」と続いています。まぐろから逃げ切ることができたのは、魚のきょうだいたちの中で、スイミーだけであったことがわかります。

3 形の似ている漢字の、同じところと違うところを確認します。そのうえで、点の有無や、つき出る、つき出ないなどの違いで、別の漢字になることをおさえましょう。漢字を正しく覚えるには、繰り返し書くことのほかに、文の中で、意味を確かめながら書くことも大切です。

①「王」と「玉」は形が似ていますが、点の有無で違う漢字になります。

②「右」と「石」は形が似ています。また、一・二画目の筆順が異なることにも注意しましょう。

4 一年生になってからさまざまなことがあったでしょう。学校の行事や普段の生活の中で、自分が「いちばん うれしかった こと」を、思い出しながら文章にまとめてみましょう。そのときの様子や気持ちをよく思い出して具体的に書くと、読む人に伝わりやすい文章になります。

さらに、二年生になるにあたっての抱負や意気込みを書いてもよいでしょう。

たしかめのテスト① 102~103ページ

スイミー ～ 一年かんの おもいでブック

文しょうを よんで、こたえましょう。 思考・判断・表現

スイミーは いった。

「出て こいよ。みんなで あそぼう。おもしろい ものが いっぱいだよ。」

小さな 赤い さかなたちは こたえた。

「だめだよ。大きな さかなに、たべられて しまうよ。」

「だけど、いつまでも そこに じっとして いる わけには いかないよ。なんとか かんがえなくちゃ。」

スイミーは かんがえた。いろいろ かんがえた。うんと かんがえた。

それから、とつぜん スイミーは さけんだ。

「そうだ。みんな いっしょに およぐんだ。うみで いちばん 大きな さかなの ふりを して。」

スイミーは おしえた。けっして はなればなれに ならない こと。みんな もちばを まもる こと。

みんなが、一ぴきの 大きな さかなみたいに およげるように なった とき、スイミーは いった。

「ぼくが、目に なろう。」

レオ＝レオニ 文・え／たにかわ しゅんたろう やく「スイミー」より

よく出る

1 スイミーが「出て こいよ。」と いったのは なぜですか。 15てん

うみの 中には（おもしろい）ものが いっぱい あるから。

2 「だめだよ。」と ありますが、なぜ そう いったのですか。 20てん

（れい 大きなさかなに、たべられてしまうから。）

3 「スイミーは かんがえた。」と ありますが、なにを かんがえたのですか。一つに ○を つけましょう。 15てん

ア（ ）大きな さかなから かくれる ほうほう。

イ（ ）大きな さかなと なかよく する ほうほう。

ウ（○）大きな さかなに たべられずに すむ ほうほう。

4 「そうだ。」と ありますが、スイミーは どんな ことを おもいつきましたか。 一つ15てん（30てん）

みんな（いっしょに）およいで、うみで（いちばん大きな）さかなの ふりを する こと。

5 スイミーが「ぼくが、目に なろう。」と いったのは、なぜだと おもいますか。 一つ10てん（20てん）

赤い さかなたちの 中で、（スイミー）（だけ）は、（れい 大きなさかなの目）のように 見えるから。

たしかめのテスト② 104ページ

スイミー ～ 一年かんの おもいでブック

1 □に よみがなを かきましょう。 一つ5てん（40てん）

① 貝（かい）を とる。 ② 糸（いと）で ぬう。

③ 青い 空（そら）。 ④ よい 天気（てんき）。

⑤ 石（いし）を ひろう。 ⑥ 水玉（みずたま） もよう

⑦ 王子（おうじ） さま ⑧ 竹（たけ） やぶ

2 □に かん字を、（ ）に かん字と ひらがなを かきましょう。 一つ10てん（60てん）

① 夕（ゆう）がた ② 草（くさ）むしり

③ 雨（あめ）が ふる。 ④ 三人（さんにん） しまい

⑤ しせいを（正す）（ただす）。

⑥ ざっそうが（生える）（はえる）。

---

1 スイミーは「出て こいよ。」のあとに、「みんなで あそぼう。おもしろい ものが いっぱいだよ。」と言っています。理由となる内容は、まずは直前か直後から探すとよいでしょう。

2 「だめだよ。」の直後に理由となる内容があることに注意しましょう。理由を答えるときは、文末を「〜から。」「〜ので。」などとします。

3 その前のスイミーの言葉に注目します。「だけど、いつまでも そこに じっと して いる わけには いかないよ。なんとか かんがえなくちゃ。」と言っています。どうしたら、大きな魚に食べられずにすむかを考えていることが読み取れます。

4 「そうだ。」のあとには、「みんな いっしょに およぐんだ。うみで いちばん 大きな さかなの ふりを して。」と言っています。大きな魚に食べられないようにするため、小さな魚たちが一緒（いっしょ）になって泳ぎ、海でいちばん大きな魚のふりをする方法を思いついたのです。

5 小さな赤い魚たちが海でいちばん大きな、一ぴきの魚のように並んで泳いでいるところへ、ほかの魚たちと違（ちが）って真っ黒なスイミーが、目に当たる部分に入れば、さらに本物の魚のように見えるというわけです。小さな赤い魚たちと真っ黒なスイミーとが協力して、大きな魚の姿を形作りながら泳いでいる様子を想像してみましょう。

おうちのかたへ

お話の中で自分の好きなところを見つけると、物語を読むことがより楽しくなります。どんなところが、どうして好きだと思ったのかを、じっくり聞いてあげましょう。おうちのかたも、ご自分で感じたことを話してあげると、違った視点からの見方を知ることができて、考えを深めることにつながるでしょう。

1 **2** 漢字を覚えるときには、「天気」「空」「雨」など、関連する言葉を集め、まとめて覚えるようにするとよいでしょう。意味の理解が深まり、語彙（い）を増やすことにもつながります。

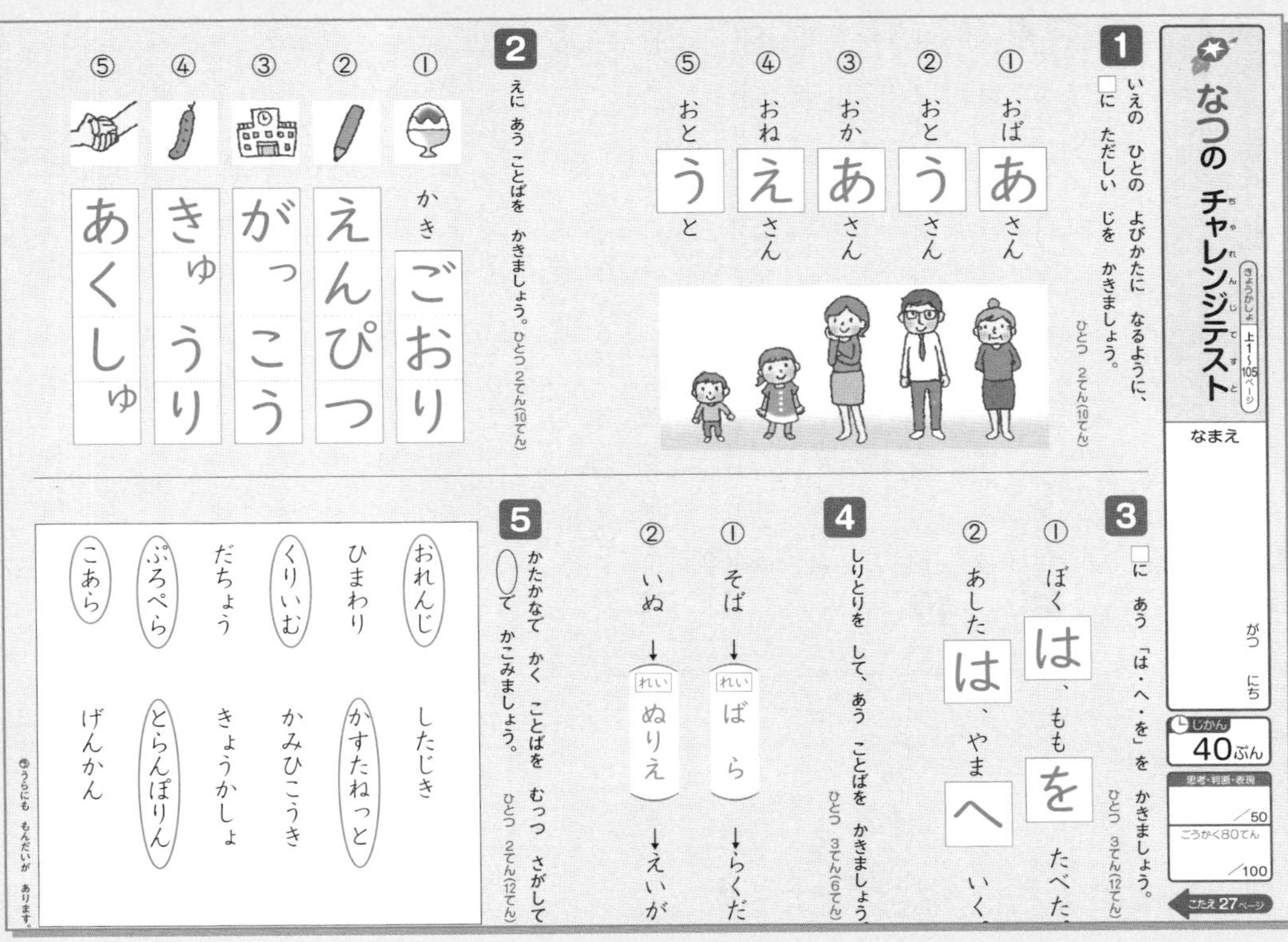

なつの チャレンジテスト

きょうかしょ 上1～105ページ

なまえ

がつ　にち

じかん 40ぷん

思考・判断・表現 ／50

ごうかく80てん ／100

こたえ 27ページ

1 いえの ひとの よびかたに なるように、□に ただしい じを かきましょう。 ひとつ 2てん(10てん)

① おば［あ］さん
② おと［う］さん
③ おか［あ］さん
④ おね［え］さん
⑤ おと［う］と

2 えに あう ことばを かきましょう。 ひとつ 2てん(10てん)

① かき［ごおり］
② ［えんぴつ］
③ ［がっこう］
④ ［きゅうり］
⑤ ［あくしゅ］

3 □に あう「は・へ・を」を かきましょう。 ひとつ 3てん(12てん)

① ぼく［は］、もも［を］ たべた。
② あした［は］、やま［へ］ いく。

4 しりとりを して、あう ことばを かきましょう。 ひとつ 3てん(6てん)

① そば → （れい ばら） → らくだ
② いぬ → （れい ぬりえ） → えいが

5 かたかなで かく ことばを むっつ さがして ◯で かこみましょう。 ひとつ 2てん(12てん)

（おれんじ）　したじき
ひまわり　（かすたねっと）
（くりいむ）　かみひこうき
だちょう　きょうかしょ
（ぷろぺら）　（とらんぽりん）
（こあら）　げんかん

※うらにも もんだいが あります。

6 思考・判断・表現

ぶんしょうを よんで、こたえましょう。

あめの なか、おかあさんと、かさやさんに いきました。

「こんどは、なくさないでね。」

おかあさんが いいました。

おみせには、いろいろな かさが、いっぱい。

「どれに しましょうか。」

と、てんいんさんが いいました。

あおい かさを ひろげて もらって いると、おかあさんが よこで、ももいろの かさを ひろげて いいました。

「これ、かわいいわね。これは、どう。」

わたしは、いいました。

「あおが すきなの。だって、はれた ひの そらの いろよ。」

「そう いえば、そうねえ。」

おかあさんは、すこし びっくりした かおに なりました。

「いってきます。」

わたしは、さっそく あたらしい かさを さして、まんなかのはらに いって みました。

（けんくんや まこちゃんたち、きてるかなあ。）

「わたしの かさは そらの いろ。あめの なかでも いい てんき。」

うたいながら、あおい かさを みずぐるまみたいに まわしました。

あまん きみこ「わたしの かさは そらの いろ」
平成27年度版 東京書籍「新編 あたらしい こくご 一上」より

(1)「わたし」と おかあさんは なぜ かさやさんに いきましたか。ひとつに ◯を つけましょう。 10てん

あ（　）あめが ふって きたから。
い（◯）「わたし」が かさを なくして しまったから。
う（　）おかあさんの かさを かいたいと おもったから。

(2) おかあさんは なにいろの かさが いいと いって いましたか。 10てん

［もも］いろの かさ。

(3)「わたし」は なぜ あおが すきなのですか。 10てん

あおは （れい はれたひのそらのいろ） だから。

(4)「いってきます。」と ありますが、「わたし」は どこに いきましたか。 10てん

（まんなかのはら）に いった。

(5)「うたいながら、あおい かさを みずぐるまみたいに まわしました。」と ありますが、これは「わたし」の どのような ようすを あらわして いると かんがえられますか。 10てん

（れい たのしいきぶんで、あおいかさをまわしているようす。）

1 **2** 長音を含む、家族の呼び名を書く問題です。イラストがわからない場合は、お子さまに説明してあげてください。

①「ごおり」を「ごうり」と書かないよう注意しましょう。

3 ①「は・へ・を」の使い方を理解しているかを確かめる問題です。基本的な文の作り方を確認しておきましょう。

4 解答例以外でも、しりとりとして成立する言葉を書いていたら正解です。

5 外来語、外国の地名、音などを表す言葉は、かたかなで書くのが原則です。「くりいむ」はかたかなでは「クリイム」ではなく「クリーム」と書くことに注意してください。「ひまわり」「だちょう」などの動植物名はかたかなで書くこともありますが、ここでは原則どおりにひらがなで書くものとします。

6 (1)お母さんが「こんどは、なくさないでね。」と言っていることから考えます。二人は「わたし」の新しいかさを買いにいったのです。

(2)店員さんに青いかさを広げてもらっている横で、お母さんはもも色のかさを広げ、「これ、かわいいわね。これは、どう。」と言って、「わたし」にもも色のかさをすすめたのです。

(3)「わたし」は、「あおが すきなの。だって、はれた ひの そらの いろよ。」と言っています。「だって」は、前に言ったことの理由を表す言葉です。

れい2 そらのいろ

(4)「いってきます。」の次の文に、「わたし」が行った場所が書いてあります。

(5)「うたいながら」や「みずぐるまみたいにまわしました」という表現のほか、好きな青い色のかさを持っていることから、「わたし」の様子をとらえましょう。

れい2 あおいかさをまわして、きぶんがよいようす。

おうちのかたへ

青いかさを買ってもらった少女のお話の、冒頭部分です。雨の中、「まんなかのはら」に向かった少女のかさの中には、このあと、いろいろな動物や、虫や、鳥が飛び込んできます。青空のようなかさの中は、あたたかくていい天気です。けんくんやまこちゃんたちも、かさの中に入ってきました。青いかさは、青空のように、ずんずん広がっていきます……。

心があたたかくなるようなお話です。機会があったら、ぜひお子さまと読んでみてください。

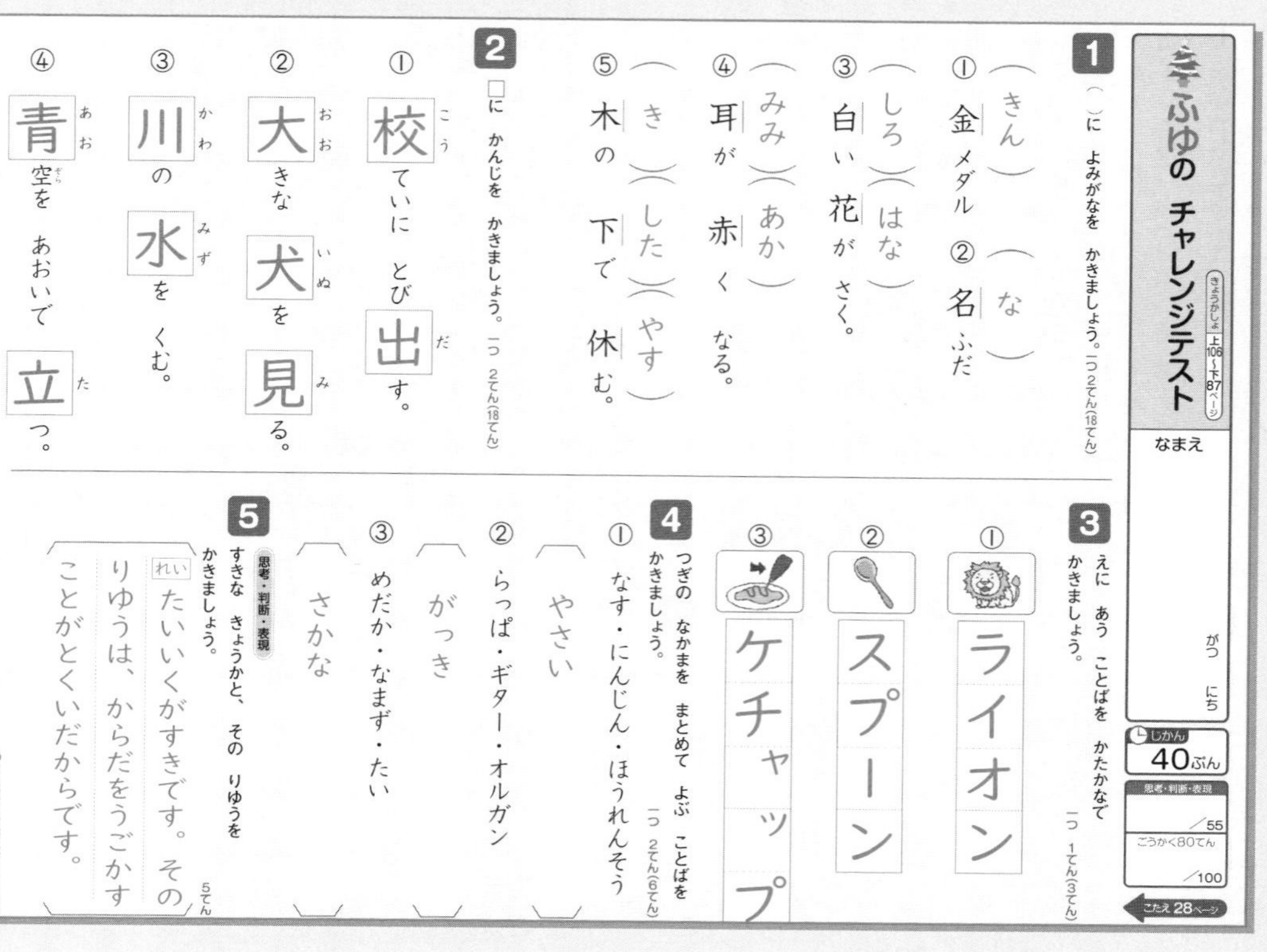

ふゆの チャレンジテスト

きょうかしょ 上108〜下87ページ

なまえ　　がつ　にち

じかん 40ぷん

思考・判断・表現 ／55

ごうかく80てん ／100

こたえ28ページ

1 （　）に よみがなを かきましょう。一つ2てん（18てん）

① （きん）金メダル　② （な）名ふだ

③ （しろ）白い （はな）花が さく。

④ （みみ）耳が （あか）赤く なる。

⑤ （き）木の （した）下で （やす）休む。

2 □に かんじを かきましょう。一つ2てん（18てん）

① 校ていに とび出す。

② 大きな 犬を 見る。

③ 川の 水を くむ。

④ 青空を あおいで 立つ。

3 えに あう ことばを かたかなで かきましょう。一つ1てん（3てん）

① ライオン　② スプーン　③ ケチャップ

4 つぎの なかまを まとめて よぶ ことばを かきましょう。一つ2てん（6てん）

① なす・にんじん・ほうれんそう　（やさい）

② らっぱ・ギター・オルガン　（がっき）

③ めだか・なまず・たい　（さかな）

5 思考・判断・表現　すきな きょうかと、その りゆうを かきましょう。5てん

れい たいいくがすきです。そのりゆうは、からだをうごかすことがとくいだからです。

※うらにも もんだいが あります。

6 思考・判断・表現　文しょうを よんで、こたえましょう。

だんちょうの あいさつに つづいて、はなやかな いしょうに きがえた クマコフさんが ぶたいへ でていくと、いっせいに はくしゅが わきおこり、「クマコフ、クマコフ、クマコフ、クマコフ……」

おおぜいの こえが、あたりに ひびきわたりました。

クマコフさんは、おじぎを ひとつ すると、いきなり おおきな たまに とびのり、くるくる、くるくる、ぶたいの うえを ひとまわり。

「む、むちゃですよ。やめてください！」

ククシの よこで、だんちょうが さけびましたが、クマコフさんの みみには とどきません。

クマコフさんは、たまのりの つぎに つなわたりを やり、つなの うえでの でんぐりがえりを みごとに やってみせました。

ククシには、クマコフさんが ひとまわりも ふたまわりも おおきく みえました。

「おわったよ。さあ、かえろう。」

きが つくと、めの まえに クマコフさんが たっていました。

うなずきは したものの、ククシは、まだ ゆめを みているような きもちでした。

森山 京「クマコフさん、もういちど」より

(1) クマコフさんは どんな いしょうに きがえて ぶたいに でて きましたか。8てん

はなやか な いしょう。

(2) おきゃくは、ぶたいに でて きた クマコフさんを みて、なにを しましたか。8てん

はくしゅ

(3) ぶたいで、クマコフさんは はじめに なにを しましたか。8てん

おじぎ を ひとつ した。

(4) それから、クマコフさんは なにを しましたか。二つに ○を つけましょう。一つ8てん（16てん）

あ（　）ブランコのり

い（○）たまのり

う（○）つなわたり

え（　）おどり

(5) ククシが、ゆめを みて いるような きもちに なったのは、なぜですか。10てん

クマコフさんの えんぎが

れい あまりにも みごとだったから。

3 似ている字の書き分け、長音記号（ー）の使い方、半濁点のつけ方、「ャ」や「ッ」といった小さく書く字の位置など、しっかりと確認してあげてください。

4 まとめて呼ぶ言葉について理解しているかを確かめる問題です。

5 好きな教科とその理由が書かれていれば正解です。一つの文になっていても、文末が敬体でも常体でもかまいません。

れい2 けいさんがとくいだから、さんすうがすきだ。

6 (1)団長の挨拶のあと「はなやかな いしょうに きがえた クマコフさんが ぶたいへ でていくと」とあります。

(2)「クマコフさんが ぶたいへ でていくと、いっせいに はくしゅが わきおこり」とあるので、お客がしたのは「はくしゅ」です。「おきゃく」という表現は引用文中にはありませんが、「クマコフ、クマコフ……」と呼びかける「おおぜいの こえが、あたりに ひびきわたりました」や、クマコフさんがいるのが舞台であることから、この場には大勢の観客がいることがわかります。

(3)クマコフさんは、お客の拍手や歓声に対して、まずは「おじぎ」をしました。

(4)クマコフさんは「おじぎを ひとつ」したあと、「いきなり おおきな たまに とびのり、」舞台上を一回りしました。そして、「たまのりの つぎに つなわたりを やり」とあります。

(5)「ククシには、クマコフさんが ひとまわりも ふたまわりも おおきく みえました」とあります。これは、ククシがクマコフさんのことを「すごいなあ」と思ったことを表しています。「つなの うえでの でんぐりがえりを みごとに やってみせました」とあるので、クマコフさんの演技について「みごと」といった言葉を使って、ククシの気持ちを表現するとよいでしょう。設問文で「……なぜですか。」と理由を問われているので、文末は「〜から。」「〜ので。」などの表現で答えるようにします。

れい2 とてもすばらしかったので。

おうちのかたへ

文章の読解問題では、お話の全体を知らない場合でも、引用されている部分から、前の部分や人物像をある程度推測する力が必要とされます。そのような力は、日頃の読書でも自然と養うことができます。

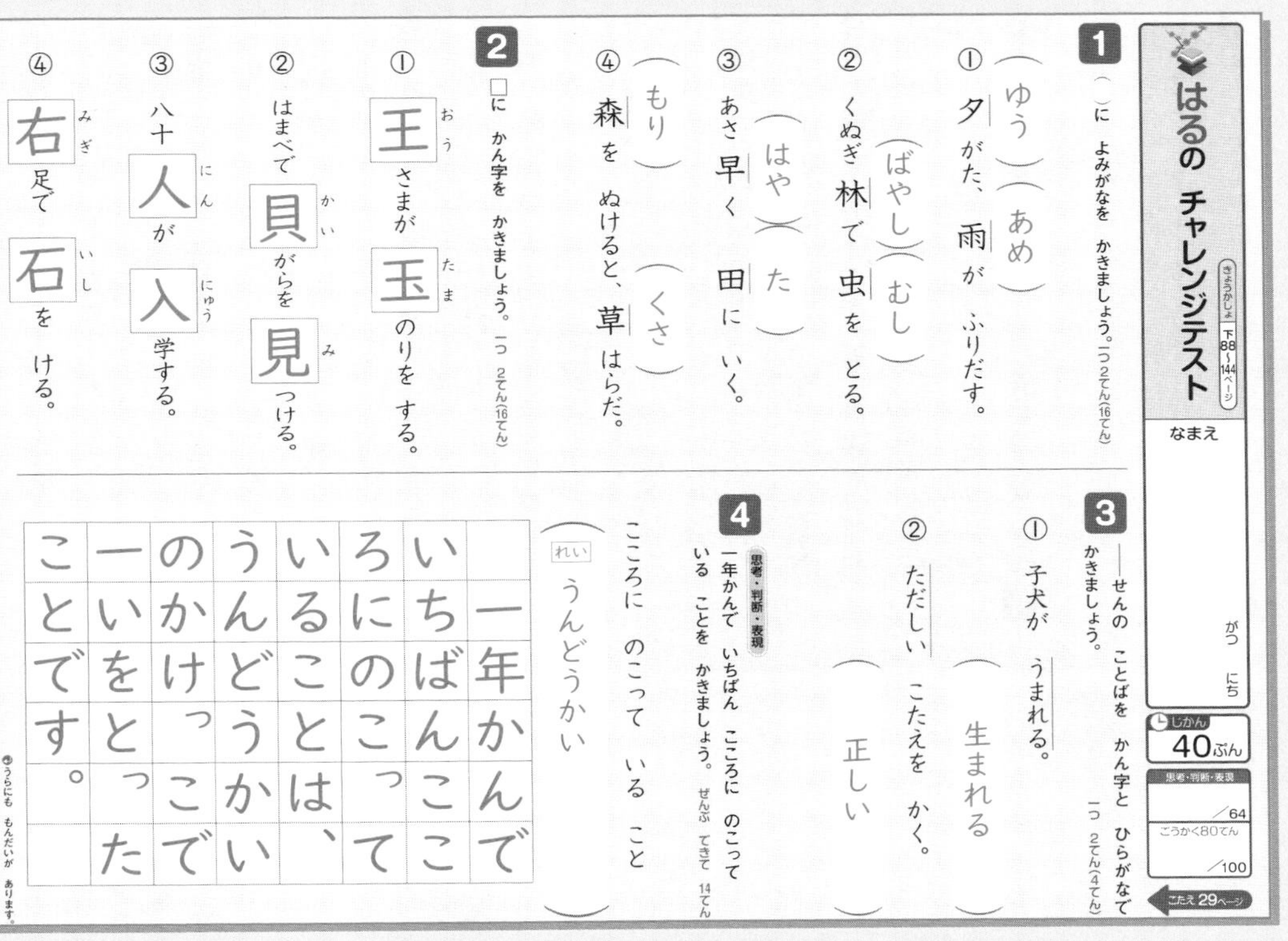

はるの チャレンジテスト

きょうかしょ 下88〜144ページ

なまえ　　　がつ　にち

じかん 40ぷん

思考・判断・表現 /64　ごうかく80てん /100

こたえ29ページ

1 （　）に よみがなを かきましょう。一つ2てん（16てん）

① 夕（ゆう）がた、雨（あめ）が ふりだす。

② くぬぎ林（ばやし）で 虫（むし）を とる。

③ あさ早（はや）く 田（た）に いく。

④ 森（もり）を ぬけると、草（くさ）はらだ。

2 □に かん字を かきましょう。一つ2てん（16てん）

① 王（おう）さまが 玉（たま）のりを する。

② はまべで 貝（かい）がらを 見（み）つける。

③ 八十人（にん）が 入（にゅう）学する。

④ 右（みぎ）足で 石（いし）を ける。

3 ――せんの ことばを かん字と ひらがなで かきましょう。一つ2てん（4てん）

① 子犬が うまれる。（生まれる）

② ただしい こたえを かく。（正しい）

4 思考・判断・表現 一年かんで いちばん こころに のこって いる ことを かきましょう。ぜんぶ できて 14てん

こころに のこって いる こと

（れい　うんどうかい）

一年かんでいちばんこころにのこっていることは、うんどうかいのかけっこで一いをとったことです。

※うらにも もんだいが あります。

5 思考・判断・表現 文しょうを よんで、こたえましょう。

つぎの 日。

「そろそろ、うすを かえして もらえんかのう。」

はたらきものの じいさまと ばあさまが たずねると、なまけものの じいさまが いった。

「ふん、あんな きたない ものを 出す うすは、もやして しまったわい。」

ふたりは、かまどの はいを すくって、おいおい ないた。

「おじいさん、この はい、もって かえりましょう。」

「そうだな。うちの はたけに まいて やろう。」

じいさまと ばあさまが、はいを あつめて、もって かえろうと した とき、ぴゅうっと かぜが ふいて、はいが まい上がった。

すると、かれ木に、つぎつぎと 花が さいて いった。

じいさまと ばあさまは びっくりぎょうてん。

「そうれ、花 さけ、もっと さけ。」

じいさまが、はいを どんどん まくと、花も どんどん さいて いく。あっというまに、あたり 一めん、花ざかり。

（いしざき ひろし「花さかじいさん」より）

(1) 「おいおい ないた」ときの ふたりは どんな 気もちですか。一つに ○を つけましょう。8てん

あ（　）たのしい 気もち。
い（○）かなしい 気もち。
う（　）うれしい 気もち。

(2) 「この はい、もって かえりましょう。」と ありますが、なぜ もって かえろうと したのですか。10てん

はいを（れい　うちのはたけにまく）ため

(3) かぜは どんなふうに ふきましたか。10てん

（ぴゅうっ）と ふいた。

(4) 「びっくりぎょうてん」と ありますが、それは なぜですか。10てん

（れい　はいがまい上がると、かれ木につぎつぎと花がさいていったから。）

(5) この おはなしには、ふたりの じいさまが 出て きますが、あなたは はたらきものの じいさまと なまけものの じいさまの どちらが すきですか。その りゆうも かきましょう。12てん

（れい　ぼくは、はたらきもののじいさまがすきです。りゆうは、かなしいときでも、まえむきにこうどうしようとするからです。）

1 ②「くぬぎ林」は、上に「くぬぎ」がついているので、「ばやし」と濁って読むことに注意しましょう。

2 ①〜④字形の違いに注意が必要な漢字の組み合わせです。正しい筆順で書いているかも、確認しましょう。

3 ①一年生で習う「生」の訓読みは、「生きる・生かす・生ける・生まれる・生む・生える・生やす」があります。

4 一年生になってからの思い出を文章に書けるかを確かめる問題です。一年間を振り返って、心に残っている出来事を書きます。書き始めを一字下げること、句読点をます目の右上に書いていること、習った漢字を使っていることなどを確認してあげてください。

5 (1)「おいおい」は、声を上げて激しく泣く様子を表す言葉です。「あんな きたない ものを出す うすは、もやして しまったわい」という言葉から、怠け者のじいさまが働き者のじいさまとばあさまの臼を燃やしてしまったことがわかります。大切な臼を燃やされ、悲しい気持ちで泣いているのです。

(2)「この はい」とは、怠け者のじいさまが燃やした臼の灰のことです。ばあさまの言葉に、じいさまは「そうだな。うちの はたけに まいて やろう。」と答えています。二人のうちの畑にまくために、かまどにある臼の灰を集めて持ち帰ろうとしていることがわかります。

(3)「ぴゅうっと かぜが ふいて」とあります。「ぴゅうっと」は、いきなり強い風が吹いた様子を表します。その突風で、灰が舞い上がったのです。このような、ものの様子や状態を表す表現にも注目しましょう。

(4)「びっくりぎょうてん」とは、とても驚いている様子を表す言葉です。風で舞い上がった灰により、枯れ木に次々と花が咲いていったので、じいさまとばあさまは驚いたのです。

(5)理由は、「〜からです。」「〜ためです。」などの文末で表すようにします。話の流れから、働き者のじいさまが好きだとする場合が多いと考えられます。ただし、怠け者のじいさまが好きだとしていても、その理由が文章の内容から導き出されたものであれば、正解としてください。

おうちのかたへ

下巻の教科書の付録に載っている「花さかじいさん」からの出題です。よく知られたお話ですが、改めて、細部の表現なども楽しみながら読んでみてください。

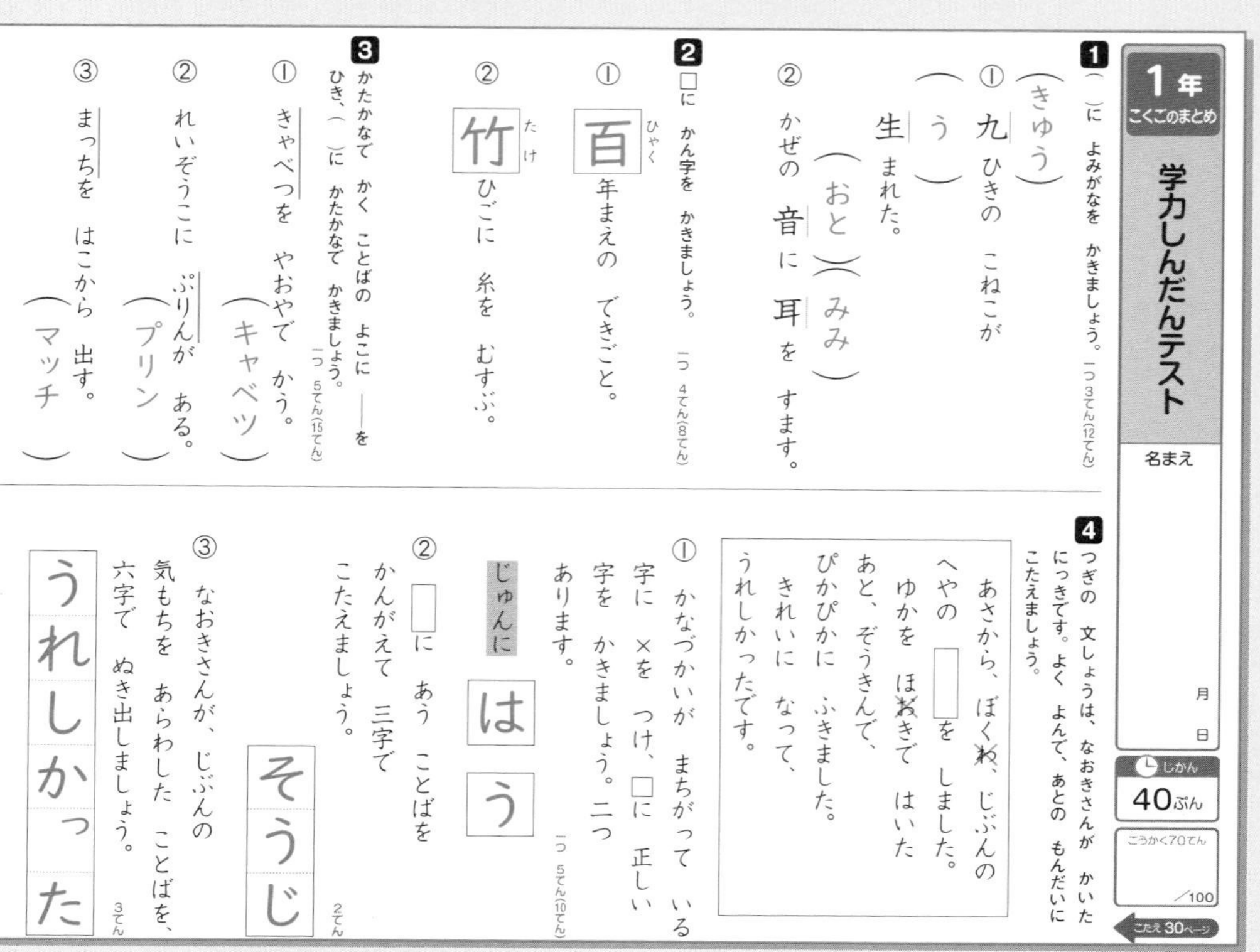

1年 こくごのまとめ

学力しんだんテスト

名まえ

月　日

じかん 40ぷん

こうかく70てん　／100

こたえ 30ページ

1 (　)に よみがなを かきましょう。 一つ3てん(12てん)

① 九 ひきの こねこが (きゅう) 生 まれた。(う)

② かぜの 音 に 耳 を すます。(おと)(みみ)

2 □に かん字を かきましょう。 一つ4てん(8てん)

① 百 年まえの できごと。

② 竹 ひごに 糸を むすぶ。

3 かたかなで かく ことばの よこに ──を ひき、(　)に かたかなで かきましょう。 一つ5てん(15てん)

① きゃべつを やおやで かう。(キャベツ)

② れいぞうこに ぷりんが ある。(プリン)

③ まっちを はこから 出す。(マッチ)

4 つぎの 文しょうは、なおきさんが かいた にっきです。よく よんで、あとの もんだいに こたえましょう。

あさから、ぼくわ、じぶんの へやの □を しました。ゆかを ほおきで はいた あと、ぞうきんで、ぴかぴかに ふきました。きれいに なって、うれしかったです。

① かなづかいが まちがって いる 字に ×を つけ、□に 正しい 字を かきましょう。二つ あります。 一つ5てん(10てん)

じゅんに　は　う

② □に あう ことばを かんがえて 三字で こたえましょう。 2てん

そうじ

③ なおきさんが、じぶんの 気もちを あらわした ことばを、六字で ぬき出しましょう。 3てん

うれしかった

うらにも もんだいが あります。

思考・判断・表現

5 文しょうを よんで、こたえましょう。

おおばこの くきは みじかく、土の なかに あります。根は なん本も しっかり のびています。

それで、ひとや 車に ふまれても、くきは、おれたり ちぎれたり しません。

うんどうじょうや ちゅうしゃじょうにも おおばこが はえています。

日本アルプスのような 高い 山の 山小屋の まわりにも、おおばこが みられます。

それでは、おおばこは、ひとや 車に ふみつけられた かたい じめんの ところが すきで、やわらかい 土は きらいなのでしょうか。

ほかの 草が はえていない、やわらかい 土の ところでは、おおばこも 大きく そだちます。

ところが、こういうところには、せの 高くなる 草も はえてくるので、せの ひくい おおばこには、太陽の ひかりが あたらなくなり、かれてしまうのです。

おおばこは、せの 高くなる 草が そだたないところにしか みられないのです。

(真船 和夫「おおばこと なかよし」より)

(1) おおばこが、ふまれても おれたり ちぎれたり しないのは なぜですか。 一つ5てん(10てん)

くきが みじかく、土 の なかに あるから。

(2) おおばこは どんな 草ですか。二つに ○を つけましょう。 一つ5てん(10てん)

あ(　)やわらかい 土が きらい。
い(○)根は なん本も ある。
う(　)根ごと かんたんに ぬける
え(○)せが ひくい。

(3) おおばこは どこに はえていると かいて ありますか。三つに ○を つけましょう。 一つ5てん(15てん)

あ(　)こうえん
い(○)高い 山
う(○)ちゅうしゃじょう
え(　)はたけ
お(○)うんどうじょう

(4) おおばこが かたい じめんの ところで よく みられるのは、なぜですか。 15てん

れい せの高くなる草がそだたないので、おおばこがかれないから。

3 外来語はかたかなで書くということを確認しておきましょう。また、①「ツ」と「シ」、②「ン」と「ソ」、③「チ」と「テ」の形の違いに注意しましょう。

4 ①ひらがなの長音は、前の文字の母音を添えるのが原則ですが、オ列の長音は「う」を添えるのが原則です。よって、「ほおき」は誤りで、正しい表記は「ほうき」です。オ列は「お」を添える例外も多いので、しっかり覚えましょう。どちらか迷ったら、ちゃんと調べる習慣もつけましょう。

②ほうきで掃いたりぞうきんでふいたりしていることから考えます。

③最後の文に、「きれいに なって、うれしかったです。」とあります。

5 (1)「おれたり ちぎれたり しません」の前にある「それで」は、理由を示す言葉です。短い茎が土の中にあるから、人や車に踏まれても大丈夫なのです。

(2)あ「ほかの 草が はえていない、やわらかい 土の ところでは、おおばこも 大きく そだちます。」とあります。

い「根は なん本も しっかり のびています。」とあります。

う「根は なん本も しっかり のびている」という記述からも、当てはまりません。

え「せの ひくい おおばこ」とあります。背の高くなる草に負けてしまうのは、このためです。

(3)おおばこが生えている場所として、「こうえん」と「はたけ」は文章に出てきませんが、ほかの三つは文章中に書かれています。

(4)おおばこは、やわらかい土にも、かたい地面にも、どちらにも生えることができます。ただし、やわらかい土のところだと、背の高くなる草も生えてくるので、背が低いおおばこには太陽の光が届かず、枯れてしまうのです。かたい地面のところだと背の高くなる草が育たないので、おおばこは枯れずにすみ、よく見られるというわけです。

おうちのかたへ

裏面の文章は、教科書の文章とは異なるルールで分かち書きがされていますが、二年生になる前のこの段階で、いろいろな書き方の文章に触れるのも勉強のひとつになるでしょう。これからもぜひ、いろいろな文章に触れるようにしていってください。

メモ